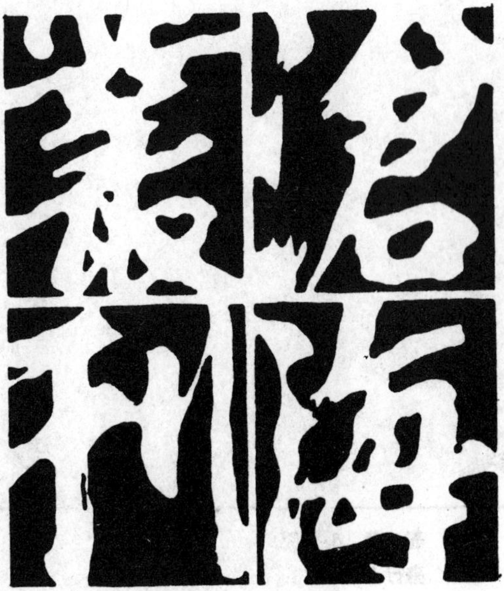

我這半生

毛振翔 著

東大圖書公司 印行

©我　這　半　生

著　者　毛振翔
發行人　劉仲文
出版者　東大圖書股份有限公司
總經銷　三民書局股份有限公司
印刷所　東大圖書股份有限公司
地址／臺北市重慶南路一段
六十一號二樓
郵撥／○一○七一七五——○號
初　版　中華民國七十一年九月
二　版　中華民國 八 十 年八月
編　號　E 78046
基本定價　肆元肆角肆分
行政院新聞局登記證局版臺業字第○一九七號
著作權執照臺內著字第一九六○七號

ISBN 957-19-0533-X（平裝）

引言

我是個崇正義、尚真理、篤仁愛的炎黃子孫。天主是我信仰的中心，國家是我生命的根源。故自一九三八年在羅馬「傳大」學成後，無論寄身何方，莫不為我的信仰和國家而盡其在我。前出「孤軍苦鬥記」一書，是我四十以前奮鬥歷程的實錄。近三十餘年來，世變加亟，應各方需求，不斷有應時之作，除偶有談思想、談人生、或宗教外，多與國際政治外交有關。其中事蹟，喧載於中外名報刊者，亦不在少。雖事過境遷，而大可供治史者之參證，因輯而刊之，署曰「我這半生」，有心君子，幸勿吝教。

作者毛振翔書於板橋　七一、六、一

目次

引言……一
文藝復興的精神……一
天主教與中國文化……八
我對卡特政府的忠告……一二
所謂美毛關係正常化問題—向卡特政府進一言……一六
中國天主教的國民外交之一二……一九
懷念一位「中國教宗」……三二
天主教保送海外留學生的緣起和展望……三九

教廷、西班牙、與我國復交史話……四四
于斌樞機抗日期間對歐美的影響……五七
* * *
于斌樞機與輔大永遠同在……六五
追思于斌樞機逝世一週年……七五
于斌樞機的五封信……八六
于斌樞機的又五封信……九五
雷震遠神父與中國……一一一
* * *
耶穌聖誕—催促天人合一……一二三
神父爲何要還俗？……一三七
眞、善、美、聖與假、惡、醜、罪……一四三
耶穌復活—導致長生不老……一五〇
三位一體可以懂嗎？……一七三
信仰與人生……一七九
人究竟有靈魂嗎？……二〇二

修德行與犯毛病那樣容易？……二一三
聖學精義序……二一八
與江山異生懇談人生的「異」與「常」……二二五
「自由中學」爲何改名「光啓」……二二八

* * *

七十年來的中國天主教史……二三四

附錄

「孤軍苦鬪記」的啓示……二六四
孤軍苦鬪記讀後感(一)……二六八
孤軍苦鬪記讀後感(二)……二七二
毛振翔語動美朝野……二七五
毛振翔訪美剖析越戰……二八四
毛振翔神父歐洲行……二八八
毛振翔與曼斯斐德對話錄……二九一
反共愛國聯盟在美國宣告成立……二九六

我們支持中華民國政府政策的理由……三〇〇
上帝的忠僕，共匪的戰犯，留學生的褓姆，中外人的良友……三〇五
反共健將毛振翔神父說服美議員凱歌歸來……三一〇
入世思想．出世精神……三一六
毛振翔神父爲雷根助選秘聞……三二〇
毛神父謙拒被稱十字軍……三二九
毛振翔神父熱心國民外交……三三三

文藝復興的精神

天主教本身，既不是文化，又沒有文化，因爲她所持有的是普遍而純粹的精神。這精神注射到任何民族中，則這民族一定興旺；這精神滲進到任何文化中，則這文化一定光大；這精神吸入到任何藝術上，則這藝術一定精美。反之，假若任何民族缺少了天主教所富有的精神，則這民族必日形腐敗；任何文化缺少了這精神，則這文化必逐漸衰微；任何藝術缺少了這種精神，則這藝術必益趨淫蕩。

天主教的精神本色可以用八個字來表達其是與非。其是者，天主教的精神爲「眞、善、美、聖」；其非者，天主教的精神不是「假、惡、醜、罪」。這眞、善、美、聖、不特爲天主教之本身精神，而且也是天主教時時處處所堅守的立場；這假、惡、醜、罪、不特是天主教所防禦的對象，而且是天主教隨時隨地所嫌棄的目標。

依據天主教的觀念與認識，眞、善、美、聖、與假、惡、醜、罪，是有我無你，不能並存的，因爲前者爲自立而自在的，後者則是寄生而蠶食的。

今天爲「文藝復興」月刊創刊號，作者願以天主教之精神本身——眞、善、美、聖、相贈，並以假、惡、醜、罪、相誡。爲使所贈與所誡者得以明顯認出，作者願在此詳解兩者之眞實面目。

眞與假是對立的抑或是關聯的？頗能引人感到興趣：因爲懂錯了這個問題，其後果不特是「失之毫釐，差之千里」，而且會弄得眞與假兩者都成爲莫名其妙的。爲能正確的瞭解這個問題，我們先須查問清楚，「眞」是什麼？「假」又是什麼？「眞」的定義是「實實在在，應有本質的存在」，而「假」的定義則是「實實在在，應有本質的缺乏」。比如，你給我講了一百句話，假若每一句都是實實在在的，那你自然是一個講眞話的人。但假若在你所講的一百句話中，有一二句是不實在的，那你就自然是一個講假話的人。雖然在你所講的一百句話中，實實在在的話佔有百分之九十八九，而假的話僅佔有百分之一二，但其結果，你是一個欺騙我的人，而不是一個誠實對待我的人。所以假是不能自行存在的，而只能出現於眞的缺乏。或更好說，假是眞的消極，而不是任何積極的存在。由此可見，眞與假不可能是彼此對立的，而只能是彼此密切關聯的。因爲只要那裏都是眞，那裏就不能有假。所以假並不可怕，而可怕的是眞的缺乏。

善與惡的關係，和眞與假的關係是相同的。「善」的定義是「正正直直應有本質的存在」，而「惡」的定義則是「正正直直應有本質的缺乏」。這個定義，無論在物質上，或在精神上，都不難證實。比如，物質上的善吧，這裏有一個蘋菓，當它具備應有的皮與肉，那它就是一個好蘋菓。相反的，當它缺少了應有的皮與肉，雖然祇是小小的一部份，那它就是一個壞蘋菓。精神上的善與惡也是這樣。不過精神是屬於人的，或屬於人之上的天使和天主的，因爲其牠的飛禽走獸都是純物質的，而不能具有任何精神。爲認識一個人的好壞，我們先當知道，他是不是依照良心行事的。假若他的生活是完全依照他應有的，天賦的良心而進行的，那他自然是一個好人。相反的，假若他埋沒了應有的良心而做人，那他自然是一個壞人。所以惡是不能自行存在的，而只能出現於善的缺乏。或更好說，惡是善的消極，而不是任何積極的存在。由此可見，善與惡不可能是彼此對立的，而只能是彼此密切關聯的。因爲只要那裏都是善，那裏就不能有惡。所以惡並不可怕，而可怕的是善的缺乏。

現在我們看看美與醜之間有什麼關係。「美」的定義是「有秩有序應有本質的存在」，而「醜」則是這種本質的缺乏，比如，一個人，其所以是美人，是因爲他所應具備的五官，都是齊整整的，而且也都是安排在應有之位置上的。所謂五官，就是眼耳口鼻和四肢。反之，假若某人應有的五官是不齊全的，或者，雖齊全，而不端正，那他自然就顯得醜了。

對人如此，對物亦然。物之所以有美有醜者，亦是以其應有之秩序的齊整與否而判定的。比如，一棵樹，一朶花，一座像，甚或至於一幢房子，一個花園，在評論其美與否，無不以其應有之秩序的齊整與否，存在與否爲標準的。所以，醜是不能自行存在的，而只能出現於美的缺乏。

或更好說，醜是美的消極，而不是任何積極的存在。由此可見，美與醜不可能是彼此對立的，而只能是彼此密切關聯的。因爲只要那裏都是美，那裏就不能有醜。所以醜並不可怕，而可怕的是美的缺乏。

末了，我們談到聖與罪。這是我們在本文中所討論的，最高深的一點，也是最有意義的一點。因爲把這一點懂清楚了，則其它各點也就不難瞭解，而且我們的生活也會因此由卑微而升到高貴，由罪汚而躍入聖潔，由世俗而進到神域。那麼「聖」的定義是什麼呢？「罪」的定義又是什麼呢？「聖」是「有寵有愛應有本質的存在」，而「罪」則是「有寵有愛應有本質的缺乏」。

爲能瞭解這個問題，我們必須提及天主對我們人的恩愛，實在是無微不至的。祂在創造人類之前，先創造了天地萬物，以供人類之應用。待祂創造人類時賦予人類一個超越萬物的靈魂，並予人一個自由的主權，使人類成爲萬物的主人翁。

在創造人類的原祖父母時，天主賦予他們三種恩典，並願他們把這三種恩典傳給他們的子子孫孫。這三種恩典是本性的，特性的和超性的恩寵。

所謂本性的恩寵，就是天主在創造人時賦予人一個肉身和一個靈魂。人的肉身具有本性的能力，就是眼能看，耳能聽，鼻能嗅，口能嚐，手足能觸動。人的靈魂也具有本性的能力，就是理智能推想，意志能選擇，心靈能友愛。

所謂特性的恩寵，就是天主在賦予人以靈魂和肉身之後，使這靈魂與肉身都享有特別的恩典。比如，人的肉身因爲是物質的，本來是要朽壞的，天主卻賞他不會死亡。人的理智因爲是寓於肉身之內的，本來在辨別是非，明白眞假，是很有困難的，天主卻賞賜他敏銳，迅於分別善惡，速於判斷眞假。人的意志因其受肉情之影響，本來在抉擇善惡上，是難於堅定的，天主卻賞他固執於善，遠棄於惡。我們的記憶，因爲是介於靈魂與肉身之間的，本來是易於健忘的，天主卻賞賜他善於牢記。我們的靈魂與肉身，因爲一是精神，一是物質，本來是風馬牛不相及的，天主卻賞賜他們彼此相輔相成，使感情易於聽從理智的指揮，理智樂於接受天主的啓示，使整個的人，在思想行爲上，都能做到有條不紊地向上進展。

所謂超性的恩寵，就是天主創造了人類的原祖父母和他們的後裔，不特要他們成爲世上萬物的主人翁，而且還要他們成爲天上的繼承者。不特此也，更要他們分享天主的本性，達到天人合一的完美境界，享受天堂的眞福。

人到了這種地步，可謂聖矣，可謂滿被天主之寵愛矣！但是，不幸人類的原祖父母，亞當與夏娃，在如此充滿幸福、富於恩惠的優越生活環境中，竟異想天開，以爲變更生活的方向，調動生活的目標，可能獲得較多的刺激，感覺到更大的快樂，於是糊裏糊塗地，跟魔鬼打起交道來，傾耳順聽邪魔的花言巧語，背棄了天主的指示，抛卻了天主對他們的異寵特愛！墮落到他們自己本性的境界，失掉了天主給予他們的超性和特性的恩典。因此，他們也無從把這些恩典遺傳給他們的子子孫孫。所以，作爲亞當和夏娃後裔的整個人類，一進入世界，就都是罪人——缺乏天主寵愛的人，也就是染上原罪的人。所以，罪，無論是原罪或是本罪，都不能是自行存在的，而只能出現於聖的缺乏。或更好說，罪是聖的消極，而不是任何積極的存在。由此可見，聖與罪不可能是彼此對立的，而只能是彼此密切關聯的，因爲只要那裏都是聖，那裏就不能有罪。所以，罪並不可怕，而可怕的是聖的缺乏。

由上觀之，眞善美聖是實存實在的珍寶！我們必須謹愼地保持，奮勉地發展，使我們每個人的生命，充實着眞，實行着善，顯耀着美，發揮着聖。這樣，假就無隙可乘，惡就無路可走，醜就無處可顯，罪就無能可爲。一旦到達這種境界，則我們今天要消滅共產主義，收復大陸失地，維持世界和平，還有什麼問題呢？因爲共產黨徒所信奉的主義都是假的，所採用的手段都是惡的，所表現的事實都是醜陋的，所實行的生活都是罪汚的。

當然爲使假、惡、醜、罪、不能出現，在我們方面，我們必須自己是全眞，全善，全美，全聖的，而在其它方面，我們務須盡量地勸勉人從眞、行善、操美、持聖。不然，設使我們自己也懷着假，抱着惡，隱着醜，瞞着罪，則我們在反共上是無能爲力的，在收復大陸上是毫無辦法的，在維持世界和平上是不能有貢獻的，而且我們自己還要被腐化，被毀滅。

那末，我們怎樣可以保持全眞呢？那祇有信奉耶穌基督的言行，並把它實行於我們的生活中，因爲唯有祂是眞理。我們怎樣可以保持全善呢？那祇有效法天主聖父並奉祂爲成全我們自己的模範，因爲唯有祂是完善。我們怎樣可以保持全美呢？那祇有效法天主聖三的造化工程，並使我們的工作能表達聖三的美好，因爲唯有祂是全美。我們怎樣可以保持全聖呢？那祇有依靠耶穌的功勞，仰賴祂的聖名，使我們能恢復失去了的天主寵愛，重新實行「天主愛我，我愛天主，以愛還愛，天人合一」的最崇高、最完全的生活。在這樣的生活境界上，一切都是眞善美聖，而假惡醜罪再也無從出現了！

「文藝復興」能有如此的表現，日久天長，其影響所及，誰能量其高深，測其濶遠！

右文原載文藝復興月刊創刊號
五十九年元月十六日出版

天主教與中國文化

愛爾蘭「國家評論雜誌」要求我寫這麼一節文章，嚴格的文字限在五百到一千字之間，而且不得談到孔子學說，更不涉及中國藝術，因爲在那兩方面已另請了高明。

所以我以爲一開始就應當書歸正傳。按照中國字面意義解釋，天主敎卽「在天之神的敎會」。中國傳統習慣上稱爲「天」。所以說，古時天主敎與中國文化是相稱的。依照中國人的想法，人性受之於天，因之人事應該合於天意，人之靈應承天道而共榮。

的確，天主敎的精髓所在，包容神聖的愛。而中國文化特點是人道。那麼什麼是人道？就是充分生活的仁慈、眞理、公正、聖潔、誠實之中的生活表現。這些特點是人心固有與生俱來，也就是我們稱之爲的人性精華。當然，天主之愛與人之愛是有所不同，神是無限的，人是有限的，神是絕對的，人是相對的，神是超自然的，人是自然的。人的愛如與神無關，便算不得什麼。因爲是相對的，就必須與絕對的保持良好的密切關係，否則，就失去其存在的意義。」所以，聖保羅告吾等說：「沒有什麼東西可以使我們與神的愛分離，因爲那愛是從主基督耶穌裏而來的」（羅・八・三五——三九）。

更進一步說，中國歷史文化有五千多年，一開始就在自然的基礎上，整個中華民國和天主教就有了關連。我要指出來，天主教有「十誡」來維護其信心，而中國文化中有兩大原則，來保全其種族。這兩大原則卽「敬天」與「孝道」。

在「敬天」的思想方面，中國人一向在傳統上遵守「十誡」的前三條。老天爺是至高無上的，中國人自己盡可能保持其純眞的自我，以便達於入聖之境。中國人所謂純眞自我，用孟子的話來說，就是天生性善及良心，用韓愈的話說，中國人的入聖，就是道之具體實現。這和十誡的第一條相當。

至於第二條誡命，中國人小心謹愼的，避免使用「天」一詞，除非他們要發重誓，或呼天之名而做證見的時候。

遵守第三條誡命方面，中國人則於每月初一及十五兩天，公開虔誠的焚香崇拜上蒼。

在孝道思想方面，中國人盡力的遵行十條誡命裏，關於人事的七條誡命。孝之道在中國人的心目中，是德行之首要。爲其家庭（門）的名聲，他們隨時準備犧牲，甚至個人的生命。這也是爲什麼中國將其家族的姓氏，放在個人名字之前，而西方人則將姓氏放在末尾。

結果，只要是可能有辱家門的事情，中國人傳統的一概加以反對。凡是能光耀門風的事情，他們都立刻去做。從第四條到第十條誡命，天主的原意就是「爲善去惡」。這是天主第一道命令，刻在每個人的心靈上。但是，自從亞當夏娃犯了罪之後，人心變的乖離易錯，天主不得已才分別訂出十條誡命。

因此，我們可以大膽的說，早在摩西在西奈山受誡命之前，中國人在精神上，已經遵守十誡了。當然，中國人的敬神方法是自然形成，而天主教準備的是形上的方法。爲要把中國人帶入形上的天主教之路，只要搬給他們一條昇降梯——授洗，而仍讓他們遵從他們的傳統活的文化郎可。

我說「傳統活的文化」，是中國傳統文化，自基督降世前三千年，以迄於今天從未間斷過。傳統的思想觀念根深蒂固，深植於中國人的心中，在他們的歷史上有卓越的影響，這些影響是沒有時空性的，甚至在共產鐵幕後面，在所不能免。十億中國人，無論在何處，他們說的同樣語言，瞭解同一的哲理，敬拜同一個老天爺，享受同一的生活方式，珍重同樣的中國精神價值，最寶貴的是他們共同珍愛此一傳統文化。中國人最是保守，他們的文明，因個人主義，爭取知識自由，爭取宗教自由，爭取政治自由而聞名。如果歷史與文明有其意義的話，中華民國的傳統文化絕不致於被共產黨摧毀。相反的，唯物論和無神論的共產主義，早晚會被中國傳統文化所摧毀，因主基督耶穌的受難拯救世人，爲榮耀天主的聖名，中國文化將會和天主教合而爲壹。（任文勳中譯）

我對卡特政府的忠告

休矣！卡特政府，請勿再自討沒趣，和中共政權談什麼關係正常化了。因爲這種談判是最不正常的措施。且看，中美傳統的邦交從來未曾有過如此累重的荆棘！這種荆棘，一言以蔽之，無不來自一九七二年二月十七日，尼克森和周恩來簽訂了上海公報的。

從此以後，美國與中國之間的關係，竟弄成了如此莫名其妙，眞可謂作法自斃。儘管平時以善於創造，精於發明而自豪者，時至今日，雖自告奮勇，亦只知其問題之複雜，而不能有個妥善解決的辦法！

爲試圖解決其問題，曾一度想引用舶來貨，諸如日本方式、德國模型。但其適用於日、德兩國者，卻無法應用於美國。一因美國爲自由世界之領導，不能輕舉妄動；二因美國與世界約有六十個國家訂有共同防禦條約，故牽一髮而動全身。

惟其為自由世界領導，故美國不能藐視或否認信實不欺之原則。這原則維持着所有簽約國家對美國信任不二。不然，則美國的領導權卽將崩潰。惟其與世界許多國家簽有共同防禦條約，故美國不能獨斷獨行，任意廢除一約，而能免於遭受所有簽約國家之仇視與反對。

現在，美國國務卿范錫先生自北平「探索旅行」回美，已近三個月。同時，中共領袖們仍不時聲言：美國如欲關係正常化，則必須與在臺灣的中華民國絕交、廢約、撤軍。這種要求，前美國國會議長若望•W•馬克麥克稱之為傲慢的表現，令人氣憤的擧動。

事既如此，美國政府應該乘此機會，坦率地、毫無猶豫地，向中共政權正式聲明：「我們雖有意和你們建立正常關係，但我們絕對不能，也不願，作任何危害我們在臺灣的忠實好友——中華民國。因為我們的國策是增加友邦，而不是多結仇敵。這是我們人民的公意，我們政府只好照做。因為我們是民主國家，在這樣的國家裏，人民的意願就是政府的政策。」

當這個政策正式聲明後，假若中共政權還不自覺悟，仍在要求那三個侮辱美國的條件，則美國政府應明白表示決心維持現狀。看中共究竟如之奈何？只要美國能堅定此一立場，則不特美國在世界的利益可以保全，其在世界的威望亦可增進，而且還可以促成，美國政府在上海公報內所期望於臺灣海峽兩方面的中國人民，得以和平相處的目標。這目標的達成在於美國能忍讓兩方面的領導者——卽在臺灣的中華民國和在大陸的人民共和國，互相競爭比賽，去爭取中國人的民心民意。

筆者深信，只要予以時日，中國人民自會統一自己的國家，選擇自己的政府的。因爲中國人愛護自己的國家，所以他們要保持中國爲整個的而不受分割的。中國人民也知道什麼是好政府，什麼是壞政府。他們支持好政府；假若他們不能公開支持，則他們內心的嚮往，誰也阻止不了。他們唾棄壞政府；假若他們不能以積極的行動，誰也控制不了他們消極的抵抗。

此外，假若美國政府還猶豫不決，或竟因無足夠的根據，深恐中共與蘇俄和好——其實，這種和好是不可能的，因爲獨裁者沒有不惟我獨尊的——竟貿然去接受中共的勒索，爲關係正常化所要求的條件，則美國在世界的聲譽必將掃地。隨之而來的將是蘇俄與中共不斷增加的勒索。如此一來，美國因不勝他們的勒索，終必和他們反臉。屆時，蘇俄與中共必以戰爭來威脅。在這樣的戰爭上，共黨的氣燄必盛，美國的士氣難高，其結果是不難設想的。與其等到那時才行拒絕共黨之勒索而招致失敗，何不現在即以不理睬而取得勝利！

在美國常有人問及，何以在臺灣的中華民國堅持於一個中國的政策，而不考慮更有利於自己的兩個中國政策。因爲一旦在臺灣的中華民國接受了兩個中國政策，則臺灣即可保持獨立與安全，而且有許多目前無邦交的國家還會來和臺灣建立邦交。這是淺見的謬論，將導致我中華民國於萬劫不復之地，故請友邦人士別再空疏寡實爲幸。

我們在臺灣的人民與政府之所以堅持於一個中國政策者，因爲我們明知我中華民國爲唯一合法的中國。這個中國只能是一個，而不能有兩個。惟其如此，所以我們負有嚴重的責任，神聖的使命，去解救我們在中國大陸上所有的同胞，出於水深火熱的共黨奴役。假若自私自利，拋棄他們於不顧，則這不特無人道、不道德，而且還會使大陸上的同胞失望和怨恨，這是我們萬萬不肯做的。

再者，我們深信，以我們今天在臺灣的日益進步，如政治的自由，經濟的繁榮，文化的昌盛，社會的安定，道德的進修，宗教的虔奉，我們一定可以解救在大陸的同胞，使他們和我們同享民主與自由的生活，猶如基督宗教的精神解體了曩昔羅馬帝國，並使它的全體人民皈依基督的信仰一樣。

屆時，假若我們今天接受了兩個中國的政策，則我們將來執行神聖使命，以解救中國大陸人民時，反要被聯合國譴責爲侵略行爲，而予我們以制裁，這豈不冤哉枉也！所以，卡特政府，對中國問題的妥善解決，美國祇需維持現狀而已。

原載東方雜誌復刊第十一號第二期
六十六年十二月一日出版

所謂美毛關係正常化問題

——向卡特政府進一言

根據近來的新聞報導，卡特政府現在已經發覺，和中共政權談判是一個棘手而複雜的問題。但是，似乎卡特總統與范錫國務卿尚未明白：這些難題之所以發生，乃是由於美國太熱衷於和北平政權進行關係正常化。不然的話，中共頭子們從何而能獲得如此頻繁的機會，不時向美國投侮辱，作要求。對於這一點，前美國國會議長若望・W・馬克麥克，在其今年十月十九日致筆者的信中，給予下列的答覆：「我深惡痛絕中共的傲慢，他們竟說：除非我們拋棄臺灣，並和在臺灣的中華民國政府與人民斷絕現存的友誼，則他們就不與我國建立邦交。他們的仇恨令我氣憤」。

其實，在這件事上，「關係正常化」這句話指什麼呢？不是指以背棄戰時的盟邦，平時的忠友——中華民國，而去擁抱一個公認的仇敵，背叛天主，背叛宗教，背叛人權者——中共人民共和國嗎？這豈不是認賊作父，自找麻煩！

現在正是卡特政府向中共政權坦率直陳的時機，因爲中共需要美國者，遠勝於美國需要中共也。卡特政府只要向中共政權表明：你們在解決中國問題上，既如此蠻不講理，則我們美國祇好採取維持現狀。取捨由你們。

能如此，不特美國在世界的利益可以維持，威望尚可增進。而且美國在上海公報中所表示的願望——臺灣海峽兩方面的中國人得以和平相處的事情，亦可以實現。

實現這個和平相處的辦法是這樣的：忍讓在臺灣海峽兩方面的中國，即在臺灣的中華民國和在大陸的中共人民共和國，使用自己的方法，互相競爭比賽，向所有的中國人爭取民心民意。中國人民愛護自己的國家，這就是何以他們不願中國被分割，而要她完全保持一個的原因。中國人也知道，何謂好政府，何謂壞政府。因此，他們支持好政府；假若他們不能公開地擁護，則他們內心的嚮往，誰也阻止不了。壞的政府，他們唾棄，假若他們得不到積極的機會，則他們必以消極的手段去對付。

在過去四五年以來，顯示着一個明顯而具體的訊號，那就是中國人的民心民意開始嚮往臺灣，越來越衆多。試看每年雙十節國慶時，湧到臺灣的海外華僑，其人數不斷在增進中，就是一個事實勝於雄辯的明證。在同一時期，海外華僑對中共政權的興趣卻大爲退化。四五年以前，僅在美國一國，百分之九十的中國人都是對中共政權頗感興趣的。而現在，在百人之中，只有四十人對中共政權，尙存有一些希望。這個數字是，我在過去四十年中，尤其最近五年來，多次遍訪美國所見所聞的根據。

我們的中華民國，在嚴家淦總統和蔣院長領導下，有一個卓越的政府。人民對他們完全信任，全心擁護。政府爲人民工作如此辛勞，爲人民籌劃如此週到，使人民付之以通力合作，且心神愉快。

人民在臺灣不特享受政治自由、經濟繁榮、文化興盛、社會安定，而且還進修倫理道德，虔奉宗教，被蒙神恩，身康神泰。所以，無疑的，世界各地的中國人民都將在和平中、友愛裏，團結着歸向中華民國，就如曩昔的羅馬帝國人民皈依基督宗教一樣。

我們現在有求於世界友邦者，尤其是美國，只有一件事，那就是：請你們別阻止中國人民向中華民國大量的奔向，自然的回歸。

中華日報第三版六十七年四月二十七日

中國天主教的國民外交之一二

「國民外交」，今天已成爲我中華民國朝野所最關心與重視的一環，因此我願提供一點有關中國天主教的國民外交，或能因此而有利於我國我民。

由於天主教是一個普世統一的教會，所以無論國與國之間有無邦交，祇要是虔誠的天主教教友，到世界任何一自由地區，凡是有天主教堂的地方，一星期內，不拘那一天，他們必準時到教堂去參與彌撒聖祭，一定可以得到堂內神父的關注，和共同參與彌撒教友的好感。我現在引述一個故事，以便讀者可以去查證：

信仰虔誠，聯誼關鍵

記得民國五十年，我在板橋南雅西路創辦了聖若望天主堂以後，在當時的本堂教友中，有一位國立華僑中學的老師陳永枝來和我商談，要我幫助他移民到美國去。我靜聽了陳君的許多理由之後，曾對他這樣說：「你想移民到美國去的理由很充足，我由衷同情。不過，爲使你赴美之前有一個良好準備，我要你用一年的工夫，每天早上六時半來堂參與彌撒，善領聖體，和下午六時一刻來堂公念玫瑰經和晚課經。假如你願意照做，我敢向你保證，天主一定會降福你移民美國成功。」陳君聽了我這些話後，開心地向我說：「神父！我一定恪遵尊示，因爲我辦理美國移民，已有七年之久了，到處碰釘子，毫無進展。」於是，我就對陳君說：「那就這樣辦吧，一年之後，我保證你移民去美國。」

一天一天地，一星期一星期地過去，陳永枝忠信地，早晨和晚上，風雨無阻，不顧寒暑，都來堂敬拜天主，從未遲到早退。如此地，滿了十一個月之後，我給他寫了一封推薦信給美國領事館。美國領事見到那封推薦信後，對陳永枝說：「我很認識毛神父，他一向不隨便替人說好話的；他竟把你說得那麼好，你一定是一個好人。我們歡迎你移民美國。」於是就叫人給陳君一切當塡的申請移民表格。此後，陳永枝到中心診所去檢查體格，那以往替他檢查身體的張院長，見到他現在X光片上已經沒有從前的肺病痕跡，奇怪地問陳永枝說：「怎麼，你近來身體那麼強壯，連原先的肺病疤也不見了？」陳君回答說：「因爲毛神父叫我在過去一年中，每天早上和晚上都進教堂參加彌撒和公共祈禱，所以我每天跑了好多路，身體就不知不覺地強健起來。」

正在滿一年的時刻，陳永枝收到美國領事館的通知，說：他的申請移民批准了，可以來美國領事館簽證。這使他和他的家眷都高興萬分，感謝天主恩賜無窮。

待陳永枝起程赴美後，他的太太梁笑平女士來問我說：「神父！我的先生你幫他到美國去了，那麼，我和我的兒子怎麼辦？」「妳假若要去美國，」我對陳太太說：「就該和妳的先生一樣：每天早晨來堂望彌撒，晚上來堂念玫瑰經與晚課經！」「早上望彌撒，那麼早，我起不來，」陳太太回答我說：「神父！我只晚上來堂公念玫瑰經和晚課經，好嗎？」「不好！」我立刻接上說：「妳既不願早起，那末，就不要到美國去好了！」陳梁笑平堅持說：「我要去！我要去！」「妳既要去，那麼就和妳的先生一樣，每天早上和晚上來教堂敬拜天主吧！」

同樣的，梁笑平女士一如她的丈夫，經過一年的工夫，從未間斷一天來堂。我見她如此虔誠，便在她繼續來堂的第十二個月開始時，爲她和她的兒子陳龍澤向美國領事館寫了一封信。因爲有丈夫和父親先一年移民到美國，所以笑平和龍澤的移民手續辦得既快又順利。在一年內，他們一家就在美國俄勒岡州波特蘭城團圓了。

一如陳永枝離臺赴美時，同樣他的妻兒動身前，我都曾對他們說：「天主賞賜了你們辦妥移民美國，你們到了美國之後，無論在什麼地方，都要先到天主堂去報到，並設法每天進教堂參與彌撒和其他公禱。這樣，一面感謝天主已賞賜你們的恩惠，一面和天主接近而討祂的寵愛。我可以向你們保證：你們如能有恆地這樣做去，則今世無往而不順，來世無時而不樂。」

陳永枝一家眞是中國的好人民，因爲他們到美國之後，因着他們的做人規矩，敬主熱心，一如在臺灣我所認識他們的時期一樣。他們每天早上到教堂去望彌撒，晚上又到教堂去望聖體降福和念玫瑰經。因此，引起了當地教堂神父對他們的特別愛護，和該堂許多教友對他們發生異常興趣。該堂主任神父若瑟•M•雅齊亞斯（Joseph M. Agius），觀察了他們一些時日之後，乃問他們說：「怎樣你們這家中國教友敬主如此熱心，因爲我所認識的中國教友普通連星期天都不進教堂的？」陳永枝於是代表全家回答說：「因爲我們的毛神父常對我們說：只要你們時時處處和天主接近，在任何事上討天主歡心，則你們就什麼都不必憂慮了，因爲天主會照應你們遠超過你們所希望的。」雅齊亞斯神父聽了這些話很高興，並對陳永枝說：「我眞希望能見到毛神父。」

陳永枝初到美國時，先在一家中國餐館「華園」做招待員，他的太太也在同一餐館服務，其子龍澤先在另外一家中國飯館工作。後來有些美國天主教教友幫助他們買了一幢房子，鼓勵他們自開餐館。先是一個小飯店，但因爲教友都喜歡到他們那裏去聚餐，所以生意很好。後來有一位美國教友建議陳永枝蓋一座大飯店，備有小房間和貴賓室的。陳永枝和他的兒子聽了之後，都大吃一驚，不敢做這種夢。但這位美國教友卻對他們說：「你們不要怕，因爲現在美國政府對少數民族給予特惠，借以鉅款，年息爲四釐，分爲四十年還清。我爲本城負責這種貸款者，你明天來銀行看我，我告訴你怎麼辦理申請。」

自從這座大餐廳蓋好以後，陳家多用了三個厨子和增加了一些侍應生與招待員。生意一直很好，因爲那裏的天主教教友都喜歡約自己的朋友到龍鳳餐廳去吃午餐或晚餐。我前三年到波特蘭城時曾受他們款待，他們還請了幾十位中美友好作陪。我看到陳家餐館裏的許多裝置和所用食品都是臺灣貨。這種物品不特可以使外國人享用之餘欣賞中國文化，同時也爲中國賺得外滙。其在美國如此，在其他國家亦可以同樣發展。不過要推展這種活動，我們必須有組織，培植輔導我在海外的僑胞，善用各種關係，隨時隨地，——如陳永枝夫婦所受過的——能主動地，有意識地，實惠地，替國家着想，爲人民謀福。不然，雖然在普天之下，到處都有中國人，但他們極大多數竟是有機會而不能把握，有能力而不會應用的人，這是多麼可惜的一件事！

地區小組，徧及全世

中國天主敎在第二次世界大戰期間，卽已開始保送中國男女青年，以獎學金方法，先到美國兩百六十二座天主敎大專院校留學，後又伸展到西歐各國學府深造。所以到現在無論歐美那一個國家都有我們中國天主敎畢業生存在。這些畢業生散居歐美各國的每一個地區。因爲他們是信仰天主的，所以他們自然是反對共產主義，擁護中華民國政策的。這宗敎信仰，對於「光復大陸國土，復興民族文化」，是很有幫助的。

由於中國天主敎在過去三十餘年中，其所保送的學生，普及美國各州，西歐各城市，而且是每一大學只有兩三名，限定寄宿，其勢不得不與外國的同學相處，語文起居積久自必諳習。美歐大學生之寄宿者多係優裕子弟，週末及假日率皆回家，我們留學生與之相處旣熟，自然會常應邀，得與他們的家庭相來往。這樣，日久天長，接觸美歐的家庭必多，認識美歐友好自夥。又因共匪竊據大陸，他們學成不能回國，只有在留學國地成家立業。因此，我們如能適時輔導他們，促成他們所居留國人民與我中華民國人民，在經濟上互助合作，在文化上互相交流，自能宣揚中國文化，達到國民外交之目的。

爲促成我天主敎在美學人與其他人士對反共復國能加強貢獻，中國主敎團於前年春間曾邀我赴美考察，並於考察後提出具體辦法。經過半年多的不斷旅行，到處訪問，遍及美國四十九州，凡有中國天主敎人士的地區，我幾乎都走遍了。本來亦擬到阿拉斯加州一行的，終因那州沒有中國天主敎敎友在而作罷。

因爲訪問中國在美的天主敎學人與留學生之後，我發覺其學人分散太開，其留學生在校求學者，雖每座學校都有，但卻人數不多，而且功課繁忙，經濟拮据，隨時有離校他就之可能，所以不宜於作地方性之組織，以發生我國家所希望於他們之作用。

中華海外協會之組織

在此情形之下，當中國主敎團團長于斌樞機來美時，我曾向他當面提出報告，並建議：當以我散居在美國各地的信仰耶穌基督的人士爲核心，來組織一個不特是全國性的，而且是國際性的「中華海外協會」，其組織綱要由筆者起草，並經雷震遠和陳之祿二位神父參加意見。其原文如左：

㈠本會之緣起：中國是我的發源地。我的祖宗生于斯，長于斯，葬于斯。我不能忘本，也不敢忘本。我愛中國，我也以做一個堂堂的「中國人」爲榮。中國是一個民族，一個國家，因此也應統一。可是現在事實上中國並不統一。我們既愛中國就不能讓它長此下去；我們要組織起來，爲統一中國而努力，同時也是爲整個世界謀和平與福利。

㈡本會之目的：一旦中華海外協會發展成爲一強有力之組織，它即能發生很大的作用。一、它在美國能影響美國政府，使其對我在美「少數民族」之同胞，給予應得之權利與保障。二、它也能影響中共政權，使其改善對大陸人民之待遇，例如以仁愛替代殘暴，以自由交換奴役。三、它更能使在臺之國民政府增加其對人民之服務。比如擴大扶植私人企業等。如此，不特可以號召大陸同胞，而且還能提早統一中國。

㈢本會之組織程序：本會之組織方式如下：1.在每人寄居之地，聯合起十人以上，二十人以下者，即可成立一個地方小組。藉以彼此聯絡，相愛互助。2.由若干地方小組而成立市分會。3.由若干市分會而組成州支會。4.五十州支會分別成立後即可成立全國總會。由此可見，各級組織領導人之產生方式如下：地方小組由會員直接選舉主席；市分會主席由各小組主席互選之；州支會主席由市分會主席互選之；總會主席由州支會主席互選之。所以這是一個由下而上的組織系統，按民主方式產生的領導人士。

(四)本會福利事業之發展：總會成立後，本會即可開始鼓勵各會員，以自己之才智與經驗共同發展各種性質不同之事業。諸如開設工廠、建立實驗室、研究所、創辦貿易行、設立文化、教育機構等。假如會員中對政治有興趣，也可以參加各種政治活動，本會可做其後盾。

(五)會員之權利：除了上述各種事業外，本會將設立基金會，爲現在及將來之會員謀福利。此基金會能享受免稅之權利，能以其資金保障會員及其家屬之安全，使其不致遭受意外之損害。同時亦能資助由祖國來美或在此生長之優秀青年學子，使其能專心深造。這樣也能爲本會培養後起之秀。至於其他權利，則在每個地方小組成立之後即可隨時隨地產生，因爲有組織的能力，其發展之遠大，非個人所能料及也。

(六)本會之信念與立場：人們常言十九世紀屬於英國，二十世紀屬於美國，二十一世紀屬於中國。這個預言是非常正確的。但是中國必須依靠自己的傳統文化，而獲得領導世界之地位，絕對不能借重外來的力量與方法。因爲用外來的力量與方法，就不是中國在領導而是外國。共產主義是由外國輸入的而不是由中國本身所產生；連科學與技術也不是完全中國的，雖然中國在科技上曾有很大的貢獻。眞正的中國傳統文化方法是倫理與道德。用現代的話來表達就是「講實話，行正義，眞愛人」。用這種精神來領導世界正是衆所渴望的。所以我們應向此目標奮勉邁進，其成功是必然操諸於我的。

上述的中華海外協會綱要印就之後，即向散居美國各地區的，幾乎都是以往我中國天主教所保送的學生，現在都已成家立業，共計一千七百五十餘個家庭寄發，請他們每一家負責組織一個當地的地方小組。同時也向西歐一些國家，如法國、英國、義大利、西班牙、比利時、瑞士等國的中國友好人士各發了數十封信，請他們在當地進行中華海外協會的地方小組。

凡願參加中海協的人士，須填寫下列項目：一、中西姓名，二、住址及電話，三、性別，四、有無宗教信仰，五、學歷，六、職業。

當這些文件發出之後，第二天就開始很熱鬧了，詢問中華海外協會的電話和限時專送信陸續湧進。首先是告訴筆者，他們剛收到我的信，心裏很高興。其次是向我保證，在他們那裏要組織一個十人以上，二十人以下的中海協地方小組，不應該有問題。最後他們說不久神父就會接到我們此地的小組會員名單的。

好事多磨，等待以後

但是，理想是一回事，實行又是一回事。他們開始訪問他們附近的中國人，跟他們談論組織事宜，參加中華海外協會，討論他們加印的中海協章程後，發覺這事情不像他們所想像的那麼簡單。因爲大多數人士都推諉說：我須謹愼考慮後才能答覆，或我事情太忙無暇參加，或我什麼會都不要加入，或這是搞政治我不感興趣，或這是反共的組織我不贊成，或這是國民黨派毛神父來做的我才不做傻瓜哩，或在這章程上毛神父就完全偏向臺灣政府不公道，或假若把章程上的「共產主義不是中國產物」取消了我還可以考慮，或既說共產主義不是中國貨，難道基督主義就是國貨嗎？或這根本是妄想，我要到大陸去做生意怎能說共產黨不好，或神父！現在時機不好，再等一個時期一定可以組織成功的，請你對我們忍耐吧！

雖然如此，在我去年夏天離美返國時，已經有五十三個中華海外協會的地方小組完成組織，並有詳細的會員名單寄到備案。好事多磨，自古以來就是這樣的，好在我事先就有面對此困難的準備，前面那些不願參加者的問題，我都已給予書面或在電話中答覆了。

有不少在美的友好得知中華海外協會已經組成了五十餘個地方小組，就建議我召開正式成立大會。我則要等到有一百個地方小組完成後才肯正式成立。因爲我一向做事的原則是，任何事，不做則已；要做，就要做得實實在在。一成立，就能發生眞正的作用。因此，要美國政府注意我們的力量，則我們起碼的團體必須在千人之上。有此，我們就可以向美國政府爲我們在美的同胞爭取爲「少數民族」應得的保障和權利。一旦我們的中華海外協會能有此表現，則不特在美國其他各地方小組之數字會蒸蒸日上，就是在其他各國，只要有相當的中國人僑居，也都會翻印在美的這個組織的。而況，那些已經組織成功的五十餘個地方小組業已享受到該組織的小成果，諸如：

他們現在懷有休戚相關，守望相助的觀感。他們孩子現在聚到一起，有人負責教他們識中國字，講國語，談中國故事。這些故事會由中國孩子傳給他們的美國同學，由美國同學傳給他們自己的父母，使美國人對中國歷史與文化發生興趣，而對中國更有好感。

一個地區小組的故事

不特此也，在俄亥俄州克里夫蘭城有一位張海亮君，自組成了中海協地方小組後，已和他的小組會員們，在上班之餘，聯合做起生意。事情是這樣的：在克里夫蘭城有三四千中國人，他們有時都想吃到中國菜。但是，開車到芝加哥中國城去買嗎，來回就要開車十個小時，到紐約去嗎，那就更遠了。他們於是合資到臺灣批發食品，到週末時車送到要中國食品的人家，價錢照算。因此他們每月增加了不少的業餘收入。不久之後，當地的美國人也紛紛向他們訂購中國貨品，使他們難於應付。於是，集思廣益，他們商討以後，在當地超級市場，租了一個攤位，專售中國食品，生意日益興旺。我此次回國時，在克里夫蘭城稍停，張海亮和他的小組會員特晚宴我，告訴我因着我的啓示他們現在業餘生意的進款已經超過他們的薪水。將來擴大組織，增加會員，其事業上的發展遠景，眞是不勝美好。像這樣的報告，這次在回國途上，由美東經美中至美西，我所得到的，尚有其他十數個。

本文結論

這篇文章寫得夠長了，我要趕快結束說：我這次囘國之前，沈劍虹大使曾請雷震遠神父勸我，繼續在美主持中華海外協會之組織，不要急於囘國。夏公權總領事聽說我要囘臺灣了，就親自約我和他共用午餐，對我說：神父！你不可囘國去，因爲你一囘去，中華海外協會的組織就難於進展。我當時安慰夏總領事說：我因爲離開臺灣一年多了，很想念國內的人與事，所以要囘去看看。夏說：那好，神父就囘去看看吧，不過要快快囘來呀！

自我囘國以來，不時收到由美國寄來的信件，要我囘美國去推行中華海外協會，我則答以一旦你們組成了一百個地方小組，並將名單寄來證實，我卽會再來美國，召開成立大會。不然我寧願長留國內，以傳教，以講學，來利國，來福民。

我之所以如此堅持者，是因爲我希望在美的中國人士，學習主動地去爲祖國的民主自由，人民的安樂福利而努力。再者，在我的一生，我雖希望做空前的事，卻不要做絕後的事。假若中華海外協會的組織，在其進行時，完全要靠我個人的努力與鼓吹才能成功的話，則一旦我不起了，不是就要垮台嗎？這，不是我所要的！所以要推展國民外交，先須培養這種人才。要促進與我無邦交的國家，在經濟與文化上取得密切的聯繫，須用實際的工作來訓導這種人員。因此打鐵成鐵匠，投入水中學游泳，那是最實在的教育方法。

在這項輔導上，中國天主教發覺：雖然我們所培植出來的教友，其個人在爲國民的服務上都相當熱心，但仍須加強輔導個別教友去影響非教友們爲共同目標而努力。這事從前面所述的中華海外協會組織地方小組上即明白顯露。

所以，當茲共匪殘暴成性，摧毀宗教不遺餘力之時，我建議我政府當局：輔導受共匪迫害逃出鐵幕之天主教友，協助我天主教，以全力加以聯絡，使其發起類似「天主教向共產世界進軍協會」之組織，支援鐵幕後的地方教會。這種進軍的方式，應該是對惡魔共黨作戰中最重要的一環。

在這反共復國的寶島上，爲加強朝野人士對反共必勝，復國必成的信心，應多提倡宗教信仰，尤其在學校教育方面，我政府應全力予以鼓勵和支持。因爲這樣，對共黨的打擊將是天怒人怨，而自由世界該是天主的子民呀！

原載東方雜誌復刊第九卷第六期
六十四年十二月一日出版

懷念一位「中國教宗」

這位「中國教宗」，蒙主恩召，離開現世，升天堂，享眞福，業經三十有二年了。在這個不算短暫的人生過程中，我不特時常想念着他，而且屢次與友朋談起他。他是一九二二年當選爲天主教的教宗的。他在位的十七年中，對整個天主教的貢獻，無論從那一方面講，都表現了他是一位出類拔萃的教宗。這一切自有歷史家的評論，毋須我在此贅及。他的大名是教宗庇護十一世。

在沒有與他見面之前，我對這位教宗的想像已經是充滿了欽佩與愛慕之心，因他上任之始，這位教宗就向我中華民族表示了他的恩愛，並急切地以行動來證實。首先他選派了一位熱愛中國，深悉中國歷史，愛好中國文化的剛恒毅總主教，擔任宗座駐華的首任代表。這位代表一來到中國，就立刻開始執行教宗的指示：「中國應該是屬於中國人的」。

在這個大原則之下，剛總主教首先致力於培植中國人才：保送中國優秀青年前往國外深造，尤其是到羅馬傳信大學去攻讀；在國內儘量提倡創辦高等學府，特別是修道院教育的提高；在敎會行政方面，擢陞中國神父爲主敎，以及其他各部門的主管。

記得在一九二六年，當消息傳出有六位中國神父要陞爲主敎時，西方的傳敎士中，有許多都以爲這是天翻地覆之舉，無論如何都是要不得的。於是他們紛紛向敎宗呈報說：「中國人不能做主敎」，而且警告敎宗說：「中國人若做了主敎，一定會異端百出，與羅馬聖座脫離關係」。這類呈報，據說，竟達二百餘件之多。

可是，這位博治多聞的敎宗，對於那些呈報與警告視若癡人說夢，因爲他深知中國有悠久的歷史，有輝煌的文化，也曾出過不少的聖賢，假若遵循公理，按照秩序，以其人口之多，才識之富，得以按步就班的進展，則必可居於世界執牛耳的地位。所以他毅然決然地，在羅馬聖伯祿大殿，破格地，親自祝聖了六位中國首任主敎。這眞是智仁勇三大德的具體表現，我當時的小心靈對這位敎宗就已敬仰得五體投地了。

因爲這位敎宗對中國的一切都特別關心，比如，民國十七年，國民革命軍北伐成功，在南京定都，改北京爲北平時，敎宗庇護十一世於當年八月一日卽通電全中國天主敎主敎，慶祝中國統一，訓令敎友從事國家建設，其電文要點有：「敎宗對於中華時局，始終極爲關心……今聞中華內戰已息，衷心欣悅，不禁感謝天主；並祝望以仁愛公理爲基礎，中國能建立內外歷久而有效之和平。爲達此目的，敎宗切望此民族之正當要求與權利，皆獲得圓滿之認可……」就是因爲這些緣故，所以有些西方國家的人士，責駡這些宗教，不是全世界天主教的宗教，而只是「中國的教宗」。其實，那些目光淺近自私自利的人，假若能看到今天的實情，應該怎樣對這位教宗的高瞻遠矚，心悅誠服而感羞愧呢。

我初次與這位「中國教宗」相見，係在一九三四年的秋天，當時我還是一個剛到羅馬傳信大學的新生。因爲傳大是教宗最重視的大學，所以每年由各國保送來此的新生，教宗都要特別召見一次的。在教宗召見前數日，本校的校長，帆倫德蒙席，現在爲羅馬教廷的樞機主教——就事先通知我們，叫我們有所準備。我們當時所最感興趣者爲買些念珠與聖牌，請教宗特別降福，並將這些聖物在教宗手裏放一放，然後寄回家中，分給父母兄弟姊妹佩帶使用，作爲無上珍貴的紀念品。

晉謁教宗的那天上午十時正，我們由五十五個國來傳大求學的新生，排隊前往梵蒂岡，進到教宗書房隔壁的一間會客室，靜候教宗的駕臨。當教宗正在光臨時，一位司儀的蒙席報導說：『聖父來了，聖父來了，請大家都跪下恭迎』。於是我們大家都跪下恭迎，同時那些教宗侍衞隊，穿着中古式的制服，擧劍立正，赳赳武夫，神充氣足，使人肅然。此時教宗身穿白袍，頭戴白冠，滿臉笑容，慈祥可親，宛如一位天使出現，令人起敬，愛慕之心油然而生，景仰之情，勃然而發。

教宗前來，竟與我們個別握手，由右而左，使我們都感到受寵若驚，仰首瞠目，不知所措，我當時排列在中間，見此情此景，立刻把所攜帶的聖物持在右手，等待敎宗前來握手，使這些物件都能觸及其手。敎宗與我握手時，發覺我手中滿裝聖牌與念珠，就含笑地問我說：「你是那裏來的？」「我是中國來的」。「呵！可愛的中國，我知道了。但是從那一省，那一個敎區？」「我是浙江省杭州敎區的」。「好極了！你要寫信回去報告你的父母親友，你敎區的主敎神父和敎友，敎宗特別降福他們」。「謝謝聖父，我一定會遵行的」。接着，敎宗繼續與其他的新同學握手，但都未說一句話。待握手禮畢，敎宗給大家約講了十分鐘的訓話。他的每一句話都流露着慈父的恩愛，熱切的期望。其中最使我念念不忘的是：「你們來到傳大念書，雖然所有的教授都是由世界各地聘請來的博學之士，但是在接受他們的敎導之餘，你們也能給他們有所貢獻：你們可以用你們本國文化的精華啓發他們，用你們做人的高尚品德向他們示範。這樣，在做學生時，你們同時也可以做老師。」這一番訓話給予我們青年極大的鼓勵，永大的啓示，因爲這切實地告訴我們，無論在什麼地方，也無論我們年齡是大是小，我們是一輩子生活在權利與義務之間的，就是：我們要享受權利，必須承擔這權利所附帶的義務；同樣，我們善盡了義務，也當享受到這義務爲我們所賺來的權利。不然就不能獲得眞正的成功與和平。

回到傳大之後，幾乎每位新同學都羡慕地對我說：「振翔，你眞有福氣，聖父和你單獨講了話」。我問：「你們知道其原因嗎？」「有什麼原因，你就是幸運」，他們答。「不僅如此」，我說：「因爲我的聖物都觸及敎宗的手」。「怎麼來得及」？他們問：「敎宗握手那麼快！」

因爲我把這一切都放在右手裏，讓教宗來握」。他們於是都後悔自己沒有想到這一步。

過了一年多以後，傳大的中國文教授，張潤波神父，奉教宗派任爲察哈爾的主教。在他祝聖典禮中，我因爲擔任十輔祭中之一，所以當他祝聖後去晉謁教宗時，他把我們十個輔祭一同帶去。張主教和教宗個別會談之後，就把我們叫進去與教宗相見。教宗除掉與我們寒喧數語外，即給我們每人單獨降福。在降福其他輔祭時，教宗都只雙手輕覆其頭而已，但輪到我時，教宗先端詳我一下，然後在降福我時，用雙手重重地壓在我的頭上說：「願全能天主父及子及聖神的降福，降到降到你身上，並永遠永遠存在」。我想教宗對我之所以如此表示者，是因爲他記住了我初次見他時的玩皮——把聖物放在右手與他相握——所以他用同樣的態度來報答我。這可見教宗庇護十一世是多麼地富有人情味，而對於青年他是以青年之心理來迎合的。偉大的人物是永遠平易近人的，這是我從教宗所得到的靈悟。

在羅馬的許多大學中，作爲傳信大學的學生是最幸運的，因爲我們是教宗之驕子。不特教宗可以時常從他的窗戶裏見到我們，而且我們每年都可有特別晉見教宗的機會。在晉見教宗時，每一個國家的同學都集團分排，以便在教宗面前分明地代表着自己的國家。但在這種分隊排列上，自須有前後之排次。當然，每一個國家的同學都希望能排在最前面，以便更能靠近教宗。不過這個問題上，教宗庇護十一世有一個令人佩服的原則，就是人民最衆的國家排列第一，其次爲第二最多者。所以我們中國同學總是排在第一位。因爲在教宗的心目中，世上所有的人都是他在主基督內的子女，所以他莫不一視同仁的。因此人民越多的國家，佔據他公父之心懷的面積也越廣，所以更受他的愛護。這種大公無私，慈悲爲懷的精神實在值得效法。

我們傳大的校舍是很講究的：每個學生都有一間私人的房間，其內有書房，睡房，衞生設備，應有盡有。有一次有一位從傳敎區來的主敎，參觀了我們的校舍之後，去拜見敎宗時，向敎宗說：「聖父！我曾參觀過傳大校舍，一切的設備都很舒服，在那裏求學的青年眞有福氣。不過我深怕他們學成後回到本國，不能適應環境，也許不會有精神去傳敎了。」敎宗慈父般地回答說：「我的好主敎，你可不必爲此操心，因爲這些青年自此學成歸國後。將有許多苦頭要吃，所以我要他們現在享點福，以備他們將來在傳敎區，無論遭遇什麼苦難時，他們會勇敢地去承擔。因爲他們將來會安慰自己說：「我在傳大時已經享過福樂，現在是輪到我受苦的時候」。實在，這是最合乎心理的敎育：我時常在困難的日子裏，想到敎宗的這個安排，我也因此鼓起了很大的勇氣，去承擔任何患難病貧。每當我面對艱鉅時，我就想起了敎宗的話。因此我也領悟了「逆來順受」的眞諦，那就是，當任何逆境來臨時。你如能以順心去承受，則「逆」卽會變成了「順」。

當我們在傳大畢業。準備回國，向敎宗辭行時，敎宗所賜給我們的臨別贈言，一直縈繫我心，成爲我一生的南針：「有一位聰敏的法國人說：『世上的一切，到了最後，都要令人厭倦，都要自行破壞，都要消逝過去』。這確實是一個可怕的警語。但是爲信仰天主，並把他的生活和他的宗敎信仰聯合一起，打成一片的人，這個警語就失掉意義，而且適得其反，因爲我們只要把我們整個生活的進行，藉着基督，偕同基督，在基督內去努力發展，則一切的一切，到了最後，都將成爲最富饒興趣，最牢不可破的，而且還是永生常在的」。我總覺得上述的這些事跡是，何以我對這位中國教宗，敬愛無似，懷念不已的緣故。所以我今天把它寫出來，希望讀者亦能得沾其光。

原載文藝復興月刊第一卷第四期
五十九年四月十六日出版

天主教保送海外留學生的緣起和展望

人類生存的寄託，不外乎精神和物質，換言之，就是靈魂與肉身。精神就是永久的，物質是容易毀滅的。二十世紀對於物質特別偏重，於是乎疏忽了精神的一部份，以致異端紛起，唯物主義，共產主義橫流得不可阻遏，簡直可以認爲是把人命當做獸命了。反顧我國近數百年來，一般智識份子，多被科學的八股文章所束縛，精神的修養和物質的利用，祇有退化，沒有進步，它的原因，根本是敎育的貧乏。普通低級人士一舉一動，毫無主見，只是跟着高級人士的後塵。所謂高級人士也多數並未受過相當的敎育，所以每下愈況，尤其對於精神的修養，更是卑無足道。國內有識之士，大概也擔心前途不知伊於胡底吧。

天主敎傳入我國也有七百餘年的歷史了，天主敎的愛人救人，是無國籍的，他看到我國人的精神和物質這樣的貧乏，自然感到同情。於是派遣傳敎士來我國佈道，祇因當初遠來的神父們，語言，習慣不無隔閡，按諸——同聲相應，同氣相求——的原則，適得其反，所以勞而𢿙功，傳教的工作未能透澈，不過那也是國人的自外生成所致。近二十年來本籍神父人數增多，本國主教區成立，在傳教的方針上就顯出合乎我國人士之要求的步驟。我國傳統的做人標準，有立德立功立言三大不朽，這三大不朽並不是平行的，立功立言都要以立德為基礎，一個人功言難得併立，或是立功，或是立言，總要先立其德，有德的功才是大功，有德的言才是名言，才能不朽，不朽的才是眞精神。今日要救中國，不徒是造就立功立言的人才所能奏效，必須要造就出一班立德的人品，由立德而立功立言，為國人樹立好的表樣，用不到百年，便可相習成風，非但國泰民安，邪言無從而入，一定還有許多人可以列入聖品，這才是天主教愛人救人的本旨。立德的人品怎樣造就呢？甚麼大學最適合呢？當然是天主教的大學了，天主教立的大學學科完備，對於立功立言的造就一樣注重，學成後可以適應我國家各種人才的需要，可是國內天主教立的大學不多，限於經濟，免費也難辦到，那麼只有謀諸海外了。

推廣海外留學生，不是空言可以濟事的，照目前國人普遍的經濟現狀，很少能夠自費留學外國，至於官費，八年抗戰後的國家，又加上共匪的搗亂，財政的困難是可想而知的。天主教會當然也無此力量，但在這種困難情況之下，我們找到了一條為中國青年的海外留學出路，那就是借重美國兩百二十座天主教所主辦的大學，向這些大學去公開演講，給他們講解中國的文化，她的過去，現在與將來的貢獻。這種演講引起各大學的興趣，博得了許多大學的讚許。於是乘這機會，表示我們的服務精神，退卻每個大學的演講費。因此感動了大學當局的負責人，而得以推進吾人爲中國青年申請資助留學的好機會。於是商請各大學給予獎學金額一名，作爲不接受演講費的「禮尙往來」。感謝天主，這事竟獲順利告成，從一九四六年就開始了，後來覺得每校一名未免孤單，乃又商請增加爲每校二名，以便相互照應。到現在已經保送四百餘名，分佈在美國各州二百座大學中肄業。

保送的辦法，是由中國天主教會選擇國內高中畢業或大學肄業生，品學兼優，平均成績在八十分以上的，介紹給美國天主教所立各大學審核，俟得其批准後卽寄予獎學金許可證書，再請護照出國。在選擇學生時，不論學生的教別，所學科目，亦聽學生自己揀定，現在美國有中國神父兩人負責照應。獎學金就是免繳學膳宿費，並沒有任何現款，往返旅費自備，約需美金千元，至於零用雜費亦須自籌，它的豐嗇則在乎各人自己了。

我國赴美的留學生，往往集中幾個大學，例如哈佛、哥倫比亞、密西根等，居住也多係國人聚處在一起，和不同國籍的同學不大聯絡，因此雖在國外，亦不能深入美國的社會，了解美國的習慣，還不免是讀死書，對於外國的情況，既無從深切認識，復尠能介紹中國文化給外國人士，那又何必出國，國內大學不是也有聘了外國教授可以直接聽講外國課本的嗎？爲補救這種遺憾，現在天主教保送的留學生，普及美國各州，分佈在東南西北中五部，每一大學只有兩名，限定寄宿，其勢不得不與外國的同學相處，語文起居積久自必諳習。美國大學生之寄宿者多係優裕子弟，週末及假日率皆同家，我們留學生與之相處旣熟，自然會常應他們的邀請，則可與其家庭相接觸。這樣日久天長，接觸美國的家庭必多，認識美國的友好自夥，日後學成歸來，促成中美合作的事業，當然不難擧辦。此外每屆寒暑假期，還可以從事遊歷，各處皆有我國天主教保送的留學生接待和嚮導，殊感便利，所費因此也有限。此數年中，溝通彼此文化，能達美國全境，留學生的分佈，可算是遊歷的交通網。書本以外，充分獲得活的學問，到同國時，用其所學，決定有較好的成績。

換句話說，這一批一批的海外留學生，就是國民外交的有力量的使者，當此共產黨狂妄的宣傳遍於各國的時候，尤其要靠這些留學生在海外破壞他的陰謀，這也是附帶的積極的工作。最近在計劃擴展保送留學生到歐洲各國，希望天主的寵佑，不久可以實現，同時正與各國大學商議，請將中國語文列入第二外國語文科目之內，與法、義等文字視同一律。

爲加強這種工作，羅馬敎廷公使特在中國天主敎敎務協進委員會裏，添設了海外留學生服務處，委派筆者爲該服務處處長，筆者此後當然應該格外努力推展工作，並望海外留學生共體斯旨，勤勉孟晉，對於精神和物質的研究，不要偏重，尤其不要忽略了精神的修養。人類的心理不善卽惡，無論善惡的大小，都是容易傳染的。遠在異國，時刻要反省，自重，互相規勉，自己爲善不夠，還要幫助別人爲善，自己避惡不夠，還要勸化別人避惡。這種精神正是我國今日所需的，更比物質要緊啊。

還有一點，天主教保送海外留學生的起點，是奉行天主教的「愛」的誡命，這種愛是眞愛，博愛，不望人的感謝和報酬，祇望人將所授受的愛推廣去愛別人，不論是不是天主教友，都給予他們授受天主的寵愛的機會，也就是維持他們原有受愛的權利。愛是道德的基本，精神修養上唯一原則。物質無論如何發達，不能使人滿足，唯有精神才能永生。人類生存的寄託，固然離不開物質，但是不能把它當做人生的最後目的，因爲牠不能使人滿足，而且還帶給人們種種痛苦。人生的目的，誰都知道是享福，可是很少知道企求永久的眞福。要求永久的眞福，必須先知道眞福在那裏，它是什麼。我們保送青年到海外去留學的主要點也就在此。因爲我們願意這些優秀的留學生學成歸來，能貢獻他們的心得，領導我們的民衆，趨向享福的道路，成爲聖賢的伴侶。

這樣，今日中國社會的通病，那嫉妒輕視，對比我好的人嫉妒他，對不如我的人輕視他，自就會變成對比我好的人尊重他，對不如我的人提攜他。還有那有作用或無作用的虛僞，不管在大事上或小事上，不管對任何人自然就會變爲誠實。那時，我們的祖國可眞是極樂的園地，我們的同胞可眞是有福的人民。這便是天主教保送海外留學生的展望，也就是我們每人努力的目標。

原載上海中央日報三十六年九月十八日

教廷、西班牙與我國復交史話

㈠當年外交的情勢

自中共竊據大陸，我政府退守臺灣以後，開始三、四年間，內憂外患的局面，只有非常人才能應付。不說別的，祇說外交方面吧。當時除了六、七個國家的使節曾隨同我政府來臺，其他所有國家的外交人員，或留在大陸與共匪政權拉攏關係，或召回本國觀望。在這種情形下，我國政府與人民，祇有主動地自立自強，而不能再存有依賴外援之心，不然就難免遭亡國之痛。

溯自共產主義出現之初，羅馬梵蒂岡教宗即曾昭示世界天主教人士：共產主義爲異端邪說，其所作所爲係害人亂世之勾當，其所標榜者乃欺世之談。但我天主教人士中，連負有相當重要責任之領導，亦難免爲共黨巧妙宣傳所迷惑，例如當時教廷駐節南京之公使黎培理總主教，和其秘書葛禮耕蒙席就是如此這般的。由於他們對中共的認識錯誤，而梵蒂岡教廷當局聽信他們的第一手報告，其錯誤決策影響我國反共之教徒甚爲深遠。僅說于斌總主教因此被羅馬教宗庇護十二世，禁止了公開活動，長達十年之久，唯准他在紐約教區史培爾曼樞機護衞下，向華僑和中國留學生做文化傳教工作，其在積極反共上的損失何等重大！

㈡踏上反共復國基地

那時，筆者因係于斌總主教南京總教區秘書長，又兼任中國留外學生服務處處長，在反共言行上又露骨，更引起黎培理公使之不滿，想盡打擊我的方法。因無效，又要求羅馬教廷，依照他的意思，命令我脫離管留學生的職務，並立刻離美回南京。可幸，教廷對我卻作了折衷的辦法，即勸我接受免管留學生的職務，但指示我不可回南京，以免共匪迫害。因爲我既爲共匪的戰犯，依照吾主耶穌的指示：「當敵人在這城市迫害你，你當逃往另一城市」也。

因爲在抗戰八年中，我都未能回到國土，只能留在歐美，分擔抗日的工作，所以這次，經過我再三的要求，終於獲得于斌總主教的同意，使我得於民國四十年一月十四日由紐約起飛，前來臺灣。途中曾在阿拉斯加州安克利治城逗留三天，以研究愛斯基摩人的生活狀態，並在日本躭擱了十天，以訪問當地的中日友朋。元月卅日午後飛抵臺北松山機場，竟有二百餘位留學生家長在機場等待，使我不特聞到國土的芬芳，而且嚐到同胞的溫情。

我既已來臺，就須憑當地的情況努力盡好國民天職，共同在反共基地，獻身光復大陸任務，先鞏固臺灣基地工作。本文所提的工作之一，係屬於國民外交方面的。

我因身為中國天主教神父，所以我當努力的範圍是，先使我國與教廷的關係敦睦。雖然當時教廷駐華公使仍留在大陸匪區，不肯來臺。且其秘書葛禮耕蒙席早就先到香港設立教廷辦事處。在此情形之下，我建議我外交部長葉公超，向羅馬教廷發電詢問：「是否因我中華民國政府反共，所以教廷要與我政府中斷邦交？」此電去後，諒必很快可得回音，因為梵蒂岡教廷絕對不能不反共也。一旦回電來到，我們自有外交文章可做。果然，不出所料，教廷國務院回電說：「我們將派教廷駐華公使館的，現在香港辦事處的二等秘書，葛禮耕蒙席前來臺灣代表黎培理公使。」我外交部葉公超部長立刻覆電說：「我政府只歡迎教廷公使，而不歡迎教廷代表的代表。」這答覆，很顯出我外交政策的骨氣，值得欽佩。

㈢教廷公使館在臺北設立

民國四十年九月七日，黎培理公使由大陸被中共驅逐出境。我天主教在臺所主辦的「益世通訊社」，筆者為其發行人，得到這個消息後，立刻向臺灣所有報刊發出：自由中國歡迎黎培理公使來臺灣設立教廷公使館的新聞。這新聞所有的報章都曾採登。之後，到四十一年初，當長沙總主教意大利人藍澤民氏，來臺訪問後到香港去時，我曾請行政院長陳誠辭修先生，給黎公使一封親筆函，由藍總主教面交，請黎培理公使駕臨臺灣，在臺北設立教廷公使館。但這兩次的邀請都未曾得到黎公使的反應。

此路既不通，我們可以另走一路，那就是臺灣教務的發達，教友人數的急增，教堂建築的加多，傳教神父的湧進。這一切在臺灣教務蓬勃的事實，對黎公使有切身的關係，他是不能不注意的。所以，到四十一年十月間，黎公使便準備來臺爲郭若石監牧祝聖爲臺北總主教。事前他曾邀郭監牧前往香港和他晤談。郭監牧在赴香港之前曾把這當時還是秘密的事告訴我。我即向郭監牧說：「讓我先向你致賀，但你見到黎公使時，必須請他以教廷公使名義來臺，不然我政府決不會歡迎他，我亦決不歡迎他。因爲不然的話，就顯得我是贊同教廷與我中華民國絕交的。這無論在教或在國，我都不能做，也不要做的。」

郭若石監牧同臺後對我說：「黎培理總主教不願以教廷駐華公使名義來臺，僅欲以祝聖我爲臺北總主教理由來臺。」事既如此，我又請齊見賢神父，比利時人，由臺專程赴港，向黎公使報告：假若他不以公使名義，而僅爲郭若石監牧祝聖總主教事來臺，則中華民國政府代表與毛神父都不能到松山機場歡迎他。上述兩項請求既都未蒙黎公使採納，那麼黎公使於十月廿四日，由香港飛抵臺北時，我自然不到松山機場去歡迎他的。

在當時，我們的國家受人欺凌，豈祇這一點。那些應和我們有關係的人士都千方百計地與我們疏遠，或最好是和我們斷絕一切關係。事雖如此，我們卻能莊敬自強。十月廿七日，在給郭若石總主教祝聖後一日，黎培理公使竟去拜會我外交部次長胡慶育，要求晉見我總統。胡次長即問：「黎培理先生，請問你以何名義請求拜謁我總統？」「當然以教廷公使名義。」黎答。「你既爲公使，則請問貴公使館在那裏？」「民生西路道明會院。」「好的，請以照會來證明。」於是，黎公使即將照會寫就送到外交部。當胡次長收到教廷公使館的照會之後，便又問黎公使說：「你既有公使館，則請問誰爲你的館員？」「范堂滿與齊見賢兩位神父爲秘書。」「很好，請你以照會來證明。」這樣，黎公使又於廿八日將第二照會送到我外交部。

我們的政府在當時辦事尤爲審愼，這樣一個消息，竟等到了十一月五日才正式由中央社發出，並於各報章上登載。我因爲當時擔任着紐約「宗教通訊社」駐臺記者，所以就把這個消息拍電到紐約的宗教通訊社。該社收到我的電報之後，即把它分發到美國的各報館。於是，美國朝野立刻得知「教廷公使館在臺北設立了」。

㈣香港辦事處顚倒是非

那料，第二天在美國的那些報章上竟又登載說：「在香港的黎培理公使辦事處否認教廷公使館在臺北設立的消息」。我所代表的宗教通訊社立刻來電查問究竟。我又同電證實說：「這是中央社的官方確實消息，臺灣各報均報導。」

紐約宗教通訊社又將我這電訊分發到各報登載。但是，奇怪的是，此後羅馬梵蒂岡新聞局也宣佈說：「關於在臺北設立教廷公使館事，本局毫無所知。」

這一下子，可把紐約宗教通訊社急壞了，便來電責問我說：「你有關教廷在臺北設立公使館的消息，現在梵蒂岡新聞局也否認了，怎麼一回事？」我於是立刻跑到外交部。因當時找不到葉公超部長和胡慶育次長，所以就找到時昭瀛次長。待我把實情告訴他之後，時次長卽去取出了黎培理所寫的兩個照會給我看。我急速地把這兩個照會的內容與日期記下。當時次長見我抄錄時卽說：「你不可以直抄照會的。」「我已經抄好了，謝謝您。」於是，我立刻起立向時次長告別，跑到電信局，把這兩個照會的內容與日期給紐約宗教通訊社電報拍出。

㈤勝利終屬於我

紐約宗教通訊社在收到我的電訊之後，也就立刻把這重要的消息分發給美國各地的報館。各報館收到之後，都爭先發表了這項令人等待的要聞。這樣，我們總算得到了一個不小的勝利。這事曾經我國前駐教廷大使謝壽康公開提及，因爲謝大使當時在美國紐約，後因奉召回臺準備去梵蒂岡就任時，在一席歡送他的宴會上，這樣說：「我們的政府現在眞能幹，這次有關教廷公使館在臺北設立事，在美國的報章上曾一而再，再而三地，被否認了又被證實，使我們獲得了大勝利。」我當時在場聽到了這個報導，也很爲我政府感到驕傲和光榮。不過我們當知道：政府的成功是需要人民的主動支持與誠心合作的！

在國內，當時筆者所主持的益世通訊社，不時派記者到民生西路道明會院採訪黎培理公使：「爲什麼敎廷公使館在臺北設立的消息，由中央社發表之後，他在香港的辦事處予以否認？又何以梵蒂岡新聞局也答以不知有其事？」對於這些問題，黎公使都間接地叫他的秘書回答說：「無可奉告」。直到十一月廿三日，當他接到梵蒂岡敎廷正式命令時稱：「敎廷公使館當設在臺北，而不能在其他地區」後，黎培理公使才邀請新聞記者們到他的住所，並發表聲明說：「敎廷在中華民國的公使館，祇設在臺北。至於以前香港所傳出的『否認』消息，那是謠言，毫無事實根據；論到梵蒂岡新聞局的『不知』，那是誤會，無關大體的。」由此可見，任何問題經過重重困難，一旦解決了，有關各方格外感到輕鬆。

㈥國際聖體大會賜機運

關於國際聖體大會，似宜有所說明。「聖體」爲耶穌基督在世時所親定的七件聖事中，在天主教會內至尊至大的聖事。因爲在彌撒聖祭中由司祭祝聖過的麥麵餅和葡萄酒，只留下麵酒之形，而其質則實爲隱藏着的耶穌基督的天主性、人性、靈魂、肉身、寶血。因此擧行國際聖體大會的動機是，爲使敬禮耶穌聖體之熱情更爲勃發，敬愛祂的行爲普及各地。

溯自一八八一年在法國開始擧行這聖體大會以來，迄今已歷四十一屆。其間主辦之國家及地域共有二十一個：如法國、比利時、德國、意大利、英國、加拿大、奥國、荷蘭、美國、西班牙、澳大利亞、愛爾蘭、阿根廷、菲律賓、匈牙利、巴西、印度、哥倫比亞、耶路撒冷、馬爾他、突尼西亞。每次擧行時，由世界各國出席的人士總在百萬以上。

民國四十一年五月間，在西班牙巴塞羅納擧行的這一次爲第卅五屆國際聖體大會。當時我在臺灣的天主敎當局，雖在經濟極端拮据中，也決定派代表前往參與。我政府當局亦頗鼓勵天主敎組織團體出席，因爲那是一個國民外交的好機會。當然，希望能乘此機會促進中西雙方的邦交。至於人選當然是神職人員和男女敎友。不過，朝聖團的團長，政敎兩方都認爲筆者爲最適合，均以爲只要筆者擔任團長，則恢復中西邦交的前途必樂觀。所以當時的中央黨部秘書長張其昀曉峰先生和行政院院長陳辭修先生，竟願在國家經濟萬分困難時，從特別費中撥出一萬元美金，作爲資助，以壯行程。

筆者有自知之明，始終未曾同意這個推薦，雖然敎內外的人士都認爲筆者當負起這個任務。其實，我並非推諉責任，而是深澈地明瞭：在此場合，我非適當人選。因爲那是講敎會職位的時機，諸如一切進行都當如次排列：教宗特使、樞機主教、總主教、主教、神父、修士、修女、教友。在這種情形之下，一個中國天主教的神父，除非有特殊的交情，要想在當時與西班牙政府顯要商談國事，一定是緣木求魚也。

但是，怎麼辦？十數位中國神父和教友已經組織好赴西班牙出席第卅五屆國際聖體大會，並領受了政府一萬美金的資助，而且明天即要啓程。我雖然沒有參加這團體，可是想想政府的苦心與期望，再想想這個卽將出發的團體是無能爲力的。我於是當夜給在紐約的于斌總主教通了一個長途電話，跟他商討補救的辦法。

(七)于斌總主教毅然赴西班牙

一接通長途電話，于總主教卽問我：「在西班牙巴塞羅納的國際聖體大會，你們在臺灣有人去參加嗎？」「有的」，我答道：「明天就有一個十幾位神父和教友組成的團體出發。不過我政府希望他們能促成中西邦交。但是，您看看如此這般的人怎麼行呢?!」「那你看，該怎麼辦？」「我以爲，總主教，你應該去」，「你是知道的：教宗禁止我公開活動。假若我去的話，教宗不是會反對嗎？」「您是去朝拜吾主耶穌聖體，教宗假若反對您的話，那他還像什麼耶穌基督代表！」「但要我去向西班牙政府方面活動，我必須手中有點錢才能請客。你並非不知道，我近年很窮。」「那沒有關係，只要您去，我明天早上就去看陳誠院長，請他想辦法，從給予我們朝聖團的一萬美金，撥出五千元來作您的活動費。」「好吧，你既然認爲我可以去，那我就準備去好了。」「很好，總主教，我相信，您此去，一定會蒙天主特別降福，我要爲您如此祈禱與祝福。我也相信，您這樣做，將是您生命的轉捩點。」就如此地，我們結束了那次的越洋電話交談。

翌晨，我做了彌撒，用了早餐，念完日課經，就從新北投天主堂乘公路車出發，向行政院進行。到了行政院，聞悉行政院長主持院會。我乃要求見副院長張厲生先生。待我跟他詳談之後，他對於要向朝聖團拿回五千美金，轉給于斌總主教作爲到西班牙去活動費用，以促進中西邦交事宜，似乎感到不無困難。他曾重複地對我說：四千與五千之間如何？我因爲覺得一千元之差別，無關緊要，所以就答說：就算四千元好了。當時，因爲朝聖團已經啓程，所以又多了一個問題。不過，他們要在羅馬停留兩天，所以我要求張副院長，立刻給我駐意大利大使于焌吉通長途電話，請他告訴朝聖團，從政府所資助的一萬元美金中取出四千元來給于斌總主教。這事完全照辦了。

(八)中西邦交成於奇蹟

于斌總主教和我通了電話之後，立刻趕辦赴西班牙的手續。當他由紐約飛抵馬德里時，已是國際聖體大會開幕的前一日——五月廿六日。據說，當天已沒有飛機班次飛往巴塞羅納。乘火車嗎，需要廿四小時之久，而且不立刻就有，所以焦急異常。正在此時，有一位華僑女士，聽悉有一位中國總主教來到，就一往直前地來求見。這位華僑女士，她的父親是中國人，她的母親係法國人，她和一位西班牙人結婚，在西班牙文化局服務，她的中國姓爲黃，她的外國名字爲瑪賽娜。當她得知于斌總主教是趕來參加即將在巴塞羅納要開幕的國際聖體大會，而一時不知如何能及時趕去時，就說：在一點鐘之內，將有一架內閣要員的專機，即將由此飛往，請于總主教跟我一起來，我一定可以設法幫您搭上去。這位中華後裔，既熱情又能幹，講到做到，眞令人感佩不已。

就這樣地，于斌總主教乘上了由馬德里直飛巴塞羅納的專機，而他所坐上的座位正在西班牙外交部長亞達和(Martin Artajo)的旁邊。當他倆彼此自我介紹之後，于總主教乃乘此天緣湊合，進行他促進中西邦交的策略。他因爲得知亞達和先生，不特爲西班牙外長，而且也是全國公教進行會會長，所以就這樣向他說：「我們現在都懷着虔誠的心去朝拜耶穌基督的聖體，但我們同時也不能忘卻耶穌基督的大仇敵——共產主義。今天西方領導反共的是貴國的佛朗哥大元帥，而東方的領導者爲敝國的蔣介石大元帥。假若我們東西雙方反共的領袖不趕快携手合作，打擊我們的公敵，人類的浩刼，則我們今天怎能有臉顏去朝拜吾主耶穌？」亞達和外長深受于總主教的話感動，即說：「等飛機到達巴塞羅納後，我立刻去把總主教的意思向佛朗哥大元帥報告，請他決定。」

佛朗哥大元帥聽了亞達和外長的報告後，很興奮地說：「是的，我們應該和蔣介石總統的政府建立邦交。這樣，我們反共的力量就更增強。再者，這件事，要辦得越快越好。」後來亞達和外長跟于總主教商量：怎樣使我們兩國之間能儘快完成邦交事宜。于總主教當時卽答覆說：「我可以建議我政府，以我駐意大利大使暫兼駐貴國大使，你們是否可以將貴國駐菲律賓大使兼任駐中華民國大使？」亞外長有把握地道：「我想這不會有問題的」。眞的，中西邦交就此奠定了基礎，以後就由兩國政府當局很順利地辦好了手續，完成了友好邦交。

(九)有是哉?!國民外交之重要

從前面所回憶的經過，我們看到在民國四十一年前，自大陸退守臺灣以後，世界極大多數的國家對我們都喪失了信心。但我們卻能從促成梵蒂岡教廷在臺北設立公使館，而影響西方天主教國家，對我們改善觀感，恢復邦交。同時又加上西班牙與我國復交，致使中南美廿個國家，因同文關係，更與我們接近交好。這是彰顯的事實：我國在七年前，尙未退出聯合國時，幾有七十個國家與我們維持着外交關係。那是從六、七個有邦交的國家而增加到六七十個的。

到了民國六十年九月廿五日，又因爲我們國運欠佳，世界充塞了姑息主義；媚匪作風，又瀰漫東西；所以人們對我們再一次喪失了信心；急忙趨匪附共，離棄我們，都以爲我們這次可完了，因爲共匪已取得我國席位進到聯合國！但是，那些國家又犯了一次對我們更大的錯誤。且看，在這過去的七年中，我們不但沒有見弱，而且日益壯強。因着經濟不斷繁榮，和我們有貿易關係的國家和地區，竟達一百四十餘個；因着政治穩定，海外對我們投資數字，逐年有所增進；因着基本自由和人權的享受，人民都樂於奮勉工作。現在美匪「關係正常化」雖然即將變爲事實，我們又遭受另一次嚴重的打擊。但只要我們厚植國力，不妄自菲薄——只要我們全國上下精誠團結，脚踏實地的，配合國家的政策，去自立自強，隨時隨地都爲光復大陸，解救八億同胞，脫離慘無人道的生活，進入像我們現在臺灣所有的安和樂利，則我們國家的前景，必燦爛輝煌。美匪「關係正常化」是美國既定政策，早遲一定要實現的。其實，這種政策，既是人爲的，在必要時，人隨時可以變更，但看我們全國朝野是否肯格外努力，從事國家在精神上和物質上繼續不斷的建設呢。假若我們的答覆是肯定的話，則現在還有廿二個國家和我們維持着外交關係，我們何嘗不能使它如在民國四十一年後一樣，增加到若干倍呢？

原載傳記文學第三十四卷第一期

六十八年元月號

于斌樞機抗日期間對歐美的影響

一

八月十六日晚上，正在八點半時，板橋聖若望堂的聖母軍支團象牙寶塔開完了週會，本堂工友熊建中教友急忙闖進來報告說：「神父，于斌樞機死了！」這個突如其來，晴天霹靂的報導，使我的心靈頓時深沉，在場的十數位團員也感到不勝震驚。我於是決定說：「明天早上爲于樞機舉行追思彌撒。」隨後，我即回到自己的房裏，打開收音機，聽取廣播消息。果然，九點鐘的廣播證實了這個噩耗。我乃雙膝跪地，爲于斌樞機的靈魂默禱，哀求仁慈恩愛的天主賞賜他升天堂，享永福。

于斌樞機與我的關係，自一九三六年開始以來，一直與日俱增，而且時間越進展，彼此之間的情誼越深厚，其深厚的程度到達無職位高低之分別，隨時可以談心。

(二)巴黎賀電

一九三六年，我還在羅馬傳信大學念書，其時羅馬的聖多瑪斯學術院（Academia Sancti Thomae）舉行了一次「哲學論文比賽會」，邀請在羅馬各大學的同學自由參加撰寫論文比賽，我因當時未見有中國同學報名參賽，總覺得爲中國不體面，所以就不顧一切毅然報名參戰。

在準備撰寫該哲學論文比賽時，研究了許多著名作家關於這問題的大作之後，我發覺當時在羅馬天使大學執敎的大名鼎鼎的賈里故・拉克蘭樹敎授（Garigou La Grange）所持的立場，我不能接受。但他是一位極具影響力的論文評判員，我如在撰寫論文時和他的意見相左，則我的論文就難被通過，更別想得獎。但我假若不敢表達異議，則我所研究的問題就沒有意義，更談不上價值。於是，我就提醒我自己說：中國的讀書人是富有氣節，具有正義感的。所以我就此而寫了四十幾頁比賽論文，發揮自己的觀念痛痛快快地駁斥了我認爲不合理的見解。

那料，當十位評議員審閱了所有的數百份比賽論文之後，竟選出三篇得獎的論文，其中有我的一篇，而且我的一篇竟列爲第一名。據當時評議員中的一位，伯多祿・巴倫柢（Pietro Parenete）敎授說：在投票時，賈里故・拉克蘭樹敎授極力反對我的見解，抗拒將我的論文膺選得獎。但十位評議員中有七位投贊成票，奈何？這個獎金的得主名單，曾在歐洲各大報刊出。于斌主敎正在法國巴黎，見到毛姓的名字，知道是中國人，便拍了一個賀電給我說：「在報章上見到你論文得獎，爲國爭光，特電致賀」。

㈢南京函請

從那時開始，于斌主敎與我之間就因彼此都熱愛祖國，乃心意相繫，工作相聯。到一九三七年，在我領受五品神職之前，于斌主敎因從南京敎區在羅馬傳大念書的同學報告中，得知我將來傳大畢業，晉陞鐸品之後，不想回到我原來的杭州敎區傳敎，而希望轉到一個中國主敎主持的敎區傳敎時，就主動地親筆給我來了一封信說：「我以十二分的熱情歡迎你在陞神父之後到本敎區南京來服務」。得到于主敎這封親筆信之後，我就可以向羅馬傳信部要求轉敎區的事宜，而且因爲獲得傳信部當局的許可，我爲辦理脫離杭州敎區事情，進行得很順利。不然，不知要經過多少痳煩，而且因當時外國傳敎士的阻擋勢力很大，辦成功的希望很少。

㈣小册風波

一九三八年春，我祖國抗日戰爭的次年，于斌主敎又來歐洲奔走，爲國宣勞。他用法文寫了一本抗日的小册子，藉以喚起心地善良正直的歐洲人民與政府，來支持我國的神聖抗戰。這本小册子，不久卽譯成英文出版，我於是買了數百册，以分送給在傳大的同學看。當時的日本同學就聯合起來反對我，到校長前去告我在傳大作政治宣傳。校長要我把所分發出去的小册子都收回來，不然就要開除我。我不但不怕被開除，而且還對校長說：這正是他開除我的時候，因爲我已陞了神父。後來于斌主教來到羅馬，我把此事的經過向他報告，他不但沒有責備我，而且還嘉獎我說：「爲愛國的緣故，如被學校開除，那是人生莫大的光榮。」眞的，我一生都樂於爲愛國的緣故受苦受難，只要祖國能富強與盛，在世上能光榮地生存，爲人民謀福利，爲世界爭和平，使整個的人類不特在世上能安居樂業，而且能進入天國共享永福，我就心滿意足。這也就是于斌樞機在世時所企求和努力的目標。

(五) 鼓勵深造

于斌樞機當我在羅馬傳大畢業時對我說：「我們抗戰，同時必須建國，要雙管齊下。爲達到這個目的，我們必須培育中國人才；而要培育大量的中國人才，必須先自己成爲人才，所以我要你再加深造，先到瑞士福利堡大學去精讀法文，然後再到法國里昂大學去考取哲學博士學位」。我完全照于斌樞機的指示，逐一進行。此後，他又邀我到美國，先擔任他的機要秘書，在美國和他一起。日夜奔走，作抗日聖戰之宣傳。八個月之後，他回到重慶陪都，時在一九三九年十一月，並要我留美繼續一切抗日宣傳的工作。我當然向着這個目標去奮發努力，從各方面增加熱愛中國的人士與友好。

為達到這個目的，我先在美東費城，創辦「于斌社」，藉以教導當地的華僑，在精神上，文化上，物質上的改良，並以華僑為基礎，去聯絡美國朝野人士做我中國的朋友，支持我們的國家，共同和我們人民相友善，以圖謀共同福利。於是，在費城由于斌社而成立華僑學校，華僑天主堂。當成立于斌社後，我將此經過函告在重慶的于主教。他對此舉很贊許，但要我別用于斌兩字，這當然是出於他的謙讓所致。但我並未改，因為一件好事既已開始，就宜繼續發展，不宜隨意改變。於是，我給于主教回信說：「于斌社」這個名稱不能改，您假如不喜歡，就別認為這是為光榮您的。但您卻無權禁止我使用這于斌兩個字，因為您對這兩個字並沒有專利權」。

㈥精神感召

回想當時美國實行「排華律」，由一八八二年到一九四四年，我華僑在美國既不能享有永久居留權，又不能購置不動產，男人到美國去不能同帶妻子，因為怕有中國孩子生在美國而成為美國公民。在這種愴痛情形之下，我旅美華僑的慘狀苦境，可想而知矣。

雖然如此，于斌樞機的愛國精神卻在美國感召了無數的美國人民，不特在費城的華僑受于斌樞機的恩惠，而且在華府、在紐澤西州紐活克，在紐約的中國城、在波士頓、在俄亥俄州的克里夫蘭城、支加哥、洛杉磯、舊金山的中國城，都在數年內，因着于斌樞機的影響建立了中國天主堂，開辦了華僑和美國人民交往的基礎。這證明，在宗族的歧視，膚色的不同，貧富的殊異，文化的隔閡，都能以天主教愛的精神溶化共融。于斌樞機就是充滿這個眞正愛心的主教。

(七)通訊頻繁

在重慶時，于斌主教和我來往的信件相當頻繁，我曾將他寫給我的這些親筆信，計近兩百件，妥善保存着。但不幸，到一九六一年的颱風季節時，那次葛羅莉大颱風，因爲石門水庫大放其水，事先未予報告，致使漲進本堂住宅的水量至三尺高以上，把我在樓下房間的一切都浸濕損壞了，而那藏在大鐵箱中的衣服，于主教的信件，也同遭災殃，面目全非，無法再行保存。於是我只好忍痛地廢棄！

回憶這近兩百信件中的內容，我願在此略提一二：時在一九四二年，美國主教中曾有十四位總主教和主教聯名向羅馬教廷傳信部上書，請求委派筆者常留在美國，負責向全美華僑的傳教工作。但因筆者隸屬於南京教區，所以羅馬教廷先須得到南京主教的同意，才能進行委派筆者的任務。于斌主敎接到羅馬敎廷對此項要求後，曾答以「毛振翔神父在美國是暫時性的，一旦我中國抗日戰爭勝利後，我南京敎區卽需他回國工作，我不能沒有他」。

第二件事是：在于斌樞機自重慶給我的來信中，至少有三次提起同樣的事情，那就是「我每次在痛苦中，遭遇難解的問題時，就想念振翔」。

(八)奔訪全美

一九四三年春，于主敎由祖國再度來到美國，那是自一九三九年以後的第一次。這次他來到美國之後，曾住上一年左右，到處旅行訪問，作公開演講，接見新聞記者，無一不是爲抗日勝利而努力。這次他所到之地，幾遍及美國四十八州，所受到的歡迎與招待，遠比上次優勝，尤其在美國天主敎當局方面。因爲上次曾有不少美國主敎反對他在美國的言行。這當然是受了日本帝國主義宣傳的影響所致，因爲日本政府曾發了許多宣傳品，聲稱日本之所以進軍中國是爲救中國不致陷於赤化也。

在抗戰勝利前一年餘，于主敎就對我說：「最多不會超過兩年，我們的抗戰就要勝利，屆時我們南京敎區，千孔百瘡，百廢待興，你是否可以現在辭掉在支加哥華僑敎堂與學校的職務，先到加拿大安底卡宜西去研究社會經濟合作事業，然後開始爲重建南京敎區募集經費」。我的答覆是「完全遵從您的指示，我即進行」。我於是向支加哥總主教先請了三個月的假，到加拿大去研究合作事業，並請中國神父周幼偉代替管理華僑堂區的事務。三個月後，再向支加哥總主教報告，我因于斌主教要我另負職務，所以回歸華僑堂區服務，不能有一定日期，就請讓周幼偉神父擔任下去吧。支加哥總主教對此安排雖不樂意，但因和我有交情，也就接受所請了。我於是就爲南京教區在抗戰勝利後的復興工作做籌備。所以勝利後我回到南京時，于斌主教即委派我爲教區的財政總務主任。

(九)情長紙短

好了，這篇稿子當收束了，不然，不知要寫得多長。在結束時，我願指出：于斌樞機的一生是高瞻遠矚的，他的胸襟寬大，總不與人有所計較；他的心地慈悲，總是向好處爲人着想；他在大事上精明，爲治國、平天下、救靈魂，決不馬虎；他在小事上「糊塗」，爲名利，爭權勢、受利用，常無所謂。這也許就是何以他在世時常令人莫名其妙的緣故吧。

原載教友生活週刊六七年八月二十日出版

于斌樞機與輔大永遠同在

前言

民國六十七年八月二十八日，在五千人羣的迎送之下，于斌樞機的靈柩由臺北市民生西路主敎座堂，在莊嚴神聖的追思大禮彌撒之後，蓋上中華民國國旗，啓靈出發，前後排着許多列車，由樂隊奏着輓歌，所有的人都陪着它向新莊輔仁大學靜默地坐上列車進行。

輔仁大學，無論從那一方面講，在自由中國的復興基地，是一流的學府。論到它的建築物，在格式上，在數量上，不要說國內的人士見了都無不驚嘆讚賞；即歐美的觀光客參觀了也都會驚奇說：在美國許多大學也無此龐大與莊麗校舍，這眞是令人不敢相信。但這是事實！從歐洲來的友人見到輔大校園之後，則往往歆羡地說：在我們的國家裏，許多大學的校舍，都是甲地一幢，乙地一幢的，而你們的輔大竟能集中在一地，顯得那麼衆多，建築得那麼漂亮，行使又那麼方便，眞令人不勝羨慕。

創辦輔大備受痛苦

人們所見到的是目前的輔仁大學，而不知在其未實現之前，曾經有過多少挫折與辛勞。回憶在共匪竊據大陸之翌年，我中國天主敎有識之士，在臺灣與海外一樣熱烈地說：我們在大陸有三所著名的天主敎大學：上海的震旦，天津的津沽，北平的輔仁，而在臺灣竟一所也沒有。我們必須設法在臺灣恢復在大陸上的三所之一。大多數人士都認爲三者之中輔仁應居優先，因爲在抗日時期，輔大師生的愛國貢獻較多。

這個復校呼聲，一年又一年的喊着，其聲勢越來越響亮，卒使羅馬敎廷不能再裝聾作啞。於是到民國四十七年十月羅馬敎廷傳信部指示說：只要你們在一年內能夠請到在中國有過傳敎事業的歐美傳敎修會，無論幾個，答應到臺灣去承辦天主敎大學的，羅馬敎廷都會樂於贊同批准。當然于斌總主敎，因爲他是提倡在臺復校最熱誠的中國天主敎領袖，而且認識的友好既多，辦事的能力又強，更精通歐美各國語言，所以他就義不容辭的擔任了這個接洽與游說的任務。

從四十七年十月開始，直到四十八年的同月，于斌總主敎向歐美各國修會的總會長、省會長、地區會長，寫信、拜訪、商談，想盡方法說服他們。筆者當時亦參與工作，擔任于總主教的計劃秘書。可是，忙碌了整整一年，花費了不知多少心血，奔走了歐美各國，晤談了所有各大修會的負責人，結果是沒有獲得一個修會的肯定答覆。那是令人多麼感到失望的痛苦！

無辦法中找辦法

四十八年十月下旬，于斌總主教必須到羅馬去向教廷傳信部報告他一年來爲在臺復校向各修會接洽經過之前，他和我兩人悉心研究如何使這件復校事宜不致失敗時，我以各方面打聽到的消息向于總主教說：「您這次到了羅馬，必須設法見到當今教宗若望二十三世，並請他宣佈：當他在位時一定要在中華民國臺灣恢復輔仁大學。只要教宗肯說這樣一句話，我相信一定會有一些修會出來擁護教宗的提倡的，因爲人大都是趨炎附勢的。然後，您如能和教宗合攝一照，則這張照相一定會刊登在世界各報章上。」于總主教當時插嘴說：「教宗那麼矮，我那麼高，顯得多麼不勻稱。」我說：「那才顯得您神氣呢！」于總主教因爲難得聽到我給他戴高帽子的話，所以格外顯得笑容可掬。「再者，」我繼續說：「假若教宗肯爲輔大在臺復校親自捐一筆款子，則其影響必大。但是，這一切假若您直接去進行，則我深恐不會成功，因爲您知道自前任教宗庇護十二世禁止您公開活動以來，羅馬教廷許多人士，尤其是交際科，都以爲您是不受歡迎的人。可是，據我所知，我們的老師，現任傳信部部長，雅靜安樞機，每星期四上午都須去見教宗，作業務上的報告，您可以要求他順便帶您去見見教宗；並事先把我剛才向您所提的計劃向他詳細報告，我相信雅靜安樞機不特會同情，而且會很贊同。還有，辦學校，尤其辦一所像樣的大學，需要一筆大款子。我知道波士頓的庫興樞機和雅靜安樞機的私交很深，您最好亦要求我們的這位好老師親自給庫興樞機寫一封信，委請他爲輔仁大學在臺灣復校籌募一百萬美金的基金委員會主任委員。如能做到這些，則我們在臺灣爲復校的計劃不難實現矣！」于總主教一向很重視我的建議，這次在不知如何克服困難時更覺得我的策畫可貴。於是對我說：「我一定完全照您的意思到羅馬去進行」。

老師果然大幫忙

于總主教到羅馬去不到一個月後就很快樂地回到紐約，那是十一月十八日。他立刻給我通電話，要我和他晤談。我從電話中聽他的聲音就可以覺察他這次羅馬之行是大功告成了。何況在他尙未回紐約之前，我已在許多報章上見到教宗若望二十三世和于總主教的合照及教宗所說的「我擔任教宗職務時，我一定要在中華民國的臺灣建立輔仁大學」，並親自捐了十萬美金作爲鼓勵呢。所以我對于總主教說：「我馬上就到中美聯誼會來和您面談」。我一路爲他成功而高興。

當我到達時，于總主教立刻站起來歡迎我說：「你在報章上看到教宗和我的合照嗎？」「當然看到」，我答道：「許多報章和雜誌都刊登這合照。好漂亮，怪神氣的！」「我完全照你的話做了，一切都蒙主恩佑」，于說：「輔仁大學在臺復校不成問題了，因爲聖言會和耶穌會已經報名參加。當然，我們希望其他修會也來參加，這樣我們可以蓋一座世界上最偉大的學府。現在我們坐下來，讓我告訴你在羅馬的一切經過：雅靜安樞機對我眞好；他辦事機警極了。他惟恐交際科不許他帶我去見教宗，所以他僅在動身去見教宗前給交際科通了一個電話說：我今天來見教宗要帶一位中國總主教同來。我不會因此多佔教宗一分時間，諒你們不會反對吧？此後雅靜安樞機即擱下電話機，請我和他上車同去見教宗。到了教宗辦公廳，雅靜安樞機直入教宗書房先向教宗報告業務，然後談我們的事，我則在教宗書房外坐等。在此時間，我虔誠地默禱天主多施恩錫。」

「忽然，教宗書房按鈴，侍從員卽應鈴而入。出來就請我進去。教宗一見到我，立刻就問：你和雅靜安樞機是什麼關係，他竟替你說了那麼多的好話？他是我的老師，我答。教宗接着就問雅靜安樞機：他是一個好學生嗎？雅答：考試常得一百分的高材生。教宗說：那好！我現在要在中華民國的臺灣重建輔仁大學，這是我個人爲重建輔大的一點捐獻，十萬元美金支票，請你收下。當我感激得向教宗致謝的話尙未說完時，教宗卽按鈴叫攝影記者進來，爲他和我兩人來合攝一照。此後，只說聲再見，就另行接見其他貴賓。」

「離開教宗時，雅靜安樞機就把事先預備好的有關輔仁大學在臺灣復校的新聞稿交給記者，所以這個佳音立刻就傳遍到世界。我中華民國在臺灣的重要性也喚起了世界人民與政府的注意。」

「回到傳信部之後，因爲已是午餐時間，所以雅樞機留我和他一起共進午餐。乘這個良機，我就向雅靜安樞機提起向波士頓庫興樞機致書，委請他擔任籌募一百萬美金作爲建築輔仁大學在臺復校基金事。雅樞機先覺得這件事有些困難，需要多加考慮，一時難於照辦。可幸，天主特別降福，當雅靜安樞機午餐後回到辦公室收到一封中華民國駐教廷大使謝壽康的信件，其中附有庫興樞機回給謝大使的一封信的複印本。在這複印信上庫興樞機向謝大使保證說：因爲他對中國傳教事業一向特感興趣，所以假若輔仁大學在臺灣復校，則他一定設法捐助拾萬美金。這封信給雅靜安樞機大壯其膽，於是很高興地對我說：「我可以依照你的要求給庫興樞機寫信，以聖座傳信部的名義，委任他爲輔仁大學在臺灣復校籌募百萬美金委員會的主席。我相信庫興樞機一定能美滿地完成這個任務，你可以放心去開始爲輔大復校吧。」

輔大恩人—庫興樞機

說到我駐教廷大使謝壽康，他當時雖非天主教教友，但對輔仁在臺復校事宜卻熱心非常。他自知道羅馬傳信部贊許于斌總主教向歐美各修會去接洽，請它們出來幫助在臺灣進行輔大復校之事後，即行主動地親自向美國所有的樞機主教、總主教、主教們致函，請求他們慷慨資助其經費。但可憐得很，謝大使雖發出了一百四十餘封親筆函件，經過幾近一年的時間，所收到的回音不過十數封，而且都是「心有餘，力不足」的答覆，唯有庫與樞機的回信，令人不勝興奮，予人以天無絕人之路的信心。庫與樞機的回信，言簡意賅，所保證捐助的數字不是一千或一萬美金，而是十萬元。所以當謝大使以後向我提起捐款困難，以輔大復校捐款之例爲據時，我曾對他說：您那次捐款太容易，極成功呢，因爲您只發出了一百四十餘封信，竟收穫十萬美金，這等於平均每封信給您捐到七百餘元美金，世界上誰能投書捐款，成功之宏，有如您者，眞太可欽佩了！

于斌總主教從羅馬回紐約的途中，先在波士頓逗留數小時，藉便去拜訪庫與樞機，詢問他曾否收到雅靜安樞機最近寫給他的信。據于總主教對筆者說：庫與樞機已經收到那封信，不過他當時還不知道怎樣去捐募這百萬美金。所以他對于總主教說：「你現在不要打擾我，讓我靜思一個時期再說吧。」

因此十一月十八日，于斌總主教回到紐約後，和我首次談話時，即要我爲他給庫與樞機打封信，請他約定一個去看他的時間。此信去後不數日，庫與樞機即回信說：請在十二月二十二日上午十時來波士頓面談。于總主教在約定時日到後，庫與樞機對他說：「羅馬傳信部部長是代表聖座的。聖座既要我爲輔大復校捐募百萬美金，我自當樂於遵循，因爲聖座的意思就是天主的意思。不過等我爲輔大捐到了百萬元後，你可不要再來麻煩我，好嗎？」

庫與樞機與筆者自一九四〇年初卽已認識相交，當時他主持波士頓總教區的傳信會，並兼任波士頓總主教歐哥倫樞機的輔理主教。因爲他對當地的華僑生活困境，由衷同情，曾請我到波士頓中國城傳教。我在那個時間，適將紐約中國城的傳教與學工作告一段落，所以就欣然應邀到波士頓去向僑胞開教了。一見庫與輔理主教，他當我如故友。從那時起，繼續着三十年工夫。我倆都交往未斷。

我到波士頓後，庫與主教對我很好，凡是爲華僑傳教所需要的事物地方，他都立刻爲我設法辦到。他一直是波士頓所有華僑的至交好友。因着這位頗有權力，極愛護華僑的庫與樞機，不特在波士頓的中國人獲得保障，卽我在臺灣的人民與政府也受益匪淺；給輔仁大學的百萬美金捐款就是明證之一。這樣一個大恩人，我們是不宜遺忘的，尤其輔仁大學應該有所紀念他才對。

于樞機志業中心在輔大

羅馬教宗若望二十三世既然那麼堅定地要他在位時在臺灣重建輔大，傳信部部長雅靜安樞機又那麼全力支持，庫與樞機亦已保證百萬美金的捐助，羅馬教廷教育與修道院部自然樂於順水推舟，委派于斌總主教爲這所教立的天主教輔仁大學的校長。我中華民國教育部，深知于斌總主教在各方面的優越條件，當然也以他爲最適合的校長人選。

四十九年元月三日，于總主教即由美國紐約起程來臺，途中曾在東京停留數日。回來後，即着手組織輔大校董會，向教育部商辦復校手續，買房屋、購地皮，先辦輔大哲學研究所，然後一幢一幢地建築現在新莊的輔大校舍，直到今年（一九七八年）七月十五日，向羅馬教廷及董事會辭輔仁大學校長職，先後共十八年有半。這也是他一生七十七年中，繼續在職，親身負責，最長久的一個職位，因爲他雖爲南京總教區總主教有四十二年的歷史，但他卻只能親身在南京度四、五年的光陰，這當然是由於八年抗戰，繼而反共所致！

于斌樞機不特在輔大執長校政較久，而且他實在是臺灣輔仁大學的眞正創辦人，不是復校人。因爲在臺灣的輔仁大學和在北平的輔仁大學，其名稱雖同，其實質則異。在北平的輔仁係由外籍傳教士包辦，而在臺灣的輔仁則由國籍神職界主持。在北平的輔大係屬於個別的外國修會負責，而在臺灣的輔大則由中國主教團管理。所以于斌樞機在他一生所創辦的許多事業中，他最全心全意全力愛護的爲輔仁大學。無論在國內或國外，每當他所創辦的事業之間，發生了利害衝突時，于樞機總是說：一切以輔大爲先。這就是何以于樞機逝世後，紐約總主教庫克樞機在他特別發表的文告中有這麼一段：「臺灣的輔仁大學，就是他（于斌樞機）在教育界獻身工作，畢生致力於青年男女之知識與精神福祉的唯一而又全部司祭職務的標誌。」

因爲于斌樞機熱愛輔大，所以他一再不願離開輔大，但是年齡不饒人，到了滿七十七歲高齡時，實在也非辭職不可，因爲行政的工作究竟不是年老力衰的人所能勝任的。所以在他退休前，他就曾一再表示：「我死後，最好把我的遺體埋葬在輔仁大學。」

他的願望，我們後死者正在逐一給他努力去實現，因爲我們澈底了解：于樞機之所以生也要與輔仁同榮，死也要與輔仁同在，其主要原因是他熱愛天主，熱愛祖國，並熱愛世界。因爲這個愛的催迫，他一生不辭辛勞，急欲把祖國弄富強起來，以促使世界和平，人人都能上愛天主，下愛衆人，在世享平安，離世得永福。但是要達到這個目的，必須國人受良好教育，尤其是受富有道德、精深知識的高等教育，藉之以確實地復興中華文化，使我中國成爲世界各國的文化領導國。因此，于樞機對輔大的校訓是：眞、善、美、聖。而這四個字包括了天主教的總精神。這精神注射到任何民族中，則這民族一定興旺；這精神滲透到任何文化中，則這文化一定光大；這精神吸進到任何藝術上，則這藝術一定精美；這精神應用於任何科技上，則這科技一定利世。反之，若任何民族缺少這天主教所堅持的精神，則這民族必日益腐敗；任何文化缺少這精神，則這文化必日益衰微；任何藝術缺少這精神，則這藝術必日趨淫蕩；任何科技缺少這精神，則這科技必導致害人。這就是何以于樞機要永掌輔大，而羅馬教廷也順應其願望，委派他爲輔大的總監督，使他的精神可以督導輔大的萬千師生，朝向校訓的指示：眞、善、美、聖，努力邁進，以富強祖國，以福利人民，以造福天下。能如此，則于斌樞機在天之靈可告慰矣！

原載傳記文學三十三卷第五期

追思于斌樞機逝世一週年

噩耗傳來 跪地默禱

回想去年的八月十六日，由羅馬梵蒂岡電訊報導：于斌樞機因心臟病逝世了——當此噩耗傳到，全國震驚，痛惜無似。我當時正結束了每星期三晚上，自七時至八時半的板橋市聖若望堂聖母軍支團象牙寶塔的週會。驀然，本堂工友熊建中闖進來報告說：「神父，于斌樞機死了！」這個突如其來，晴天霹靂的報導，使我的心靈頓時深沉，在場的十數位團員也感到不勝震驚。我於是決定說：「明天早上六時半爲于樞機舉行追思彌撒」。隨後，我即回到自己的房裏，打開收音機，聽取廣播消息。果然，九點鐘的廣播證實了這個噩耗。我乃雙膝跪地，爲于樞機的靈魂默禱，哀求仁慈恩愛的天主賞賜他升天堂享永福。同樣的祈禱在過去的一年中，無論在每日的彌撒聖祭中，或在念日課經與其它經文時，我從未忘卻于斌樞機。

論文得獎 接獲賀電

一九三六年，當時我還在羅馬傳信大學唸書，其時羅馬聖多瑪斯學術院（Academia Sancti Thomae）舉行了一次「哲學論文比賽會」，邀請羅馬各大學的同學自由參加撰寫論文比賽。我因當時未見有中國同學報名參賽，總覺得爲中國人不體面，所以我就不顧一切毅然報名參加。

正準備撰寫該哲學論文比賽時，研究了許多名著作家關於這問題的大作之後，我發覺當時在羅馬天使大學執教的大名鼎鼎的賈里故・拉克蘭樹教授（Garigou La Grange）所持的立場，我不能接受。但他是一位極具影響力的論文評判員，我如在撰寫論文時和他的意見相左，則我的論文就難得以通過，更別想得獎。但我假若不敢表示異議，則我所研究的問題就沒有意義，更談不上價值。於是，我就提醒我自己說：中國的讀書人是富有氣節，具有正義感的。所以我就寫了用打字機打就的四十餘頁比賽論文，發揮自己的觀念，痛痛快快地駁斥了我認爲不合理的見解。

那料，當十位評議員審閱了所有的數百份比賽論文之後，竟選出三篇得獎的論文，其中有我的一篇，而且我的一篇竟列爲第一名。據當時評議員中的一位，伯多祿・巴倫德（Pietro Parente）教授說：賈里故・拉克蘭樹教授極力反對我的見解，抗議將我的論文膺選得獎。可是，十位評議員中竟有七位投贊成票，奈何？這個獎金的得主名單，曾在歐洲各大報章刊出。于斌主敎正在法國巴黎，見到毛姓的名字，知道是中國人，便拍了一個賀電給我說：「在報章上見到你論文得獎，爲國爭光，特電致賀」。從那時起，于斌主敎與我之間，在心靈上就開始了聯繫，而這聯繫使我在他去世升天的一年中更感緊密。

愛國抗日　彼此同心

因爲于斌樞機和我彼此都熱愛祖國，在抗日反共上都合力盡智以赴，所以我們的心意常相繫，工作時相聯。到一九三七年，在我領受五品聖職之前，于斌主敎因從南京總敎區在羅馬傳大唸書的同學報告中，得知我將來傳大畢業，晉陞鐸品之後，不想回到我原來的浙江省杭州敎區去傳敎，而希望轉到一個國籍主敎所主持的敎區傳敎時，就主動地親筆給我來了一封信說：「我以十二分的熱情歡迎你在陞神父之後到本敎區南京來服務」。得到于斌主敎這封信之後，我就可以向羅馬傳信部要求轉敎區的事宜，而且因爲獲得傳信部當局的許可，我爲辦理脫離杭州敎區的事情，進行得很順利。不然不知要經過多少麻煩，而且因爲當時的外國傳敎士，勢力大，阻擋方法又多，能辦成功的希望很少。

一九三八年春，我祖國抗日戰爭的次年，于斌主敎又來到歐洲奔走，爲國宣勞。他曾用法文寫了一本抗日的小册子，藉以喚起心地善良的歐洲人民與政府，來支持我國的神聖抗戰。這本法文的小册子，我先買了十本，作爲送給傳大負責人閱讀，這樣可以先引起他們對我國的好感。然後，接着有英文譯本出版，我就趕快買了數百册，以分送給在傳大的同學看。當時的日本同學就聯合起來對抗我，到校長前去告我在傳大作政治宣傳。校長要我把所分給同學的小册子全部收回來，不然就要開除我。我則不但不怕被開除，而且還對校長說，這正是他開除我的時候，因爲我已陞了神父。後來于斌主教來到羅馬，我把此事的經過向他報告。他不僅沒有責備我，而且還嘉獎我說：「爲愛國的緣故，如被學校開除，那是人生最大的光榮」。眞的，我一生都樂於爲愛祖國的原因受苦受難。只要祖國能夠富強興盛，在世界上能光榮地生存，爲人民謀福利，爲世界爭和平，使整個人類不特在現世能安居樂業，而且還可以在身後進入天國享受永福，我就心滿意足。這也是于斌樞機在世時所企圖和努力的目標。我相信，于斌樞機在天之靈今天仍然懷着這個心願。

創于斌社　海外宣教

當我在羅馬傳大畢業時，于斌主教曾對我說：「我們抗戰，同時必須建國，要雙管齊下。爲達到這個目標，我們必須培育中國人才；而要培育大量的中國人才，必須先自已成爲人才。所以我要你再加強深造，先到瑞士福利堡大學去精讀法文，然後再到法國里昂大學去考取哲學博士學位」。

我完全依照于斌主教的指示，逐一進行。此後，他又邀我到美國，先擔任他的機要秘書，在美和他一起，日夜奔走，作抗日聖戰之宣傳，八個月之後，他回到重慶陪都，時在一九三九年十一月，並要我留在美國繼續一切抗日宣傳的工作。我當然朝着這個目標去奮發努力，從各方面增加熱愛中國的人士與友好。

爲達到這個目的，我先在美國費城，創辦「于斌社」，藉以教導當地的華僑，在精神上、文化上、物質上的改良，並以華僑爲基礎，去聯絡美國朝野人士做我們中國的朋友，支持我們的國家，共同和我們人民相交善，以圖謀共同福利。於是，在費城由于斌社而成立華僑學校、華僑天主堂。當成立于斌社後，我將此經過情形函告在重慶的于斌主教。他對此學很贊許，但要我別用于斌兩字，這當然是出於他的謙遜所致。但我並未照改，因爲一件好事既已開始，就應繼續發展，不宜隨意改變，不然會令人感到其內部有問題之嫌。所以，我給于斌主教回信說：「于斌社這個名稱不能更改，您假若不喜歡它，就別認爲這是爲光榮您的好了。可是，您卻無權禁止我使用于斌這兩個字，因爲您對這兩個字並沒有專利權」。我對于樞機的這個態度，一直保持到他逝世。他不特不以此爲忤，而反倒越加欣賞。這是使我時刻特別懷念他的一點，因爲這樣一位寬宏大量的長者實在是不容易遇到！

種族歧視 為愛所化

回憶當時美國實施「排華律」，由一八八二年到一九四四年。其時，我華僑在美國既不能享有永久居留權，又不可購置不動產，男人到美國去不能帶同妻子，因爲怕有中國孩子生在美國而成爲美國公民，有汚辱美國雜種人民之利益。在這種愴痛情形之下，我旅美華僑的慘狀苦境，可想而知矣。

雖然如此，于斌樞機的愛國精神卻在美國感召了無數的美國人民，不特在費城的華僑受于斌樞機的恩惠，而且在華府、在紐澤西州紐活克、在紐約的中國城、在波士頓、在俄亥俄州的克里扶蘭城、芝加哥、洛杉磯、舊金山的中國城，都在數年內，因着于斌樞機的影響建立了中國天主堂，開辦了華僑和美國人民交往的基礎。這證明，在種族的歧視，膚色的不同，貧富的殊異，文化的隔閡，都能以天主教愛的精神熔化共融，于斌樞機就是充滿這個眞正愛心的主教。以之，他愛天主在萬有之上，及愛人如己。也以此愛心，他所遺留於我們的不亞於其在世時對人民、對國家、對世界的各種偉大貢獻。因爲于樞機在天堂上爲我們向全能天主的祈禱，其效力更有益於我們也。

魚雁頻繁　憂樂共享

在重慶時，于斌主敎和我來往的信件相當頻繁，我曾將他寫給我的這些親筆信，計近二百件，妥善保存着。把它從美國帶到南京，待南京爲共匪竊據時，又帶到美國；後來，因爲美國把我自由中國的臺灣，劃出太平洋防衞線之外，儘量作其媚匪之勾當，我乃於民國四十年元月由紐約回到祖國，此時我又把這些寶貴的信件隨身帶到臺灣。但是不幸，到一九六一年的颱風季節時，那次的葛羅莉大颱風，因爲石門水庫洩洪，事先未予報告，致使漲進本堂住宅的水量達三尺高以上，把我在樓下房間的一切都浸濕損壞了，而那藏在大鐵箱中的衣服和于主敎的信件，也同遭災殃，面目全非，無法再行保存。於是我只好忍痛地棄存，至今思之，仍不勝感傷。

回憶這近兩百封信件的內容，我願在此略提一二：時在一九四二年，美國主敎中曾有十四位總主敎與主敎聯名向羅馬敎廷傳信部上書，請求委派筆者常留駐美國，負責向全美華僑的傳敎工作。但由於筆者係隸屬於南京敎區，所以羅馬敎廷先須得到南京敎區主敎的同意，才能委派筆者此項任務。于斌主敎接到羅馬敎廷對此項要求後，曾答以「毛振翔神父在美國服務是暫時性的，一旦我中國抗日戰爭勝利後，我南京敎區卽需要他回國工作，因爲我不能沒有他。」于斌樞機對我的器重一直未減。

第二件事是：在于斌主敎從重慶給我的來信中，至少有三次提起同樣的事情，那就是「我每次在痛苦中，遭遇難解的問題時，我就想念振翔」。這種情形，一直到于斌樞機離世之前，無論在南京也好，在美國也好，在臺灣也好，都不時重演過。記得有一次在臺北，時間已是深夜很晚了，于斌樞機又來把我叫去，問我怎麼解決那難題。我當時因爲睡意深濃，實感疲累，曾不客氣地對他說：「樞機！我眞是憂苦者的安慰，快樂者的遺忘！」他卻很謙和地答：「可不是嗎！」從那次之後，至少有半年的工夫，他每逢有快樂之舉都事先親自來電話約我去分享。

預卜勝利　準備復興

一九四三年春，于主教由祖國重慶再度來到美國，那是自一九三九年以後的第一次。這次他來到美國之後，曾住上一年左右，到處旅行訪問，作公開演講，接見新聞記者，無一不是爲抗日勝利而努力。這次旅行所到之地，幾遍及美國四十八州，所受到的歡迎與招待，遠比上次優勝，尤其是在美國天主教當局方面。因爲上次來時曾有不少美國主教反對他在美國的言行。這當然是受了日本帝國主義宣傳的影響所致。因爲日本政府曾發了許多宣傳品，聲稱日本之所以進軍中國是爲救中國不致陷於赤化也。眞的，日本在美國當時的宣傳成功到這種田地。當我初到美國時，由法國到紐約，和一羣美國神父午餐時，坐在我右邊的一位美國神父，竟不先詢問我的姓名，而開口卽說：「我今天和一位中國共產黨坐在一起」，其態度藐視，其聲音冷諷。我當時立刻回答說：「假若共產黨如我一般好，我希望每個人都成爲共產黨！」這使他醒悟，並給我一個向他解釋我們抗日的眞正使命，和日本對他們的欺騙宣傳。

在抗戰勝利前一年餘，于主教就對我說：「最多不會超過兩年，我們的抗戰就要勝利。屆時我們南京敎區，千孔百瘡，百廢待興，你是否現在可以辭掉芝加哥華僑敎堂與學校的職務，先到加拿大安底卡宜西（Antigonish, Nova Scotia, Canada）去研究社會經濟合作事業，作爲戰後復興南京敎區的社會工作和經濟發展。然後同來美國爲重建南京敎區向美國友好募集一筆經費。」我的答覆是：「完全遵從您的指示，我立刻進行。」於是，我就向芝加哥總主教撒母耳・施特里溪樞機（Samuel Cardinal Stritch）先請了三個月的假，到加拿大去研究社經合作事業，並請中國神父周幼偉代替管理華僑敎堂的事務。在那三個月內，我白天訪問漁民合作、農民合作、礦工合作、森林合作、信用合作社、消費合作社、經建合作工程、運輸合作等等。一共參觀了四十餘個地區，訪問各有關人士，獲得各項實際經驗和知識。夜晚我則向安底卡宜西城的聖方濟大學有關合作事業部門的專家們討敎其原理與方法，然後就撰寫我的心得報告。我這近兩百頁的報告，名稱爲「在新斯科夏的合作事業」（Cooperatives in Nova Scotia），曾在美國與加拿大的報章上得到如此的好評：「有關在新斯科夏合作事業的論文報告，我們曾見到許多，但沒有一篇能和毛振翔神父所撰的這一本相比……。」芝加哥總主教施特里溪樞機曾以此作爲芝加哥兩千餘位神父研究合作事業的範本。

三個月後，我再回到芝加哥向該區總主教施特里溪樞機報告：我因于斌主教另有職務委派我負責，所以回歸華僑堂區服務，不能有一定的日期，就請周幼偉神父擔任下去吧。芝加哥總主教對此安排雖不滿意，但因和我有交情，也就接受所請了。我於是就為南京總教區在抗戰勝利後的復興工作籌備。所以勝利後我回到南京時，于總主教即委派我為教區的財經主任。之後，又加給我一個教區秘書長的職務。總而言之，自抗戰勝利之後，直到共匪竊據大陸那一年，南京總教區的內部的、實質的責任，幾乎都委諸在我身上，這樣使于總主教可以全神全力去對外的工作，襄助政府與建國家，策動反共，和對外宣傳。

蓋棺定論——一代偉人

記得一九四八年十一月十五日之前，因為蔣宋美齡夫人準備赴美盡最大的努力，以挽救美國杜魯門政府對我國的誤解，而偏向共匪，曾約同于斌總主教同行，于總主教又約我同行。我在當時未曾同意所約。因為第一，我已訂於明年一月一日陪同三十二位，由我親手所選拔的男女全費獎學金的學生，乘坐美琪將軍號赴美，相差時間不過一個半月；第二，我似有預感，因為在杜魯門和杜威競選總統時，我國的輿論不利於杜魯門，而今杜魯門當選，難免對我國將來有所不利。所以我要保持與國內偏向杜威之輿論毫無關係，以便今後便於拉攏中美友好關係。

果然，自蔣宋美齡夫人和于斌總主教抵達美國之後，美國新聞界對他們卽顯得異常冷淡，而待我於一月十七日抵達舊金山時以及由西岸到東部各大城市時，美國新聞記者們都來追踪我，雖然他們都不願意，據我所知的回答，在報章上發表他們採訪的，例如：「中國的戰爭不是內戰，而是蘇俄的侵略」，「中共不是土地改革者，而是蘇聯的走狗」，「支持中共，當爲中國人民所擁護者，乃是傷害五億中國人民的心與意」等等。但他們的報章卻以重要篇幅與照相報導了中國留學生的來美，並特別強調筆者在此方面上的貢獻。這種情形延續了近一年之久。

于斌總主教當時已受羅馬教宗庇護十二世禁令，不許他公開活動，只准他在史培爾曼樞機的權轄下，進行向中國華僑與留學生傳教的工作，和中國文化的推行。這個禁令長達十年之久，于總主教雖極感痛苦，但卻忠實地，無怨恨地，無聲無臭地，爲祖國忍受下去。

爲彌補這種困境，我因尚能自由行動，故決定來臺和中華民國同甘苦，共奮鬪。這事頗得于斌總主教之贊許，他雖曾感到我離開他猶如失右臂。

總之，于斌樞機的一生是高瞻遠矚的，他的胸襟寬大，總不與人有所計較；他的心地慈悲，總是從好處替人着想；他在大事上精明，爲治國、平天下、榮主救靈，決不馬虎：他在小事上，常似糊塗：爲名利、爭權勢、受利用，常無所謂。其實，他是大智若愚，目光如炬，不拘小節的一代偉人！

原載傳記文學三十五卷第三期
六十八年九月份出版

于斌樞機的五封信

時間過得眞快！今年的八月十六日，已是我們的于斌樞機，在羅馬教廷爲故教宗保祿六世送葬時，蒙主恩召，逝世升天的二週年。在這過去的二年中，我因不斷繼續他在國內外所留下的許多事業，不時想念着他，並因注意於蕭規曹隨，所以往往在夢寐中與他相見，討論如何更能廣揚聖敎，怎樣更爲裨益於反共復國的事宜。

在這兩件大事上，于斌樞機對我的指示和恩愛，始終無微不至。且看下面他所寫給我的五封信，即足以證明：

㈠于樞機在華盛頓所書的第一信（一九五〇年十一月十八日）

「振翔神父：以現勢觀之，吾人在臺工作，急需開展：反共理論之闡發，擁護政府之表示，同道之鼓勵，教友之聯繫，尤其清窮而純潔知識份子之救護，在在需人！紐約之辦報既不成，應早作歸計。予以上命所在，有願莫償，爾可獨往獨來，匡予不逮。昔對日作戰，爾在外受教育，後雖應召來美，贊襄辛勞，然必以未到重慶，出生入死爲遺憾。今則時機成熟，大可發揮。況近來所謀輒左，只此坦途，主旨所在，毫無疑義。唯入臺須簽證，勢須先請；而知好待別，並可請贐，願及今圖之，歲杪有成矣。至所用名義：中國天主教文化協進會聯絡組組長，南京總教區文教處處長，相伯編譯館總務組組長，華盛頓中國文化學社駐臺代表，任擇其一二，均可爲政府及臺灣文教界所歡迎。如用其他名義，亦可商量。總之，『雖有茲基，不如待時』，今其時矣！早作打算可也。兩星期內，不擬去紐約。並祝主福！總主教十一月十八日於D．C．」

爲使讀者能知道于斌樞機寫此信的背景，我願略提當時的情況：因爲到了一九五〇年九月初，羅馬教廷通知于斌總主教：「黎培理公使解除毛神父及其同事之職，係指所有的中國留學生，並非僅指中國天主教的留學生，所以他在紐約布魯克林教區，爲中國留外學生的服務處，應即予關閉，立刻脫離。」

事既如此，我們唯有服從爲是，史培爾樞機得悉此事後，要我在紐約總教區，進行向華僑傳教的事宜，尤其是向華僑知識份子。這事當然亦很好，何況我從前在紐約中國城還曾開過教。不過，在祖國越困難時，我的心越嚮往祖國，而在其時，我一直焦急着要到臺灣去，雖然那對我是一個陌生地區，但它是中華民國政府所在地，而且美國政府已把它劃出太平洋防衞線之外，我怎能忍心不與它同在！因爲沒有祖國健在，在海外是毫無神氣可言的！

於是，我祈禱了又祈禱，沉思了又沉思。畢竟到了十一月中旬，我由紐約專程赴華盛頓向于總主教說：「在抗日戰爭時，我曾三次要求您，讓我回到祖國大後方去，參加實際的抗日戰爭，您那時總是說，我在美國更有益於抗日。現在祖國反共抗俄的戰爭，業經步上最重要的關頭，可否請您讓我到臺灣去，爲祖國政府與人民打氣！」

于斌總主教聽了我這番話之後，很感動地說：「你能到臺灣去倒可彌補我的心願……」于總主教的偉大處之一是：一旦他同意了你的要求，就儘量贊助，爲你週詳地設法，使你各方面都能順遂。上述那封信就是證明。但是，我慚愧得很，他所賜予的名義，我一個都沒有採用；他建議我的向知好辭別，以資請益，我也沒有照做；因爲我認爲我既是中華民國的國民，又是天主教神父，已經很名正言順，到臺灣後可以做事了。至於自己的生活問題，我一向置諸度外，堅信天無絕人之路的。

(二)于樞機在華盛頓所書的第二信（一九五〇年十一月廿二日）

「神父：頃付去文教處長任命狀以備不時之需。文教學社之聘書則下月可備妥，須由社方發出也。田樞機改於下月由荷乘船來美，聖誕前數日可抵紐約。在羅會請得五千美金特別津貼。聞葛禮耕（按教廷駐華使館秘書）已去加拿大。在紐約及華盛頓均未來訪，且儘力破壞我國在此募捐之國籍神父！予下次去紐約當在十二月十日。或在紐約過聖誕，亦未可知。爾既決心返臺度歲，則通知友好宜早，俾有所捐贈。至爾在臺，寄居天主堂不便，可另租房屋自住，可用便帶祭箱。故一方面應托人尋屋，最好由官方撥借，一方面則設法捐彌撒聖器。書籍等携帶不宜坐飛機，且十二月、正月之氣候不適於飛行，最好坐船。托人接洽一下，或可免費或半價。龔、方二司鐸均分住於臺大所準備之住宅，楊則辦電臺，往來於基隆、臺北間。此祝主佑！總主教十一月廿二日」。

從上面這封信，顯見于樞機對他的部下是如何的關心，替他們的籌思是多麼的入微。我因爲一生做人的原則是，以能不麻煩人爲首要，而對於我的生死總是快快樂樂地，全憑天主安排。所以接到此信後，曾立刻給于樞機回信說：「謝謝您的關愛，我已經決定乘飛機赴臺，因爲乘船到祖國太慢了！至於到臺灣之後的生活，請勿爲我憂慮，一切會有天主助佑的，我具此信心。」

實在，天是不負有心人的，因爲民國四十年元月十四日下午，約四點鐘左右，在紐約城國際飛機場，許多中美朋友與中國留學生，懷着依依不捨的心情，望着我進入飛機，首途臺灣。這飛機引擎發動了半個多小時，怎麼也飛不起來，我於是上前去對領航說：「我是要在明尼亞波利斯轉機的，你們到現在還不能起飛，將使我接不上那邊的飛機，實在太不像樣了！」領航聽了我這番話，看了我不愉快的表情，就下機去了。五六分鐘之後，就上來對我說：「神父，我們把你放上另外一架飛機，可使你趕上明尼亞波利斯飛往安克利治的班機。」

感謝這位領航的周到安排，不特使我可及時抵達明城乘上班機，而且還保全了我這條老命，因爲第二天報章與廣播都報導說，我原來的，但未乘上的那架飛機，在飛行的途中出事了，全機人員均遭慘亡。于總主教和其他的友好，得悉此噩耗後，正在爲我難受時，接到我從安克利治拍給他的電報說：「平安抵安城。將留此三日，以研究愛斯基摩人。」他們都不勝驚奇，那是怎麼一回事？後來從彼此的通訊中，才把這個謎解釋清楚。這使我更相信：「天主使一切協助愛祂的人，獲得益處。」（羅、八：28）

㈢于樞機在華盛頓所書的第三信（一九五〇年十一月廿二日）

「振翔神父：臺灣文教界人士多予所素識，自逃離大陸後，非生活發生困難，即精神陷於苦悶，每於來信中，彷彿見之，而青年學生之曾受我區教育者尤多徬徨十字路口，進退維谷。昔孔氏有歸歟之歎。予何人哉，竟放任我區小子狂狷而不知所裁！故決在京區組設文教處，任爾爲處長，銜名赴臺，代我區爲文教界人士及學生服務，以全臺爲工作範圍，所到各地均希與教長聯絡，庶相輔相成，併行不背。如有涉及教區長職權者，則須請命而行，決不越俎代庖。政府方面如有所委託，在教理教律範圍內，概不必辭，然重實際而不受名義。

予年來協助政府之方式，固爾所稔知也。願上主寵佑時錫，俾克愈顯主榮，多救人靈，修德立功，日新又新！總主教于斌手書一九五〇年十一月廿二日於美京。」

這封信一直是我的座右銘。我爲教爲國之服務，常以此爲準則。但我力弱才小，祇能盡心所能，竭力而爲，其成敗結果都無動於衷。但願于樞機在天之靈能多爲我代禱，求主恩賜我在世能多光榮祂，並能爲祖國多效勞耳。

㈣于樞機在華盛頓所書的第四信（一九五〇年十一月卅日）

「神父！我於下月十日去紐約住幾天。田樞機已晉謁聖父，大致尚過得去。他現在瑞士，將自荷搭船來美就醫，聖誕前可到。國際風雲緊張，大戰一觸卽發，惟民主集團步伐欠整齊。主寵常偕！總主教十一月卅日。」

這是寫在一張美國國會大廈明信片上的短函，但仍不忘提起田耕莘樞機之行程，其主要原因是：于樞機雖然贊許我來臺灣，但其心中還是希望我不遠離他的，因爲在准許我赴臺時，他曾加上：「不過，你最好等田樞機由羅馬來後，與他商量爲是，因爲他是中國天主教領袖，天主可能特別光照他，予你以正確的指示。」

從于樞機的信件中很明顯的指出：田耕莘樞機本來是定於十二月中旬來到紐約的，所以我就很樂意等待。可是，經過一番等待之後，于總主教告訴我說：「田樞機要到十二月廿六日，才能自羅馬抵達紐約，請你忍耐等待。」我自然只好忍耐。但是，到了十二月廿六日，仍不見田樞機光臨，而且于總主教又對我說：「他改期到元月十二日才能來了。」

我實在等得不耐煩了，可是有什麼辦法？服從第一！無論如何，我先買好了元月十四日飛往臺北的美國西北航空公司的飛機票，準備着，十二日田樞機到紐約，十三日接見我，十四日我啓飛。因爲我相信，田樞機不能說服我不到臺灣去。結果，田樞機還是沒有來。據于總主教說，元月廿日，田樞機一定來，我則對于總主教說：「對不起，請您別叫我再等了，因爲我和田樞機沒有什麼可商量的，我已決定本月十四日起飛，向祖國臺灣奔赴。」于總主教倒也很好，完全同意我的決定，並祝福我一路福星，時時處處都蒙主恩錫。但是，我可以感覺到他當時心裏還是希望我繼續等待到田樞機來後，會有一個奇蹟性的變更，使我能留在美國幫助他，尤其在他當時的處境中。

㈤于樞機在華盛頓所書的第五信（一九五〇年十二月一日）

「毛神父：函悉。費城之處置確欠妥善。爾去信抗議甚合理。周神父亦有信來，屢述募捐之困難，其故亦不外此！好在求人不如求己，今後應設法求教區經濟自立，則煩惱減多矣！

「本月十五日之船，恐來不及，望稍遲可也。國際風雲緊張，瞬息萬變，望靜觀演變，再定行期。只要舊歲前抵臺，亦不爲晚！予十號赴紐約，許多問題尚須面談。田樞機亦於聖誕前到紐約，聆其高見後，再定行止，較善。

「英首相即到華盛頓。妥協派心勞日拙，勢將無補於事。如不退出韓國或至少退出北韓，決無商量餘地。撤守臺灣海峽，歡迎中共入聯合國，均不足弭戰。蓋中共聽從操縱，毫無自由也。望上主矜憐我等！總主教十二月一日。」

于樞機信上所提有關我去信向費城總主教區抗議事，乃是涉及該教區當局自援到教廷駐華公使館秘書葛禮耕蒙席以黎培理公使的名義申稱：中國天主教留外學生服務處副處長陳之祿神父博士，現任紐約中美聯誼會總幹事，應予免職，不能再助理毛振翔神父在美主持中國留外學生事務以後，即命令陳之祿神父立刻離開費城，雖然他當時還在中國城華僑學校，給華僑子弟教授中文，並向他們傳教。這種不仁不義的下逐客令，我不特其時嚴正抗議，即現在我仍然不服！我相信，于樞機在天之靈還是對我支持說：「費城之處置確欠妥善，爾去信抗議甚合理也！」

再者，于總主教在這封信上還是要我乘船來臺，雖然我在通訊中和面談時都曾一再指明乘飛機來臺，這足證他是多麼關心我旅途的安全。還有，他一直勸導我見到田樞機，聆受田樞機的高明指示，再行決定來臺之行，我卻畢竟沒有遵從。但我並不因此而感到不該，因爲在祖國急難時，救國第一，其他都屬次之！我深知，于樞機對我在許多事上，保持獨特行動，不特不見怪，而且到事後，常欣賞。這就是我們兩人雖不時有不同之見解，但一直是心靈契合，互相恩愛而不斷思念的。現在于樞機在天之靈可與我不時相左右，我對他的追思也因此不能自已！

原載傳記文學第三十七卷第三期
六十九年九月份出版

于斌樞機的又五封信

去年八年十六日，爲紀念于斌樞機逝世二週年時，我曾借重「傳記文學」雜誌二二〇期發表了于樞機於一九五〇年間寫給我的五封親筆信。那五封信刊登之後，曾引起廣大讀者的重視與讚賞。所以今年的此時，爲紀念于樞機在羅馬梵蒂岡爲他的好友——故教宗保祿六世送葬時，蒙主恩召，追隨其友去世升天的三週年，我亦要以于樞機生前的另外五封信，來表示我對他的「不勝懷念」之情。諒許許多多的、認識與不認識于樞機的國內國外的讀者，亦必樂於一讀其信吧。不過，前五封信是我在美國紐約收到的，而這五封則是我在臺北新北投收到的。兩者，都歷經三十年的悠長歲月，已無守秘密的必要。而況在此過程中，我頻頻奔走於海內外，竟還能保存不失，亦可謂彌足珍貴矣。

㈠于斌樞機在華盛頓所寫的第六信（一九五一年四月廿二日）

「振翔：五旬紀念日爲予獻祭，宴客，又遙寄賀儀，熱情摯愛，感荷無既。惟有求天主代爲酬報，賜福百倍！參加聖祭或代我謝主之各位神父教友均希順便代我致謝，恕不另函。

「十五日爲張謙若新鐸首祭，故耑赴波城，參加並主持慶祝典禮，到來賓百五十人，由美友組織之慶祝委員會招待午餐。下午在華埠瑪利諾修女處茶點招待僑胞，到者亦二三百人。波城總主教允張留波向華人傳道，並在S．J．波城大學選讀，住Saint James堂，此一半途加入南京區之上海修士，總算達到目的，成一有爲有守之司鐸。人棄我取，而主恩培植之，以有今日，張氏之幸，亦我區之獲得也。虔謝上主！

「上月十四日離美去 Jamaica, B. W. I. 駐三星期，本月十日始返D．C．。在J得主持Fr. Gladstone Wilson 同學之授服典禮。黑人之得 Prelato Domestico 榮銜者，此係第一人，亦傳大之光也。J島居民百二十五萬，華人一萬二千，而公教友竟有四千．佔華僑三分之一，打破任何縣市之紀錄，S．J．辦學之收穫也。胡崔淑言因護照關係亦去J。惜簽證困難，一時尚不克返美。然華僑公進工作，彼亦可有所貢獻，較在美爲佳。

「你已展開傳道工作，每日三講，聞之非常快慰，幾乎逢人便道，並請他們爲你祈禱。將士作戰，梅瑟祈禱，故所向無敵。聽衆雖只三十人，不足掛慮。聖方濟撒助爵說『一個靈魂已經是一個夠大的主教區』。況說三十人總比十二門徒多；我在華府之講道，一兩人來聽是常事。我們播種，別人灌溉，天主使之成長！堅持下去，主道昌明，樂也何如！「迄今日爲止，未接蔣公來信，予亦從未去信，故不敢奢望。遇見王秘書長時，代我致意。麥帥免職乃應付英法及歐洲盟國。美對華政策不會惡化。暫寓反攻大陸於保衞臺灣耳。告教衆安心努力建國性之傳教可也。此祝

主佑！

PS小蜻在淡水養病，請代我送美金五元之臺幣。

總主教　四、廿二」

上面這封信的內容，似無難懂之處，因爲于樞機對人對事一向是抱持樂觀，總有成功之希望的。可是，在此信中他暗示着一個沉重憂慮，那就是「迄今爲止，未接蔣公來信，予亦從未去信，故不敢奢望……」。

關於「未接蔣公來信」的話，事情是這樣的：當我於一九五一年一月卅日，由美國飛抵臺北的當天晚上，情報局局長毛人鳳單獨請我晚餐，其地點至今我不知何處，只知是一個五坪左右的房間。當我倆晚餐時，除了一個把菜飯搬進來之後即行離去的人以外，別無他人進出。毛局長先問我有關旅途的情形，後即開門見山地問我說：「據可靠的情報報導，于斌總主教在美國參加李宗仁的第三黨組織，是否屬實，請解答。」「絕無其事」，我坦誠地答道。「不見得吧」，毛局

長續述：「因爲某月某日，于斌總主教在紐約李漢魂夫婦家和李宗仁共餐並長談。」「這沒有錯」，我證實說：「局長！你的情報很正確。那我倒要請問你：你認爲我是站在什麼立場的？」「關於你」，毛局長說：「我們所得到的情報，你是不理李宗仁，擁護　蔣總統的；因爲當李宗仁到達美國之前，你當時正在舊金山，忙於接待由上海流亡到美國的中國青年與學人，我們駐舊金山的總領事館曾三次請你前往機場歡迎李宗仁，你都婉辭了；而且，當李宗仁和他的大批隨員們到達之後，在舊金山華埠接受華僑歡迎，在街上遊行時，張紫常總領事見到你帶着五六位中國男女留學生，以便請他們到一家中國餐館去吃飯，曾邀你順便上前去和李宗仁握手，表示歡迎，你卻和你的學生們向後轉溜開了。再者，以後李宗仁到了紐約，有白崇禧的兩個女兒去拜訪他。李宗仁罵她們爲叛徒的女兒，拒絕接見她們。她們當天晚上曾哭哭啼啼地去看你，你曾安慰並鼓勵她倆說：不要哭，小妹妹！李宗仁不接見妳們沒有關係，因爲這正證明妳們是中華民國的堂堂國民，堪受嘉獎，值得我因妳們而感到光榮！我要妳們立刻向妳們的父親去信說：爸爸！毛神父要我們告訴你，你到臺灣去是最好的抉擇，忠臣的表現！」我靜聽了上述的那些有關我對李宗仁的態度與事實之後，不勝欽佩毛人鳳局長領導之下的情報工作，既準確，又可靠，我於是毫不保留地向他報告了下面的實情，我說：「李漢魂夫婦那晚請客的主要對象是我，而于斌總主教祇是被利用來以請到我的。但是，他們沒有成功，因爲我未曾應請。當時經過的情形是這樣的：李宗仁到了美國之後，想盡方法拉攏杜魯門政府支持他，但都得不到要領，所以就開始向全美華僑活動。華僑們幾乎都有意擁護李宗仁，以打倒　蔣總統。可是，在公開宣佈其事的前三天晚上，約十點鐘左右，華僑團體派了三位代表，到我所住的旅館來看我。因爲我多年來在華僑中傳教，辦學校，爲他們解決問題，所以他們很相信我，並對我說：毛神父！我們今夜特來向你請教一個重大的問題，請你指導。我們全美華僑想支持李宗仁，打倒蔣介石，你以爲如何？『不可以這樣做！』我率直回答說：『因爲　蔣總統是國民大會代表所推選出來的。我們既然選了他，就應該擁護他。不然就是自相矛盾，這是不可以做的第一點；至於第二點不可以做是，因爲李宗仁既當選爲副總統，就應該善盡副總統的職責，決不宜企圖奪取總統的高位。而況，我很認識李宗仁，他的才具做個地方官，還可以馬馬虎虎，至於做總統，即使承平的中國也沒有資格，何況現在最艱難的中國；再者，三位僑領，請你們注意：今日我們的國家，唯有團結一致才能自救，不然是難免滅亡的，這是第三點不可以做！』

「三位僑領聽了我這番話之後，就向我致謝而告別。我只是默禱天主開導他們，望他們不要危害祖國，而要善心好意地保衞祖國，因爲只有這樣做，中國人才能有揚眉吐氣的一天！

「果然，從此之後，全美華僑支持李宗仁的運動，一天消沉一天。雖然如此，李宗仁和其同路人尙認爲他們還是有辦法的，因爲在全美華僑中姓李的特別多。所以他們就開始發動李氏總動員，來支持李宗仁，以打倒蔣介石！這事曾經數月的努力，開了十六次會議，幾乎又可以宣佈成立了。然而奇怪的是，在正式宣佈前兩天的深夜，有兩位李姓僑領也到我所住的旅館來拜訪我，猶如上次三位僑領一樣地問我。我除了以上次所囘答的三點之外，另加了一點說：兩位李氏僑領，我實實在在告訴你們，假若你們姓李的僑胞眞要支持李宗仁的話，那我要很不客氣地說：你們眞正是『木』頭的『子』孫。就這樣地，他們與我辭別！

「事後，李宗仁等發覺，連李姓的華僑也不支持他們了，於是他們便驚奇地自問：誰拆了他們的臺？當然，古人說得好：欲人勿知，莫若勿爲；欲人勿聞，莫若勿言。我既做了又說了，則自然會被人查出的。因此有一天下午，李漢魂到我旅館來看我。可巧，我那時不在，所以李漢魂留下便條，上寫：『請毛神父明晚六時駕臨舍下便餐』。待我晚上囘旅館後，見到那便條，就給李漢魂通了電話。先向他道歉，他駕臨時我失迎了，再問他明晚請我吃飯，有何事否？李漢魂答說：『神父！沒有什麼事，祇是因爲我太太和我好久不見神父了，十分懷念，所以想借這個機會和神父見面，談談天。』我說：『謝謝你們！那麼除了你們夫婦之外，還有沒有其他人呢？』李答：『都是自己人，就是于斌總主教和李總統。』我一聽到有『李總統』，心就冷了！於是對李漢魂說：『很抱歉，明晚我有事，無法抽身，尙請原諒，謝謝了！』就這樣地，我掛上了電話。」

毛人鳳局長聽了上述的報告之後，面露欣慰的笑容對我說：「你做得很好！我們對你在美國爲國家所做的許多事情，都很欽佩與感激。」他並對我說：「你在美國所做的許多事，蔣總統也大概知道，因此他很喜歡你。不久之後，總統會請你去和他面談的。我想，總統一定也會向你問起有關于斌總主教之事的。」

眞的，不久之後，我接到了總統府的通知，邀我於次日上午十時晉見總統。我於是日上午九時四十分即到了總統府。約十點鐘過幾分我就蒙總統接見。我向總統報告了：馬歇爾將軍對他的誤解。拉鐵摩爾到處破壞他的聲望，美國四十二位參議員，在民國三十八年春初，我個別拜訪他們，要求他們幫助我政府兩百架轟炸機，以炸毀中共的軍事要點，並請美國政府作個正式聲明：無論中共佔據了多大中國土地，美國決不予以承認時，他們幾乎每一位都對我說：「毛神父，你所要求的兩件事，我們可以答應照做，可是有一個條件必須遵守，那就是要先把蔣介石打倒。」當我詢問他們爲什麼那麼痛恨蔣介石，是否和他有深仇私怨時，他們幾乎一致地答說：因爲我們的大英雄馬歇爾將軍說：「蔣介石是世界上最不可信任的人。」

雖然如此，我卻向我們的　蔣總統鼓勵說：「據我從華盛頓所得到的可靠情報，在半年之內，美國政府對我們將改良關係，可能有個顧問團派來。」再者，我也向　蔣總統保證說：「有些失意的中國政客，自以爲在美國組織一個第三黨，就能夠向美國政府騙到一大筆錢，作爲他們反叛政府之資本的。其實，美國政府並不那麼傻。更可笑的是，居然有人肯定說：于斌總主教也參加了第三黨的組織。聽到此地，一直很注意地靜聽着我報告的　蔣總統開口質問說：「他沒有參加嗎？」我立刻回答說「請問總統：您的秘書長會不會在重大的事情上與您對立的？」「我想，他不會！」總統堅定地回答我說。「再請問總統，我在國家的大事情上，是擁護您，抑或反對您的？」「你是一直擁護我的」，總統答我說：「我知道，我曉得。」「既然我是一直擁護您的，總統！而我是于斌總主教的秘書長，我是他的直屬部下，那他怎麼會在美國參加第三黨反對您呢？這是不可能的！」我對 蔣總統斬釘截鐵地說明了。

蔣總統聽了我這番話後，以輕鬆的語氣向我說：「那好！那麼，于總主教在美國的生活怎樣？」當我回答說：「他的生活很苦，連破舊的一套西裝仍然穿在身上，因為買不起新的。」總統隨即說：「我會給他寄錢去的。」

因為我曾把我和總統的約一小時的談話，都給于斌總主教寫去報告了，所以他當時焦急地期望着能收到蔣總統親自給他以「信任而無誤解」的信件。

㈡于斌樞機在華盛頓所寫的第七信（一九五一年五月廿三日）

「親愛的振翔！我們的朋友，我們中華民國的總統，雖然尚未和我通訊，但已令他的表侄俞國華給我滙來了五千圓美金。我已給他去函致謝。你假若有機會見到他，也請你代我向他表達謝忱。有了這筆款子，我不特可以清償所有的債務，而且還足以維持我半年的生活費用。感謝天主！請你勿再向總統要求給我寫信了，因為事實是勝於雄辯的。

「麥克阿瑟將軍對我國的問題能夠發生有利的影響。美國政府對我國將供應更大更佳的援助。願天主福佑，羅馬教廷對中國教務能有最佳的見解！

「你的朋友陳鳳桐由羅馬給你發出的訊息，令我感到欣慰。『在你們的堅忍中，你們將保持你們的靈魂』。天主自然會妥善照顧的。本月底，我將赴賓州斯克拉東城為姜文鈞舉行聖洗禮儀。六月九日，我將在紐約為傅在維主持婚配聖事彌撒。十三日赴芝加哥和我們南京教區的修士們聚會晤談。明天，我要在此為曾琦的夫人和他的兒子付洗禮。至於曾琦，願他的靈魂安息於主！這次因為要保持收錢的秘密，所以我用拉丁文給你修書。下次將用中文寫。願主降福，寵錫無量！

總主教于斌」

這封拉丁文函件，我把它直譯為中文。雖其辭藻不像于樞機的優雅，但其情意卻無遺的表達了。在這封信上，我們可以想見：于斌樞機在證實了蔣總統對他的關懷與愛護時，是何等的快樂與興奮！這，我們可以從他信中的字裏行間體會到。因此，朋友之間的誤會，如不得諒解，其危害豈止於個人，卻更在社會、國家呢！蔣總統和于樞機之間的不幸疑慮，因天主愛護我中華民國，使我當時能毅然決然，衝破一切阻礙，隻身從美國飛來臺灣，把這個可怕的疑慮解釋清楚，而贏得這兩位國家英才，再同心協力，為國家復興，為民族向榮，為世界和平而繼續奮鬥。不然，其禍患眞不堪設想呢！這是我們應該感謝主恩於無窮之世的！

(三)于斌樞機由華盛頓所寫的第八信（一九五一年七月卅日）

「振翔：頃接來函，欣悉第二批領洗人十餘人，實天主宏恩，因神父之辛勞，而下降我同胞，感謝上主之外，能不爲神父賀！第一批領洗照片已見於 Denver Register，此批照片，不久亦當刊出。暇中如能以新領洗者之姓名略歷告我，尤所欣感。所寄高中藍圖已收到，將向敎會友好一談，或不無收穫。下月或有好消息奉告。至該校命名應爲臺北首都中學，或逕稱首都高級中學，以紀念首都敎區司鐸與學之緣起，且號召員生，臥薪嚐膽，誓返首都，以強調反共抗蘇，復土返鄉之時代使命。至董事會之組織，大多數校董應爲敎中人。首任校長應爲創辦人。雖爲敎會學校，然非敎區所有。一切根據董事會章程，以民主方式辦理之。以上數點提供參考耳。

「六月在美中訪問，因不便公開講演，故收穫無多，然對我區集中工作之四位修士則多一番認識。對留美中之學生、修女等多一次接觸，亦大快意事也。此次美中來去，均由之祿神父駕車，曾以去臺工作相詢，惜因福州總主敎尚無令到來，故不便移動。然一有明令，即可前往協助也。彼已函港方探問。

「波士頓聖本篤天主堂之本堂 Rev. David V. Fitzpatrick 病已痊癒，返堂工作。近且寄予支票一張共一百五十元，任予支配，且表示願以一部份寄爾。玆告爾，將有一百元入爾N·Y·行。望函 Fitzpatrick 致謝可也。

「本月十四日，令弟在N·Y·發請公教同學在 Vincent House 風行晚會。並歡迎程天放部長訓話，到者數十人，頗成功！日前程來D·C·，亦召集同學二、三十人聽其報告。本星期六晚，周神父亦將在芝加哥，比國小姐學生服務處（新成立，由昔在南京之領隊 Mlle Jacqueline de Jauffe任處長），召集與之晤談，足可表示公教同學之愛國熱，其他學生毫無表示。此祝主福，並降福各位新教友。總主教 七、卅、」

于樞機在此信中所提的「六月在美中訪問，因不便公開講演……」的原因是，當時他受羅馬教廷之禁令；不可作公開講演活動所致。此禁令曾持續十年之久，使得他的演講天才大受壓制。但他卻無時無刻不牽念着中華民國，並從各可努力的方面去爲廣揚聖教與復興祖國而奮鬪不已。這種精神，值得我們欽佩；這種榜樣，值得我們效法！

說到了教育部程天放部長當時在美訪問中國學人與留學生時，所到之地，只受到我中國天主教留美同學會之歡迎，而其他中國留學生都毫無表示，亦足證在國家有患難時，天主教人士之忠貞吧！記得，在程天放部長由美回臺之初，何應欽將軍在自己家中請客時，因爲只有一桌，我和程部長坐在一起。我曾對他說：聽說您這次赴美訪問中國學人與留學生，除了我天主教同學會到處歡迎您，並請您演講外，其他中國同學不特沒有歡迎您，而且還有一些地方您曾要求去參加，反被他們拒絕了。請問，有沒有這回事？程部長對我此一問，只是顯示愁容，一聲不響！我自然瞭解其無言的苦衷。

四于斌樞機在華盛頓所寫的第九信（一九五一年十月九日）

「神父！適接來函，欣知聖堂已嫌太小，正擬擴大。天父仁慈，使我同胞失彼得此，失了江山，得贖靈魂，實毫無所失，所得大且無窮也！玆已郵支票存N．Y．行，共二百元，補交Fitz神父百元外，其餘百元，予對擴堂之獻儀也。

「教廷公使之脫險轟動世界，其英雄護教之成績已載遍各報，蓋紀鐸聯絡美國記者之收穫也。據云，彼仍無來臺之意，或將返R遙爲領導。仍借重紀鐸，代管一切，以不了了之，坐觀其後。如眞如此，則教廷踏美國wait and see覆轍，殊堪浩嘆！

「予已函羅光，囑進行兩項運動。一、加強對臺外交關係，使節升格，變公使爲大使，與中共以教訓。二、擴大臺灣傳教工作，命令各修會退出大陸之敎士修女，擇優赴臺，舉辦慈善、教育、出版、宣道各事業。必要時，宜創辦公教大學，重組公教進行會。自大陸逃出之國籍主教神父均有赴臺工作之自由。下週且擬上書傳信聖部有所陳述。蓋中共迫教之政策已逐漸實施。至公使驅逐，已進入新階段。今後變本加厲，無復顧忌。語云：「物極必反」，此蓋教會政策之轉捩點，所謂失之東隅，收之桑榆，亡羊補牢，今其時矣！惟，聖父高瞻遠矚，予之淺見，未必有補高深耳！

「田樞機已於上月十八日在 Cincinnati 開刀，明日將出院返芝城。兩眼均行過手術，雖未完全復原，做彌撒、看報、念日課尚可應付。今年再加休養，明春將能離美。如敎廷准許，返臺領導，較返港賦閒，差勝百倍。如樞機能赴臺，則國府亦必歡迎。予亦可漸入佳境。

「明日雙十節，祖國大陸，鬼哭神嚎，慘絕人寰，舉目西望，泣涙無從！聖母仁慈，憐視我衆，聊一廻目！玫瑰月中，美國各敎區，遵照聖父指示，做念玫瑰經總動員。各修女所辦學校，尤見熱心。至聖玫瑰之后，其護佑我同胞早出水火，而窮兇極惡之共匪亦幸得啓導，早日放下屠刀！

「日前在 McCormack 議員家用餐，談起神父，彼稱讚不置，囑代致意。牛神父在華美日報（前光華報）辦「愛生」副刊，收穫漸佳。李保祿神父在此入公大讀書。祝

主佑！

總主敎　十、九、」

在此函中，于樞機爲國爲敎所期望與計畫之事宜，大半均已實現，雖然時間上頗多延擱，如黎培理公使駐節臺北，公使館升格爲大使館，輔仁大學之創辦，外籍修士修女退出大陸者來臺舉辦各種事業，中國主敎神父可自由申請來臺工作等。至於其他部份，假以時間，筆者深信，不特

可以逐一實現，而且還會比于樞機在世時所期待者更爲光大，尤爲可觀！

當然，爲能達到這美善之境界，我政府與人民必須團結一致，從天、從地、從人三方面並頭邁進，換言之，將人與天，人與地，人與人，彼此之間的關係，不特要認識清楚，而且還要身體力行。

說到關係，顯然的，人與天之關係該是精神的；人與地之關係該是物理的；人與人之關係該是道德的。爲促進人與地之關係，應竭力發展科技；爲促進人與人之關係，應竭力發展倫理；爲促進人與天之關係，應竭力發展宗教。能如斯，則自由民主必普及，世界和平必實現，我中華民族自成爲舉世所矚目之對象！

㈤于斌樞機在華盛頓所寫的第十信（一九五一年十一月十七日）

「振翔神父！日前 Columbus 教區傳信會主任有封信來問爾之近況。並云有人願出資助你，想天主降福，你之小堂擴大必不成問題。答信中予並提起臺北興建天主教高中之必要，希遇機與以提倡。

「據永城來函，黎公使將有新命。剛公或將升樞機。聖座已調駐澳代表返羅，並告傳大爲之備館舍。一般推測，此公或將取剛而代之。黎或去澳，亦或去愛爾蘭，尙未定。據達爾的尼向朱英表示，因恐引起更大之迫害運動，故不擬派公使去臺灣，只一時難於決定，況決策權操之聖座，聖座既將調之他去，夫復何言！

「外交政策方面雖無轉變，然擴大我教臺灣工作，剛公已允注意，並已向耶穌、方濟、聖言各會表示。注意臺灣卽是信賴臺灣。雖不能政教兩方改善兼得，得其一，亦足欣慰，感主矣！

「新加坡益世報各籌備青年屢函牛亦未神父，催之前往幫忙，故只有派之前往。彼之名義爲西東大學Seton Hall遠東學院特派考查華僑文教之講師。爲期三月，美國保留永住權。然在新之久暫，視實際需要而定，起碼三月或竟至一年。擬十二月四日搭船去義大利，在聖城住半月，再轉飛新埠。認識聖座亦屬必要也。

「國際消息，可靠者有二。一、韓戰停火談判無希望；二、美政府卽將動用三萬萬以援臺灣。故卽令世界無大戰，韓戰既不能停火將擴大。我政府如能乘此機運反攻，光復大陸希望必大。

「數日前之長途電話頗清晰，不知價目如何？如上算，我們可以定期通話。湯元吉，臺肥總經理，過此時，曾以宗教事詢問。日前其子自美西來信，告其父過德時，將受我教洗禮云，望調查一下。此人乃留德科學家，去德前，予曾函介往謁 Monaco 樞機。陳慶雲二女 Doris 及王懋功兒子大未將於本月廿二日成婚。予將前往主持。行禮聖堂已定爲 Notre Dame。廿一日先爲之付洗。請向王懋功誌喜，並勸其夫婦研究宗教！聖誕將在 D・C・渡過。彼此代禱吧！

此祝

主佑！

總主教 十一月十七晚於D．C．」

于樞機在此信中所提的事件，經過卅年之後，其實際情形難免有所出入。但這出入之轉移，在於吾人之努力與否。比如教廷公使黎培理自被中共由大陸驅逐出境以來，因爲深怕共黨更加害於中國大陸之天主教，一直留在香港不敢來臺。就是到一九五二年十月間，雖然來臺爲郭若石祝聖爲臺北總主教，仍不願以教廷公使名義前來，更不願在臺設立教廷公使館，但因我政府與人民同心合作，使其不願者亦願之，本來梵蒂岡不同意者亦同意之。此事請看三民書局出版之「孤軍苦鬪記」一書中，在其「最有意義的一事件」一文中記得甚爲詳細。

湯元吉和其夫人爲我至交老友，自信奉天主教以來，在過去三十年，敬主熱心，待人忠厚，其二子一女，均學有專長，成家立業，在美國爲祖國爭光，堪稱極其美滿。現在他們夫婦，靠近他們的長子，住在西雅圖附近的 Mercer 島。我每次經過西雅圖時，都必去拜訪他們，和他們長談別情，以及各方面有關我們彼此間之友朋與事情的。

寫到這裏，我可以擱筆了，因爲不然的話，在思念于斌樞機時，許多跟我們有關的朋友，亡者與生者，都一幕一幕地湧進我的腦海，使我的心靈波盪，而無法善盡我當盡之職務。

原載傳記文學第三十九卷第四期

七十年十月份出版

雷震遠神父與中國

一九八〇年二月六日凌晨一時二十五分，在紐約市曼哈坦區聖羅斯療養院，一位熱愛中國的神父，比裔華人雷震遠死了！但他的死，不是生命結束，而是生命的改變。

雷震遠神父係一九〇五年九月三日在比利時柯特萊市出生。先在本國讀完小學與中學，再到英國唸書，後來又回到比利時在魯汶大學攻讀哲學與神學學位。當時因受到雷鳴遠神父講論中國問題深受感動，乃於一九三〇年在尚未完成神學課程，可以晉陞神父之前，即行遠離本國，辭別父母弟妹等，束裝前來中國大陸，到河北省安國縣向雷鳴遠神父報到，加入其所創辦的安國神學院，繼續尚未修完的部分神學課程，卒於一九三一年夏天領受司鐸聖職，陞爲神父，開始其在中國傳教救人的工作。

因有雷鳴遠　故有雷震遠

雷震遠神父因在弱冠之年，即已知道有一位比利時神父，名雷鳴遠者，在中國做傳教士，歸化爲中國人，在傳教事業上，成功非凡，所以一旦見到他，並聽他的演講，即受雷鳴遠神父之感召，決志獻身中國。且爲效法雷鳴遠神父熱愛中國之精神，而取名爲雷震遠，並努力學習中國語文，研讀中國典籍，決志放棄比利時國籍而歸化中國。在抗日戰爭期中，二位雷神父與國人共同抗日，出生入死，並於兵荒馬亂之際，組織民兵自衞隊與日軍周旋。直到與政府軍隊取得聯絡，彼此分工合作，使日本軍閥無法統制全面，而使我國獲得最後的八年長期抗日大勝利。

青出於藍　更勝於藍

雷震遠神父不特完全如雷鳴遠神父愛上了中國，愛上了中國文化，愛上了這個具有五千年的文明歷史，而且自此以後，他隨時隨地以作爲一個中國人爲光榮，他的衣、食、住、行完全和中國人一樣。

因此，他對中國的事，無論是國家的，或是人民的，凡是有益於中國者，他都盡力以赴，凡是有害於中國者，他都極力反對。例如，爲保衞中國傳統文化而奮鬪，爲一個眞正的中國而奮鬪，爲中華民國而奮鬪，這些都可從對日抗戰時期，對中共作戰時期，對在最後十二年中與四個不同的癌症掙扎時期，證明他那不屈不撓的精神在明告我們：戰爭不到獲得最後的勝利，是永無止休的。

生於憂患　死而無憾

雷震遠神父在中國的一生，極大部份都是在抗日與反共期間，所以在這兩件大事上，雷神父的能力與貢獻最爲昭著，最令人感動，最使我中國人民與政府，追念不能忘，感激不能已！

在抗日戰爭中，雷震遠神父，因其所在地的河北省安國縣縣長奉命先行撤退後方，而蒙當地的工商紳士公推他爲臨時縣長，負起領導抗日之神聖戰爭，曾被日軍俘虜關禁了四年，備受折磨。抗日勝利後才得釋放。不久共黨叛亂，他又被共黨以「從事神職，反對共黨」的罪名，坐過共黨的二年牢獄。就憑他過去在中國大陸上的這一段史實，他已無愧於作爲一個中國人，作爲一個盡忠於國家的中國人，即便死了也可以無遺憾矣。

共產主義　人類禍根

對於共產主義之認清，雷震遠神父早在初到中國大陸之時，即已有所習悉，因爲他最敬愛的雷鳴遠神父不特用事實來向他證明共產黨的惡行劣跡，而且在臨終前還給他留下遺囑說：「共產黨不是中國人，共產黨不是人，共產黨是魔鬼。」

此外，抗日勝利之後不久，共產黨因叛亂而竊國，雷震遠神父在未能離開中國大陸之前曾親受共黨迫害，見了教堂爲共黨所摧毀，教士教友爲共黨所屠殺。於是，雷神父在黯然離開中國，被驅逐出境後，卽開始周遊歐美列國，講述共黨眞面目。同時並用英文寫了第一本反共書籍：「內在的敵人」，這本書也有中文譯本，內容很豐富，描述共黨在中國大陸所作所爲，令人讀之，毛骨悚然，不共戴天。

用各種方法　到處都反共

自一九五四年到一九六四年，雷神父爲加強在亞洲的反共力量，曾應越南已故總統吳廷琰之聘，擔任特別顧問，並在越南兼任「自由太平洋通訊社」社長，創辦「中文自由太平洋雜誌」、「中文新越報」。他在那段時期也主編法文及英文的「自由陣線」雜誌。雷神父在生時曾爲許多雜誌撰寫專欄。他最近出版的一本書是「北平的紅衞兵」。

雷神父在美國到處奔走，從國會山莊到天主教一百四十二個教區，透過各地的電臺與電視臺，或參加大小集會，他都竭智盡慮地，聲嘶力竭地，爲中華民國執言，爲在臺灣的一千七百萬同胞的安全與自由仗義。凡在美國華人任何一次反共愛國大集會、大遊行的陣容中，都會有他，他也總是最積極的份子。只要當時沒有遠行，他都主動地、熱心地參加所有的反共愛國活動。

再者，雷震遠神父在美國和于斌樞機及陳之祿神父，鑑於美國姑息主義橫行，不少大衆傳播淪爲共黨之傳聲筒，共同創辦如今擁有十五萬份銷售之「雙圈週刊」，供給美國人士正確之人生方向及準確之國際新聞，並主持「亞洲演講團」，講述亞洲實況，發行「神學觀察與牧靈指南」月刊，供應正統天主教思想給全美五萬六千餘位神職人員。

更有進者，爲打擊共產黨——我中華民國人民與政府的生死仇敵，雷神父是無所不用其極的。因爲他知道，共產黨是國際性的大集團，所以無論是在那一個國家的共產黨，都是一樣可惡，一樣奸險的。因此，他到處去反共，凡是有反共組織的會議，無論在世界的任何地區，他必趕去參與，並且在會議上都必發言，因爲他是有名的反共大權威。因此，他的足跡遍及歐美、中南美、加拿大、非洲許多國家、澳洲、紐西蘭。至於在亞洲各國，凡是能反共的國家，他都時常去訪問演講，諸如臺灣、韓國、日本、菲律賓、泰國、新加坡、馬來西亞，都是他在生時每年夏天必訪問的地區。

與四種癌症　搏鬥十二年

雷震遠神父身患癌症，達十二年之久，歷經多次外科手術，痛苦異常。但雷神父平日工作勤奮，待人接物，和善可親，擧止行動，依舊如常，從無怨言，總是滿面春風，竟很少人知道他身患癌症。其實，他自一九六八年秋季，卽患了攝護腺癌，進過醫院，動過割治手術。不過第二天卽行出院，重行他的反共工作，到處奔走，應接如常，似毫無病魔纏身者。

一九七四年六月十九日，又因乳癌就醫。記得那天上午九時半，雷神父對我和陳之祿神父說：因爲他不久就要動身赴越南與臺灣訪問，所以他要去請彭醫生把他乳下的一個小瘤切除，以免後患，並要我們等他回來，中午十二時同往附近的華洋餐館共用午餐。可是，等到十二點半，尙見不到雷神父回來時，我便對陳神父說：「可能有意外，我們先去用餐吧。」那料，當天下午二時正，雷神父回到中美聯誼會，對我說：「毛神父，彭醫生爲我割瘤時發覺是乳癌，你看怎麼辦？因爲我給在臺灣和越南朋友已經去了信，告訴他們我的行程。」我當時輕鬆地回答說：「我認爲乳癌是屬於婦女的，你不會染上這種癌吧？」「男人亦會患乳癌的。」雷神父答。「旣然如此，」我建議說：「請照預定計劃向越南和臺灣進行吧！」我沉思一下，繼續道：「不過待你到越南後，假若感到不舒服，請立刻飛來臺北，在那裏你的許多朋友會好好照顧你的，何況在數日內我就要飛回臺北，一定可以在那裏歡迎你。」果然，雷神父在越南只停了幾天，就飛到臺北。此時，他住在中山北路皇后旅社，並一連六個星期工夫，每星期有五次到榮民總醫院去接受電療。我當時因剛由美返臺，雖然事務繁忙，應酬也多，但每星期必預留一天，和雷神父聚談，並請他去吃牛排餐，藉能因此增加他身體的抵抗力，而使他的乳癌迅速治癒也。

一九七九年初，雷神父在華盛頓國會山莊爲我中華民國，因卡特總統宣佈與我國斷絕外交關係，以便與中共關係正常化後，向國會議員謀取減少對我國與美國這種莫大損害時，忽然感到很不舒服，於是立卽趕回紐約中美聯誼會休息，並請彭醫生檢查身體。

彭醫生詳細檢查後對雷神父說：是膀胱癌，而且是惡性的，他個人已無能爲力，而且他的醫院在設備上不足以行此外科大手術，所以要介紹雷神父到紐約 Memorial Hospital 的名醫重新檢查。經過這醫院的好幾次檢驗結果，完全和彭醫生所診斷的一樣。

但是，據這座最著名的癌症醫院有關醫師說：「若要在 N. Y. Memorial Hospital動手術，須有一批專家醫師共同參加，可能需要七、八個小時之久才能完成手術，而且僅算手術費當在兩萬元美金左右。因爲這筆高昂的費用，使得雷神父不知如何是好，只好暫時忍痛受苦！

到當年（一九七九年）二月下旬，我從華盛頓訪問了三分之二的美國國會參議員和不少衆議員，要求他們製定一項新法律，以彌補卡特總統承認中共，並與中華民國斷交，所加於美國、自由世界，尤其是中華民國的重大傷害之後，來到了紐約。當我與雷震遠神父和陳之祿神父見面時，陳神父便向我提起雷神父的膀胱癌，並問我該怎麼辦？我當時就答覆說：「立刻去醫治！」雷神父說：「算了吧，那裏來這麼多的錢！」我校正雷神父說：「生命不是比金錢更貴重嗎？怎麼可以說，算了吧！」接着我就向陳神父說：「你不是還記得嗎，當我們管理中國留學生時，我們不是什麼錢都沒有嗎？但每遇我們留學生患重病時，我們不是都把他們送進最好的醫院，請最好醫師診療嗎？待病人痊癒出院時，我們不是總去找有錢的朋友代爲付款的嗎？所以請你先去借款，把雷神父儘快送進紐約 Memorial Hospital，待雷神父出院時，我會找朋友照賬單付款的。」雷神父聽了我這番話之後，面露欣慰笑容，顯着感激之情。第二天早上就由我們的一位留學生陪送雷神父進醫院去了。

這次的膀胱癌，雖然極其惡劣，頗有不治之險，但卻在醫院裏只住了十三天。雷神父就回到中美聯誼會住所。此後，醫生雖不許他長途旅行，他卻仍然照常辦公，繼續他的反共活動，忙碌着，如同健康勤快者無異。

記得去年（一九七九年）雷神父的聖誕函件，長達十八大頁，報告在該年反共工作，和往年的一樣繁重。當我從頭到尾詳閱之後，我曾給他回信說：「展讀你的聖誕大函，報告你一年來的辛勞反共工作，使我感到你似乎未曾患過膀胱癌，行過大手術，你眞是英雄中之英雄，反共大健將，欽佩欽佩！」

一九八〇年尚未開始，我接到陳之祿神父給我來信稱：「雷震遠神父近日胃口不佳，難於攝取食物，因此日見瘦弱，我希望這與他的癌症無關，他現在醫生的檢查之下，請多爲他祈禱。」我當時恨不得能在雷神父身邊，如同以往他三次癌症發作時一樣，親自予他慰勵，隨時給他幫忙。

噩耗傳來　令人神傷

此後的壞消息就是雷神父患了胃癌，他於去年十二月二十日下午住進了紐約市的Sloan Ketterine Memorial Hospital，在那裏先做了各種檢驗，終於今年元月一日晚上，由一位華裔醫生蕭文曦主持，聯合數位名醫幫助，進行了爲雷神父割除胃癌的手術。此手術既複雜又困難。幾乎使雷神父一命嗚呼。但因衆多友好爲他祈禱祝福，總算逐漸有了起色。在醫院住到一月二十三日，每日廿四小時都請有特別護士照顧。在此期間雷神父的胞弟法蘭西斯，由比利時柯特萊家中於元月九日趕到紐約，到醫院看他。但雷神父當時十分軟弱，無力與胞弟相談，僅得兩雙眼睛憂傷疲倦地，時開時閉地，心心相印。如此地，持續了二十分鐘，終因醫生與護士的示意而使骨肉親情，黯然銷魂！

今年元月廿三日，雷神父出了醫院，轉到紐約市曼哈坦區的聖羅斯療養院，該療養院係天主教道明修女會專爲癌症病患者所創辦的。雷神父初進聖羅斯療養院時，雖身體仍然十分虛弱，但卻顯有樂觀的氣色。所以他本人和其他許多朋友都希望他這次仍能克服癌魔。然後可先到臺灣去休養一個時期，以重振他的反共活動。但是人算不如天算，雷震遠神父終於二月六日凌晨一時二十五分蒙主恩召升天堂去了！他的逝世，眞不曉得使自由世界多少人神傷。

為愛天主　熱愛中國

雷震遠神父之所以一生如此熱愛中國，不僅因爲中國有綿長悠久的光榮歷史，不僅因爲中國有舉世無比的卓越文化，不僅因爲中國有傳統做人的固有道德，而是因爲他敬愛天主在萬有之上，並爲天主的緣故而愛中國人。

爲敬愛天主，雷神父無日未善盡其個人對天主的本分。因其身爲天主教神父，他每日早晨必於五時起身，先將自己一日的祈禱、工作、喜樂、痛苦都奉獻給天主，然後淸身洗臉，整衣端坐，開始作十數分鐘的默想，隨卽進教堂舉行彌撒聖祭。彌撒後，恭跪主前謝恩。然後到餐廳去用早餐，同時披閱當天的晨報，特別找有關中華民國的消息看。以後念誦日課經。經畢，卽開始工作：如通電話接洽事情啦，寫文章寄給報章雜誌發表啦，或接見來訪的人士啦，或當上午郵差送來成堆的函件時，卽拆閱回覆啦，或應邀出外演講啦，或開會討論有關業務啦，例如雙圈週刊，全國性的記錄週刊，在中美聯誼會所編輯的出版刊物等。此外，還有在美國與歐洲的一百八十五個電臺。每星期廣播兩次，計每次二十分鐘反共演講的錄音等工作。這些事務與工作，都是雷神父日常在紐約中美聯誼會所操作的，我因多年來與雷神父在紐約常相聚晤，所以親眼見過這一切。而今把它供諸讀者，諒必更能增加吾人對這位反共大將追悼之情吧！實在，雷神父對中國的熱愛，令吾人永遠還愛不盡！

縱然死了　仍舊活着

陳之祿神父對於雷震遠神父的後事，給我作如下的報告：「我們可愛的雷震遠神父去接受永遠的獎賞了。他於二月六日，星期三凌晨，一時二十五分安祥地逝世。我一獲得這個消息，立刻給賈彥文總主教拍了一通電報，並請他將此噩耗傳給臺灣的人民與政府。同時，我也用電話通知了我駐華盛頓北美事務協調委員會辦事處主任夏功權大使，紐約辦事處處長鄧權昌，中央通訊社記者，以及其他許多有關單位。在美國此消息傳得很快，因爲不久就有弔慰電訊紛至沓來。雷神父的遺體以三天三夜的時間供給羣衆瞻仰弔念。爲雷神父的追思彌撒，二月十一日，星期一中午十二時半，在紐約華埠顯聖容天主堂舉行，其主持者爲紐約總主教柯克樞機的輔理主教 Theodore McCarrick，與其共祭者有二十位中美神父。證道者有中美兩位神父，即相彼得和貝克，參與者有六百餘人，都是雷神父的朋友。

「宗教儀式完成後，鄧權昌處長和中華公所主席譚中平、立法委員潘朝英、國大代表周世光走近靈柩，正式爲雷神父行覆旗禮。當他們把國旗從靈柩上捧起來再度蓋上靈柩時，全場興起一片哭泣聲。

「覆旗禮行完之後，鄧處長把那面中華民國的國旗摺好，愼重地交給雷神父的弟弟法蘭西斯帶回比利時去保存。大家都知道，對雷震遠神父來說，那是一種最高的崇敬表現。

「翌日（二月十二日）我們用車恭送雷神父靈柩到 Bristol, Va.。到後，又舉行追思彌撒，係在本篤修女會的小教堂內，由陳神父主禮，並有其他五位神父共祭，兩百餘人參加，其中有些是雷神父最好的朋友。墓地卽在近邊，爲本篤修女會所有。雷神父暫時安葬此地，因爲按照雷神父的遺囑，他的遺體一定要運回中國大陸，安葬在重慶歌樂山雷鳴遠神父的墳側。據雷神父相信，待他逝世後，我們很快就可以把臺灣的自由民主政治實行到大陸上去的。」

由此可見，雷神父雖然離開現世，卻沒有停止反共，因爲對信仰天主的人，死亡只是改變生命，並非毀滅生命。雷神父離開世上的反共戰場，卻到天上開闢了另一個反共戰場，而這個在天上的反共戰場是必勝的戰場，因爲在那裏共黨既不能涉足，也無從滲透。所以我們在地上的反共隊伍應與天上的反共隊伍，聯盟作戰，增加陣容，密切合作，團結一致，向地上和地下的敵人內外夾攻，其最後勝利操之於我者是無可懷疑的，因爲天主子耶穌基督已爲我們克服了死亡，打敗了魔鬼，和一切反對天主的仇敵！

原載傳記文學第三十六卷第四期

耶穌聖誕——催促天人合一

所有宗教，不全相同

常聽人說：「所有的宗教都是一樣的，其目的總是勸人爲善。」這種說法，乍聽起來，好像很對，其實，這不特是外行話，而且是不負責任的表現。因爲任何一個宗教，假若把一個人從犯罪的空虛中救出來以後，僅勸他爲善，而無法予他以爲善的能力，那有什麼意義和價值？說到給人爲善的能力，則在所有的宗教中，就不能彼此沒有差別了。這是不言自明的。

再者，任何一個虔誠信仰宗教的人，莫不以爲自己所信仰的宗教是最好的。不然，他的信仰就不能是眞正虔誠的。信仰宗教，若不虔誠，那還不如不信仰的好。因爲在人方面假仁假義，已是要不得的了，若在神方面如此，那還像什麼呢！

但是，浙江有句俗話說：「自道好，爛稻草」，所以說自己所信仰的宗教是最好的，並不足以憑藉，因爲未免主觀的成份太重了。所以我們無論評定什麼事件，都當客觀公正，擇善固執。而對於宗教，尤其要如此。

自古以來，直至現今，無論什麼宗教的創辦人，無不聲稱他是由神所遣發而來的，或說他們就是神，或說他們負有神給予的使命，向世人宣佈——諸如釋迦牟尼、穆罕默德、孔子、基督、老子，以及其他千百個。當然，其中的每一位都享有權利，令人傾聽，受人考慮。不過，這些人物的聲稱，必須經得起世代的考驗，一切文化的接受，才能證實他們的可取性。這種考驗有兩種，即「理性」與「歷史」。理性，那是人人所具有的，即使他可能無信仰；歷史，因爲每個人都生活於歷史中，他應該知道其中的一些事。

一切聲稱，須經考驗

理性指定，假若這些宗教的創辦人，無論那一個，確係來自天主者，則天主爲支持他的聲稱，至少在他未來到之前，可以爲他事先宣告。猶如汽車的製造廠預告其顧客，什麼模型汽車，行將出現。假若天主自己遣發某一個人，或祂自己親自來到，爲整個的人類，携有極重要的消息，這是理所當然的。祂會事先讓人知道，祂的使者幾時可以來到，他將誕生於那裏，他將在那裏生活，他要給人們講什麼道理，他將遭遇什麼仇敵，他爲將來有什麼計劃，他將會怎樣死亡。凡符合於這些預告者，則我們可以判定這使者的聲稱是確實的。

理性還保證，假若天主事先未作預告，則就無法阻止任何一個騙子，在歷史上顯示，說：「我是由天主派遣來的」，或說：「有位天使在荒野中顯示於我，並給我這個消息」。在這種情況中，客觀性的、歷史性的使者考驗不能成立。我們僅有他的話爲憑，而他的話自然能夠是不對的。

假若有一位觀光客，從外國來到臺北，自稱他是一位外交官，則政府就會請他出示護照，以及其它有關證件，證明他是代表某一個政府，同時他的證件應該是在他來到之前出具的。同樣的，理性當然要求那聲稱來自天主的代表們，出示相似的證明。給每一個聲稱者，理性說：「在你出示之前，你有什麼記錄，預告你要來了？」

唯有基督，與衆不同

根據這個考驗，就可以評定聲稱人的價值。在這初步的考核上，證明柏拉圖、亞里斯多德、蘇格拉底，在出生之前，並無人預爲宣告。菩薩的出世，以及他的任務，或幾時他要坐在菩提樹下，也沒有預告。孔子沒有他母親的姓名，亦無他出生地點的記錄。在他未誕生之前，亦沒有在好幾世紀之前，就把這些事預告給世人，他是將要來自天主的使者。但是，關於基督，這就不同了。因著舊約上的先知預言，祂的來到是久經渴候的。其他的人們只是來到後才說：「我在此，信我吧！」所以他們是人羣中的人而已，而不是神明在人身上。惟有基督站出那條線外說：「請檢閱猶太民族的著作，以及巴比倫人、波斯人、希臘人與羅馬人的有關歷史」（暫時可把外教人的著作，而且把舊約聖經，只當爲歷史的證件，而非啓示的文件看待）。

實在，舊約聖經上的所有預言，在其應驗的光照之下，顯得極其明白。當然預言的語文不像數學切實，不過，假若你在舊約裏探查救世主的各種趨勢，並把基督的生活與工作的結果寫照，互相對照，你就不能懷疑這些預言所指者爲基督和祂所建立的天國。天主曾向猶太的祖先許下，經過他們世界萬民會受祝福；直到萬民所服從者降臨之前，猶太一族爲希伯來種族中最高貴的；雖然奇怪，但不能否認的事實是，在亞歷山猶太人的聖經，希臘文舊約聖經裏，明白地預言了童貞女生救世主；依撒意亞先知的預言，在第五十三章上描述忍耐的受難者，主的僕人，他受盡了侮辱，被人遺棄，是因了我們的悖逆，他被打傷，是因了我們的罪惡，因他受了懲罰，我們便得了安全；回顧達味後裔光榮與永久的王國，除了基督之外，誰能使這些預言完全應驗？單從歷史的角度上看，基督是唯一與其他世界的宗教創辦人們不同的。一旦這些預言在基督身上成爲應驗的歷史，則不特在以色列所有的預言完全停止，而且在那裏的祭獻也中止，因爲眞的踰越節的羔羊——耶穌基督——祭獻了。

從其他民族方面，我略提下列證據。泰西塔斯代表古羅馬人說：「人民大都相信古代的預言，就是東方將佔優勢，而且從猶太民族中要出現世界的主人翁與統治者」。斯維都尼亞在敍述維斯佩基安皇帝生活時曾這樣說：「這是在東方各地一個歷史悠久的信仰，就是依據不可懷疑的預言，猶太人要獲得最高的權力。」

希臘人曾等待了祂，因爲在祂來前六世紀時，哀斯奇勒斯在他的普洛米休士著作中，就曾這樣寫了：「直到天主出現在你的罪惡受苦時，你別希望這個咒詛結束。」

怎麼東方的賢士們會知道祂的降臨？大概是從世界各地猶太人所傳述的許多先知的預言，以及在祂未降臨的世紀中由但以理先知所傳授於非猶太人們的預言所習悉。

羅馬大演說家西塞羅詳述了古代神諭及古希臘、羅馬之女預言家們有關「一個君王，我們若要得救，必須承認他」的話之後，渴望地詢問說：「這些預言指點何人與何時？」威吉爾的第四首田園詩裏詳述了同樣古傳，並說：「一位貞潔的女人，向她的男嬰兒微笑着，跟着他鐵器時代將會過去。」

羅馬大歷史家——斯維都尼亞引證一位同時代的著作家的大意說：羅馬人對於一位將要統治世界的君王，甚感恐懼，竟下令把當年所生的嬰兒全部殺死——這個命令，除被希律王執行外，未得完成。

不啻猶太人期待一位大君王，一位明智人，一位救世主的誕生，就是柏拉圖與蘇格拉底也談論了「道」和全智人的「行將來到」；古希臘、羅馬之女預言家們預言了一個「萬國君王」；希臘的戲劇家論及一個救世主與救贖者把人從「原始的老咒詛中解脫出來」。這都是從非猶太人方面的期待。基督之所以異於人人者，首先祂是衆所等待者；就是連非猶太人民也曾期待一位解放者，或一個救世主。單單這一個事實就使基督與其他所有的宗教領袖大有區別。

基督一到，歷史兩分

其次，基督與衆不同之第二個事實是，一旦祂出現了，祂對人類的歷史，有如此深遠的影響，竟使它分爲兩段，成爲兩個時期：一爲祂來前，一爲祂來後，即所有的歷史都自願記載着在基督降生之前，或降生之後的某年、某月、某日，有此事或那事曾經發生。菩薩並沒有這種影響，就是印度大哲士們也未曾有過。而這種時代記錄，即連否認天主者，反對基督的人，也要把他們攻擊祂的事情，寫上「A．D」天主降生後的年、月、日。

我們中國把天主降生的年曆，寫成「西曆」，實在不應該。因爲，第一、天主是萬民之父，不能專屬於某一民族；第二、天主耶穌基督所降生爲人的地區，不是西方，而是東方，就是現在的中東；第三、我們往往意氣用事，一時排外，以爲一切外來的都是壞的，一時崇洋，以爲一切西洋的都是好的。這種心靈不平衡的作風，實在可怕，眞正危險。我常以爲我們在處理任何事件時，當依據「從眞從義不從人」的原則爲妥，不然必招致善惡不分，眞假無別，害己害人！

先死於罪，後活於主

第三個事實，使基督與衆有分別者是，除了基督之外，凡是出生於這個世界的人，沒有不是爲生活而來的，唯有祂是來此爲死亡的。死亡對蘇格拉底曾是一個大障礙——這使他不能繼續執敎。但對於基督，死亡是祂生命的目標與完成，這目標是祂所追求的。祂的行動與言語，若不和祂的十字架結合在一起，就令人難於了解。祂所顯示於人者，其救世主的身份，遠超過其敎師的地位，因爲基督愛人的步驟是，先以自己代人受罪而死亡，把人類從永遠的死亡中救拔出來，繼則予人以改惡遷善的聖寵能力，然後勸勉人努力向善上進。祂是身敎重於言敎者的典範！

每一個人的歷史，都是以「生」開始，以「死」結束的。但在基督身上則適得其反——祂的死在先，祂的生在後。聖經描寫祂「猶如一個從世界開始即被宰殺的羔羊」。在意向上，祂是因著人類的第一個違背天主的罪孽而宰殺的。這並不是因爲祂出生卑微，誕生於山洞馬槽裏，陰影到祂的生命，從而引入祂的死亡，而是因爲先有十字架的陰影遮蔽了祂的誕生。祂的生命是全世界唯一的生命，由死至生而生活的。猶如在裂縫牆上所產生的花卉給詩人講述自然的生命，再如原子是太陽系的縮圖，同樣，基督的誕生告訴人有關死刑的奧跡。祂由知己而後知彼，由因耶穌或救世主之名所表明而來到的理由，奮赴完成祂來世的使命，就是祂死於十字架上救贖人類的神聖使命。

若望福音告訴我們有關祂永遠的史前史，瑪竇福音，以宗譜的方法，告訴我們有關祂現世的祖先史。從祂現世的祖先傳上，我們可以看出罪人與異邦人們和祂是有關係的。因爲這種家族的關係，使祂對於罪人和非猶太人滿懷同情。祂這兩種充滿人情味的惻隱之心，憐憫之情，以後竟成爲受人反對，被人控告的憑據：「祂是罪犯的朋友」，「祂是一個撒瑪利亞人」。但是，這個以往的「令名之玷」，卻顯示了以後祂對罪人的恩愛。因其爲一個女人所生育者，祂是一個人，並且是所有人類的一員；因其爲一個童貞女所產生，而這個童貞女是蒙天主聖神之蔭庇，「滿被聖寵」而受孕的，則祂不能染受從人所蒙累害的罪汚。

天主而人，基督唯是

第四個事實，足以證明基督與衆不同者是，祂不像其他的人們，適合於一個人定的好人部門——好人不撒謊。憑此，假若基督，依照人的判斷，祂不是活天主之子，不是天主的道降生成人，則祂就不能是「一個好人」，而是一個騙子，一個撒謊者，一個走江湖者，一個有史以來最大的欺騙者。又假若祂不是基督，不是天主的兒子，則祂是反對基督者！再假若祂只是一個人，則祂就不能是一個「好」人。

但是，基督不僅是一個人，而是天主降生成人。因此，祂要我們或尊敬祂，或輕視祂——輕視祂猶如一個單純的人，尊敬祂猶如眞天主又眞人。這二者之中，祂要我們任選其一。在這種選擇上，可能最反對基督的共產黨，要比一個溫情主義者，和一個含糊的道德改革者，更爲接近基督。因爲共產黨至少不懷疑，假若基督得勝，則他們失敗；而那些人們都不敢有所考慮，其爲得勝者，或爲失敗者，因爲他們沒有準備去接受，祂的得勝會加諸於他們身上的道德的要求。這種既不冷又不熱的人，眞是天主要唾棄的！

假若祂是祂所聲稱的一個救世主，一個贖罪者，則我們有一個強有力的基督，和在此恐怖混亂時期值得追隨的領袖；一個要闖進死穴，粉碎罪惡，排除黑暗，消滅絕望的偉大領袖。爲祂，我們可以作全燔之祭毫無損失，反而會獲得自由；對祂，我們即使敬愛至死反得永生。今天我們需要這樣的一個基督，祂會用鞭子把商賈從我們的新教堂中驅逐出去；祂會摧毀不結果實的無花菓樹；祂會喚起人們去背負自己的十字架，並甘願奉獻自己，犧牲自我去追隨祂，而祂的號聲會響亮如怒潮洶湧澎湃。但是，祂決不會准許我們在祂的語言中任意選擇，將困難的拋棄，並把容易的與合乎我們幻想的採納。我們需要一個基督，祂會恢復倫理道德，義憤填膺；祂會使我們對於罪惡，深惡痛絕；對於美德，如饑似渴。

所以，基督的宗敎——天主敎，以及其它信仰基督的宗敎——不像世上的任何一個宗敎，因爲它的開始是充滿着患難與失敗的。那些光芒炫目的宗教，和順隨心理的靈感，在災難中崩潰，在逆境裏凋謝。但基督宗教創辦者的生命，係以十字架而開始，以空墓與勝利而結束。

基督生命，異於常人

基督的生命與其他所有人的生命，在許多方面都不同，此處僅提及其中的三點：

㈠在時間上，十字架是列於祂生命的終點，不過在祂來世的意向和目標上，這卻是位於祂生命的開端。所以祂的傳記作者們，爲證明他們所寫的都是眞實，曾以殉身作見證，其他四位聖師，前三位他們所寫福音的三分之一，後一位以四分之一的篇幅，專述祂受苦難與復活的境況。

㈡猶如人不是完全從本性而來，因爲人以他的心靈具有一個奧妙的「未知數」，這是不包涵在他的化學與生物學的前提內的，同樣，基督不完全來自人性，因爲在祂的位格生命中尙有其神性。

㈢祂所留於人的遺產不是一個倫理，或一種道德規範的搜集，也不是因爲人不樂意聽到自己的過錯，而是一個社會罪惡的覺醒；祂所遺下的是，以天主寬宏大量的愛，面對人類的罪過，施予饒恕的恩寵，這恩寵使天主付出了相當的代價。

痛恨罪惡，憐愛罪人；判決共產主義，可憐共產黨人；輕視異端邪說，友愛異端人士；雖據受錯誤之人回到祂的心庫中，卻決不讓錯誤本身侵入祂的智囊裏；雖寬赦已經被社會判決爲罪犯的人，卻不容忍犯了罪而被隱蔽的人；祂對於旣犯了罪而不承認者，旣明知有罪還說只是一種罪惡感者，保留着最嚴厲的憤怒。當祂站在憂苦者和埋葬死人的墳墓之前，祂祇靜悄悄地哀哭了，但當祂注視了敗德腐行者的命運與墜落，而還堅拒使用祂以重價買回來的補救方法時，祂卻大聲號哭了。

個人負責，團隊精神

現世的人士，因其否認個人的罪過，乃歸罪於社會，因其廢除個別的懺悔，乃到處設立公共的輔育院，因此，基督與祂的十字架被分開，新郎與新娘被隔離，那天作之合，爲人所拆散。其結果是，十字架被抛在左邊，基督被遺在右邊，而兩者都在等待着新的伴侶，藉以造成一個旣下流又不義的聯合。這樣，共產黨走過來，拿起無基督即無意義的十字架，同時，因基督宗教而文明的西方，選擇了無十字架而不能救世的基督。

所謂共產黨選擇了十字架，其意義是，它給自大的世界帶回來了一個紀律感，自我犧牲，投降，勞役，研究，和完全奉獻於超個人的目標。要知道，有十字架而沒有基督，那是犧牲而無愛。因此，共產黨所製造出來的社會是極權的，殘酷的，密佈集中營的，洗腦的，任意殺人的。

至於因基督宗教而獲得文明的西方，現在只要保持着基督，而不要祂的十字架，因爲一個不要犧牲的基督，來從事於世界對天主的和解，那是一個卑鄙的，妖女化的，無光彩的巡廻傳教士。他，在講論基督的山上寶訓時，當然受人歡迎，在談及基督的天主性，禁止離婚，審判和地獄時，當然被人遠離。

但是，這樣的一位情感用事的基督，滿身補綴，包羅萬象，有時爲研究原辭學家所支持——他們卻不能從字面上見到天主的「道」——；也有時被一個教條主義，令人難以了解的原則所曲解——它使人以爲，凡是有關天主的事件，都必是一個不可解的謎。其實，沒有十字架的基督——不肯犧牲自私自利的信仰基督者，他只能成爲一個熱衷民主的先驅，或一個大講兄弟愛而對人無情的人文主義者。這是不合乎救世主基督之身份的，因此，基督的救世恩惠也不能在他們身上發生效用。這些人的結局都將是悽愴而悲哀的。

現在也許有人要問，既然在現世的生命中，基督與祂的十字架是不能分離的，那麼，是否手中拿着難爲人民十字架的共產黨會找到基督，或者手裏握着感情基督的西方文明會找同十字架呢？這，當然是可能的。不過，根據目前的趨勢，我認爲兩者之中沒有一個會找到遺失的部份，因爲共產主義與西方文明，它們所趨赴的目標，都是倫理道德的棄擲，物質享受的放縱。這種趨勢乃是放棄精神的自由，迎援物質的奴役。所以他們是難於改邪歸正的。

基督、十字架，永不可分

要使得基督和祂的十字架，聯合一起，並駕齊驅，同受應援，相輔相成，則在人方面必須度着精神重於物質的生活。因爲接受基督的十字架，就是避免犯罪和一切犯罪的機會，克制私慾偏情和承受一切的境遇，以逆來順受的心境，去隨從聖神的引導，遵循天主的旨意，背負自已的十字架。能如此生活，則就決不會去一意滿足本性的情慾，因爲本性情慾的作爲，依據聖保祿的指示，乃是「淫亂，不潔，放蕩，崇拜偶像，施行邪法，仇恨，競爭，嫉妬，忿怒，爭吵，不睦，分黨，妬恨，兇殺，醉酒，宴樂，以及與這些相類似的事……做這種事的人，決不能承受天主的國」（迦、五：19—21）。這就是何以基督說：「誰不背負自已的十字架跟隨我，不配是我的。」（瑪、十：38）

再者，我們要追隨基督，因爲祂是我們每個人所要追求的生命——愛情的生命，眞正的生命，永久的生命。爲獲得這個生命，我們需要認識眞理，愛護眞理，實行眞理。正是爲了這個緣故，耶穌基督降凡成人，來到這個世界，與我們共同生活，因爲祂就是眞理，沒有這個眞理，我們不能有所認識，只能有所錯誤。不啻此也，耶穌基督還是我們通往天國的唯一道路，因着祂，我們人得以清楚地認識，天主和我們人是多麼的接近，祂和人的交往是何等的親密。又因着基督爲人類所受的苦難與死亡，天主因人的罪惡所失掉的光榮，得以恢復，所發生的義怒，得以平息，所造成的分離，得以團聚。更因着基督，我們得以分享天主的生命，而達成天人合一的境界。這個境界就是耶穌基督降生成人以來，始終要我們努力以赴的。但是，爲達到這個最神聖，最偉大，最不可或失的目標，我們在追隨基督的現世生命的旅途上，必須心甘情願地背起自己的十字架，因爲在實際上，人生哲學只有兩種：一種是先樂後苦，一種是先苦後樂。但是，由辛勞與犧牲所得來的快樂，雖然遲晚，卻是最甜蜜和最耐久的，而那先來的快樂，則是短暫而易逝的。這就是何以西諺有云：凡不勞而獲的財富與成就都不能蒙受神的讚許與喜悅。

今年我們所慶祝的耶穌聖誕節，已是第一九七〇次了。當我們看到西方的國家，名雖爲耶穌基督的信仰者，而實則違反祂的旨意而生活。這種信仰與生活不合一的作爲，怎能不使魔鬼得逞，罪惡遍地，前途渺茫，人心慌恐！感謝天主，我中華民國有慧眼卓見的領袖，深察世界危機之所在，卽早提倡倫理道德爲中華文化復興之主要基礎。而這基礎所依據者，我敢補充地說，在於基督和祂的十字架同受應援，全被服膺，因爲在現世的人生中，愛情與犧牲應該是合而爲一的。所以看你們有多少愛，你們才能做多少犧牲，如果有完全的愛，便能做完全的犧牲。這就是爲什麼在現世，基督和祂的十字架不能分開的道理。明乎此，則天人合一途徑顯矣，光復大陸之實現近矣，世界和平之基礎奠矣，人類幸福之造成俱矣。但願我中華同胞同體斯旨，共奔斯鵠，則中華民國幸甚，整個人類幸甚，天人合一幸甚！

原載文藝復興月刊

五十九年十二月出版

神父為何要還俗？

本月三日，聯合副刊譯載了美國生活雜誌所刊載的「天主教耶穌會教士德瑞・涅特和德麗絲・法蘭西斯結婚」一文。其標題爲「選擇了婚姻的神父」。該文引起了廣泛的注意，激起了普遍的談論。曾有不少的人來詢問我說：怎麼一個神父會這樣的？我想爲解答這個問題，最好是請一位身歷其境的人來答覆，似乎更見親切，尤著實際。

我要推荐的這位負責解答這項問題者，是一位英國人，姓名莫尼加・包脫雲(Monica Baldwin)，她曾經修過道，發過願。後來脫離修道院，並在脫離之後，寫了一本轟動一時的名著，其書名爲「我跳出了高牆」(I Leap over The wall)。莫尼加是一個皈依天主教的小姐，當她十八歲時，進了修道院，在院中過了不少的歲月。到一九四二年，她出了修道院，直到三年之前，她才後悔說：「我離開修道院，同到世俗，犯了一個嚴重的錯誤。」

前車之鑑

記得是在去年二月間，在報章和雜誌上，我節略地念到了有關莫尼加的遺憾。同年九月出版的美國雜誌「主與爾偕」(Emmanuel) 刊登了有關她的事，詳細地說明她爲何脫離修道院的原因——這篇文章也致意於其他神父與修女，像她犯了一樣的錯誤。這錯誤的後果，使她的大部份生命受盡痛苦。莫尼加在這篇文章上，屢次提及她的本國人，有名的神學家查理•戴維思(Charles Davis)。她寫道：戴維思拋棄了神父的職位，係和她犯了同樣的錯誤，也和她爲了同樣的原因。「我初次讀了戴維思先生所寫的書『一個良心的問題』，莫尼加說：「我所得到的印象，似乎他是一個誠實的人。但再讀一次，就不覺得他是這樣的一個人了。他把自己纏進到一個無法見到眞理的狀態中」。莫尼加引證戴維思的書，以指出這一點：「從我的肺腑深處，我要脫離教會的制度，因爲這制度快把我壓死了，它難爲我太甚了」。

「戴維思怎麼會陷入這種境界呢?」莫尼加問，「他自己從來沒有說過。不過，我相信，我也知道，戴維思與我犯了同樣的毛病。這毛病，難以名之。有人稱它爲『一個理智的困擾』，或『一個心理的難題』，但坦白地說，這實是『一種自私的病態』——一種自大、自私、自縱、自憐，而且常是這一個或那一個及無數個的自愛。」

精神的眼翳

「在人的血液中，有自愛的存在，卽有其徵兆的表現，而首要的表現乃是生長一個迅速的精神眼翳。這眼翳，如聖奧斯定所說的，要阻止信德之光，照入心靈之眼，並要逐漸地使人的高級部份——那傾向於天人合一的部份，受到低級的部份——那近於禽獸的部份，所統制。這樣，盲目從而興起。於是，人不能再接受天主的旨意，而以自己的私意去支配生命。若要改正這個毛病，唯一的良藥乃是謙遜。可是，爲盲從者，謙德是很敏感的。因此，這個毛病的結局將是一個殺害人的生命者。比如，因着盲從，在一九四二年，我離開了修道院，同樣因着盲從，查理•戴維思，在一九六六年，拋棄了神父的職位，趨投於婚姻，脫離了教會。」

就這樣地，莫尼加•包脫雲分析了那使她心靈痛苦，又使她脫離修道院的病症。她並且深信，查理•戴維思所傳染了的毛病是與她相同的。那就是自私、自大、無謙遜、不服從的精神。我相信，許多背教的神父，和脫離修道院的修女，以及尚在教會內而不忠於教會者，都犯了同樣的毛病。——這些神父公開地反抗教宗和主教們，因爲後者堅持著天主的眞理和教會的傳統權威，他們卻自持私見，引用一些本性的、人文主義的、社會需要的證據，以否認超性的眞理，和教會的傳統權威，他們提倡情勢倫理和德日進學說（按：德日進學說是以爲全球從無生命的實體，邁進到有生命的實體，然後再進到具有思想的和靈魂的實體，以迎接基督的再度降世）。但這兩種見解都已被教會宣佈爲錯誤的。他們在天主的道理上不妨與人妥協，在解釋禮儀上慣常隨己所好。這些人都是傳染了同樣的毛病者，他們以自私驕傲，以固執己見，以唯我崇拜，去蒙蔽他們的心靈，更加上反貞操背潔德之罪，以使他們的心靈更形昏瞶。

固執私見的鐵鏈

聖奧斯定在他的懺悔錄上，講述色情肉慾說：「啊，天主！我雖渴望與祢結合，但我的固執私見卻阻止著我。仇敵把持我的意志，並用這意志鑄成了一條鐵鏈，以綁綑我。因爲我的意志是邪惡的，所以變成了貪慾；貪慾因未被阻抗而產生了壞習慣；壞習慣乃成爲必要……但是祢，主啊！注視了我死亡的深淵，並把我從我腐化的心底淵溝中拯救出來。因著你的恩惠，我已經完全達到了，做一切祢所要的，而不是我所要的」。

「一旦犯上了這種毛病，要改掉它是很困難的」，莫尼加寫道：「所以我謙誠地建議預防它的方法。我堅信，爲使神父和修女，得以免除這種毛病的傳染，唯一的良方，只有加強祈禱的神工。因爲只有在祈禱中，基督的生活和基督的精神，才能取代人性的自發蠢動，也才能使在世上的人成爲基督的傳達者。論到祈禱的重要性，在神父與修女的生活中，那是不會言過其辭的。實在，只有用基督所囑咐的不斷祈禱，我們才能爲天主所扶翼，和天主相銜接，對天主有固定。從此，可不致被邪惡的暴風雨所打擊，而離棄基督的磐石，為達成這個目標，我們有時必須自我慷慨的犧牲。假若我們沒有這種準備的話，那就難免要與世俗同流合污了。」

難題的根源

莫尼加自認，使她趨向下坡的開端，乃是由於她半心半意的祈禱。她並且猜想，這也是使查理•戴維思開始感到苦惱的原因。「請看！在他的辯護書中，我竟找不到一點有關祈禱的事。他似乎不勝其忙地在找尋教會制度的缺點，而不能有暇去關心教會之內的居停。若把寫作神學與討論神學，和向天主謙誠的和有恆的祈禱相比，那前者要容易多了」。

現在莫尼加講述她和查理•戴維思的事說：「假若我倆都度了一個虔誠的祈禱生活，——一個使人與天主相結合的生活，那我們決不會走到這個境界，也不會做出這樣的事來。在這一切事上，唯有我們自己當受責備。因為在今天的放任氣氛之下，要避免一個不庸凡的生活，實在不是一件容易的事。驕傲與放縱不斷地想法來統治，而奉獻於天主的人是不能過著隨隨便便的生活的。因為這樣做，危險實在太大了」。

「戴維思先生給我們說，他在脫離教會得到自由上，和在婚姻的愛情生活上，找到了平安與幸福——他得到了他所要的；一個本性的人獲得了勝利的日子。可是時間已經證明，這是一個謊話，因爲新近的報導告訴我們，他那『幸福的婚姻』終於離婚了！這一切遭遇當會永遠保留在後面的」。在這裏，莫尼加包括了她自己，和千百個與她走上同樣的不忠實的旅途者。爲這些人，「有一個暗淡的影像永遠標幟著：猶如一個人，他的手按在犂上，還回頭顧后；一個人，因爲缺乏勇氣與慷慨，而從十字架上下來；一個人，因爲失掉了眞正的愛心，不能再留在自己的崗位上」。請想：「一個曾經完全奉獻於天主的人，一旦走上了不忠實的道路，怎能不覺得自己是全燔之祭的竊賊？因爲這祭品既然是由合法主權之手中奪回來的，怎能不被當爲贜物？」

「卽使這人間的愛情，和脫離敎會束縛的自由，能給予一時的平安和幸福，但當那片刻的時間來臨時，我實在不能有絲毫的羨慕，因爲我已經嚐夠了這個時刻。就在這個片刻間，人畢竟見到了那公義的天平秤，在自己的眼前下墜了，並在沉痛的心靈中明白了，那自己所做的事，遠超過卑鄙的卑鄙。

但只要我們一息尚存，天主會如對伯多祿一樣的：「主卻回過頭去看著伯多祿，而伯多祿卽出去悲痛悔哭」。寫到這裏，莫尼加的話結束了。我雖不敢猜想，那些破壞聖願，脫離敎會的神父，或那些仍在敎會中而不忠實的人，以及那些離開修道院的修女，將會有多少如同莫尼加一樣，謙恭地，懺悔地，承認自己背棄敎會，破壞服從與貞潔願，乃是一個極大的錯誤。但我們希望其中有許多會這樣做，並能及時賠償他們所引起的惡表。雖然這不是一件容易的事，但我卻爲他們這樣祈禱著。

原載聯合報五十八年一月二十一日

真、善、美、聖與假、惡、醜、罪

(一)

眞與假是對立的抑或是關聯的？頗能引人感到興趣：因爲懂錯了這個問題，其後果不特是「失之毫釐，差之千里」，而且會弄得眞與假兩者都成爲莫名其妙的。爲能正確的瞭解這個問題，我們先須查問清楚，「眞」是什麼？「假」又是什麼？「眞」的定義是「實實在在，應有本質的存在」，而「假」的定義則是「實實在在，應有本質的缺乏。」比如，你給我講了一百句話，假若每一句都是實實在在的，那你自然是一個講眞話的人。但假若在你所講的一百句話中，有一兩句是不實在的，那你就自然是一個講假話的人。雖然在你所講的一百句話中，實實在在的話佔有百分之九十八九，而假的話僅佔有百分之一二，但其結果，你是一個欺騙我的人，而不是一個誠實對待我的人。所以假是不能自行存在的，而只能出現於眞的缺乏。或更好說，假是眞的消極，而不是任何積極的存在。由此可見，眞與假不可能是彼此對立的，而只能是彼此密切關聯的。因爲只要那裏都是眞，那裏就不能有假。所以假並不可怕，而可怕的是眞的缺乏。

(二)

善與惡的關係，和眞與假的關係是相同的。「善」的定義是「正正直直應有本質的存在」，而「惡」的定義則是「正正直直應有本質的缺乏」。這個定義，無論在物質上，或在精神上，都不難證實。比如，物質上的善吧，這裏有一個蘋菓，當它具備應有的皮與肉，那它就是一個好蘋菓。相反的，當它缺少了應有的皮與肉，雖然祇是小小的一部份，那它就是一個壞蘋菓。精神上的善與惡也是這樣。不過精神是屬於人的，或屬於人之上的天使和天主的，因爲其他的飛禽走獸都是純物質的，而不能具有任何精神。爲認識一個人的好壞，我們先當知道，他是不是依照良心行事的。假若他的生活是完全依照他應有的，天賦的良心而進行的，那他自然是一個好人。相反的，假若他埋沒了應有的良心而做人，那他自然是一個壞人。所以惡是不能自行存在的，而只能出現於善的缺乏。或更好說，惡是善的消極，而不是任何積極的存在。由此可見，善與惡不可能是彼此對立的，而只能是彼此密切關聯的。因爲只要那裏都是善，那裏就不能有惡。所以惡並不可怕，而可怕的是善的缺乏。

㈢

現在我們看看美與醜之間有什麼關係。「美」的定義是「有秩有序應有本質的存在」，而「醜」則是這種本質的缺乏。比如，一個人，其所以是美人，是因爲他所應具備的五官，都是齊齊整整的，而且也都是安排在應有之位置上的。所謂五官，就是眼耳口鼻和四肢。反之，假若某人應有的五官是不齊全的，或者，雖齊全，而不端正，那他自然就顯得醜了。

對人如此，對物亦然。物之所以有美有醜者，亦是以其應有之秩序的齊整與否而判定的。比如，一棵樹，一朵花，一座像，甚或至於一幢房子，一個花園，在評論其美與否，無不以其應有之秩序的齊整與否，存在與否爲標準的。所以，醜是不能自行存在的，而只能出現於美的缺乏。或更好說，醜是美的消極，而不是任何積極的存在。由此可見，美與醜不可能是彼此對立的，而只能是彼此密切關聯的。因爲只要那裏都是美，那裏就不能有醜。所以醜並不可怕，而可怕的是美的缺乏。

(四)

末了，我們談到聖與罪。這是我們在本文中所討論的最高深的一點，也是最有意義的一點。因爲把這一點懂淸楚了，則其它各點也就不難瞭解，而且我們的生活也會因此由卑微而升到高貴，由罪汚而躍入聖潔，由世俗而進到神域。那麼「聖」的定義是什麼呢？「罪」的定義又是什麼呢？「聖」是「有寵有愛應有本質的存在」，而「罪」則是「有寵有愛應有本質的缺乏」。

爲能瞭解這個問題，我們必須提及天主對我們人的恩愛，實在是無微不至的。祂在創造人類之前，先創造了天地萬物，以供人類之應用。待祂創造人類時賦予人類一個超越萬物的靈魂，並予人一個自由的主權，使人類成爲萬物的主人翁。

(五)

在創造人類的原祖父母時，天主賦予他們三種恩典，並願他們把這三種恩典傳給他們的子子孫孫。這三種恩典是本性的、特性的和超性的恩寵。

所謂本性的恩寵，就是天主在創造人時賦予人一個肉身和一個靈魂。人的肉身具有本性的能力，就是眼能看，耳能聽，鼻能嗅，口能嚐，手足能觸動。人的靈魂也具有本性的能力，就是理智能推想，意志能選擇，心靈能友愛。

所謂特性的恩寵，就是天主在賦予人以靈魂和肉身之后，使這靈魂與肉身都享有特別的恩典。比如，人的肉身因爲是物質的，本來是要朽壞的，天主卻賞它不會死亡。人的理智因爲是寓於肉身之內的，本來在辨別是非，明白眞假，是很有困難的，天主卻賞賜它敏銳，迅於分別善惡，速於判斷眞假。人的意志因其受肉情之影響，本來在抉擇善惡上，是難於堅定的，天主卻賞賜它固執於善，遠棄於惡。我們的記憶，因爲是介於靈魂與肉身之間的，本來是易於健忘的，天主卻賞賜它善於牢記。我們的靈魂與肉身，因爲一是精神，一是物質，本來是風馬牛不相及的，天主卻賞賜它們彼此相輔相成，使感情易於聽從理智的指揮，理智樂於接受天主的啓示，使整個的人，在思言行爲上，都能做到有條不紊地向上進展。

所謂超性的恩寵，就是天主創造了人類的原祖父母和他們的後裔，不特要他們成爲世上萬物的主人翁，而且還要他們成爲天上的繼承人。不特此也，更要他們分享天主的本性，達到天人合一的完美境界，享受天堂的眞福。

㈥

人到了這種地步，可謂聖矣，可謂滿被天主之寵愛矣！但是，不幸人類的原祖父母，亞當與夏娃，在如此充滿幸福、富於恩愛的優越生活環境中，竟異想天開，以爲變更生活的方向，調動生活的目標，可能獲得較多的刺激，感覺到更大的快樂，於是糊裏糊塗地，跟魔鬼打起交道來，傾耳順聽邪魔的花言巧語，背棄了天主的指示，抛卻了天主對他們的異寵特愛！墜落到他們自己本性的境界，失掉了天主給予他們的超性和特性的恩典。因此，他們也無從把這些恩典遺傳給他們的子子孫孫。所以，作爲亞當和夏娃後裔的整個人類，一進入世界，就都是罪人——缺乏天主寵愛的人，也就是染上原罪的人。所以，罪，無論是原罪或是本罪，都不能是自行存在的，而只能出現於聖的缺乏。或更好說，罪是聖的消極，而不是任何積極的存在。由此可見，聖與罪不可能是彼此對立的，而只能是彼此密切關聯的，因爲只要那裏都是聖，那裏就不能有罪。所以，罪並不可怕，而可怕的是聖的缺乏。

(七)

由上觀之，眞善美聖是實存實在的珍寶！我們必須謹愼地保持，奮勉地發展，使我們每個人的生命，充實着眞，實行着善，顯耀着美，發揮着聖。這樣，假就無隙可乘，惡就無路可走，醜就無處可顯，罪就無能可爲。一旦到達這種境界，則我們今天要消滅共產主義，收復大陸失地，維持世界和平，還有什麼問題呢？因爲共產黨徒所信奉的主義都是假的，所採用的手段都是惡的，所表現的事實都是醜陋的，所實行的生活都是罪汚的。

當然爲使假惡醜罪不能出現，在我們方面，我們必須自己是全眞、全善、全美、全聖的，而在其它方面，我們務須儘量地勸勉人從眞、行善、操美、持聖。不然，設使我們自己也懷着假，抱着惡，隱着醜，瞞着罪，則我們在反共上是無能爲力的，在收復大陸上是毫無辦法的，在維持世界和平上是不能有貢獻的，而且我們自已還要被腐化，被毁滅。

那麼，我們怎樣可以保持全眞呢？那祇有信奉耶穌基督的言行，並把它實行於我們的生活中，因爲唯有祂是眞理。我們怎樣可以保持全善呢？那祇有效法天主聖父並奉祂爲成全我們自己的模範，因爲唯有祂是完善。我們怎樣可以保持全美呢？那祇有效法天主聖三的造化工程，並使我們的工作能表達聖三的美好，因爲唯有祂是全美。我們怎樣可以保持全聖呢？那祇有依靠耶穌的功勞，仰賴祂的聖名，使我們能恢復失去了的天主寵愛，重新實行「天主愛我，我愛天主，以愛還愛，天人合一」的最崇高、最完全的生活。在這樣的生活境界上，一切都是眞善美聖，而假惡醜罪再也無從出現了！

原載中國一周五十五年六月三日出版

耶穌復活——導致長生不老

原載中國一周五十五年六月三日出版

「長生不老」，這雖然是祝人長壽的話，但自有人類以來，卻是人在明中暗裏所渴望的事。不過，可憐得很，人在這方面的努力，一直撲空，毫無成就。縱令科學之發明與進步，遠比今天增進億萬倍，單靠人和物方面的能力，其永不克達此目的者，當可斷言無疑。因爲人與物的本性都是要衰退，而不能青春常駐的。

但是，人旣渴慕長生不老，企圖永生永樂，則這個渴慕，這個企圖，告訴我們：它是有所根據的，不然我們就不會思慕它，因爲任何永未存在的東西，旣不能令人思慕，又不能使人想念，更何況使所有的人都企圖的呢？

這長生不老的生命，永遠快樂的生活，本來是賜於人類的奇恩特寵，祇因爲人自己由於罪惡而招致了死亡。這死亡又如此猛烈，竟使無人能夠抵抗，都得屈服投降。幸好有一位「人而天主」的耶穌基督，祂爲我們打敗了死亡，使我們可以遵循祂的條件而獲得重生，不致再行死亡。

說到耶穌基督，祂是在人世的歷史中，唯一被埋葬的死人，其墓前堵以重大石塊，派有防守軍隊，深恐祂從死中復活。時在一個星期五，普稱「耶穌受難節」。實在，沒有比這個景象更可笑的：武裝部隊看守屍體！哨兵巡邏，謹防愼禦，唯恐死者走動、靜者發言、穿透了的心加緊生命活力！雖然他們都說：祂已經死了；雖然他們知道：祂已經逝世；雖然他們相信：祂不會再活起來，但他們卻看守着祂！他們彼此相問說：難道祂讓我們自以爲獲得勝仗，而祂卻眞正地贏得生命、眞理、與愛情？他們記得：祂曾稱自己的身體爲神殿，假若我們把它拆毀了，祂可以把它在三天內重修起來；他們又回憶：祂曾把自己比作約拿，並說：猶如約拿在鯨腹三日而出海，同樣祂將在地穴三日而復活。三天！三天之後，聖祖亞巴郎收回了他作爲祭品的兒子；埃及曾有過三天奇特的黑暗；在三天內，天主下凡到西奈山上。現在，再一次地，他們又爲第三天而憂懼！所以星期六清早，司祭長們和法利賽人，冒犯了他們的安息日，趕往比拉多總督前說：「大人！我們記得那個騙子活着的時候曾說過：「三天以後我要復活」。爲此請你下令，把守墳墓直到第三天；怕他的門徒來了把他偷去，而對百姓說：「他從死人中復活了」。那最後的騙局就比先前的更壞了。」（瑪、二七：63—64）

他們要求軍隊看守到「第三天」，對於耶穌基督有關自己復活的話，要比怕宗徒們偷去一個屍體，並把它支撐起來如同一個活物，藉以裝作一個復活，其保證的效力更爲重大。但比拉多並不樂意接見這一班人，因爲他們是使他判斷無辜者的原因。他自己做公務的檢查：基督已經死了。他不願做糊塗的事：派遣凱撒的軍隊去看守一個已死的猶太人。比拉多對他們說：「你們可得一隊衞兵；你們去，照你們所知道的，好好看守。」（瑪、二七：65）

看守是爲防止暴亂，封條是爲消除欺詐。所以，應該有封條，由敵人親自來張貼；應該有看守，讓敵人自己來指定。死亡和復活的證書由敵人親自來簽證。關於耶穌基督的死亡，非猶太人透過自然的證實卽感滿意，而猶太人則根據法律的證明才肯承受。「他們就去，把一石墓弄得鞏固，在石墓上加了封條，並派駐衞兵把守墳墓。」（瑪、二七：27—66）。

關於這個看守屍體的景象，其最令人驚奇的是：基督的仇敵們等待祂的復活，而祂的親友卻不然；信仰祂的人當時懷疑，不信仰者反倒相信；祂的門徒在信仰之前，要求祂予以證實。在三個復活的大景象中，處處都流露着憂苦與不信。第一個情景是哭涕的瑪利、瑪達肋納，第二個是守兵與賄賂，第三個是破碎的心和分開的餅。

瑪利、瑪達肋納在墓地裡

在星期天的拂曉，有幾個婦女帶着香料，淸早來到墓前，其目的不是爲拜訪復活的救主，而是爲抹敷祂的屍體。這件事實足以證明她們沒有期待祂的復活。因爲每當耶穌給她們和門徒提及自己的死亡與復活時，他們只注意祂的死亡，而對於祂的復活則以爲是不可能的，而且是不可想像的。所以當天石塊堵住了墓門，不特基督埋葬了，就是他們的希望也埋葬了。這些婦女到墓地去的唯一意念，只是爲敷抹基督的屍體——一個出自失望和不信之愛的行爲。其中至少有兩位親眼見了祂的埋葬，所以她們所最關心者爲實際的問題：「誰給我們從墳墓門口滾開那塊大石頭呢？」（谷、十六：3）。

這是信心淺薄者的焦心苦思：有力者滾上大石塊堵住墓門。她們所憂慮的是怎樣推開大石塊，使她們可以進行她們慈愛的使命。至於男人們，若不叫他們，是不會到墓地來的，因爲他們是那麼缺乏信心。雖然婦女們是來到了，不過她們之來到是由於憂傷的推動，願藉敷抹屍體而取得安慰。若說她們曾期待基督從死之中復活，那眞太違反史實了。因爲復活是她們最不敢期待的事情。

但是，當她們走近墳墓時，發覺堵住墓門的大石塊業已滾開。在她們到達之前，曾發生一大地震，並有一位主的天使，由天降下，推開了大石塊，並正坐於其上。「他的容貌好像閃電，他的衣服潔白如雪。看守的人們由於怕他，嚇得打顫，變得好像死人一樣。」（瑪、二八：4）。

雖然這些婦女們見到墳前大石業已推開，她們並未因此卽結論說：祂的身體復活了。她們的結論是：有人把屍體移走了。她們沒有見到師傅的身體，竟見到一位天使對她們說：「不要驚惶！妳們尋找那被釘在十字架上的納匝肋人耶穌，祂已經復活了，不在這裏了，請看安放過祂的地方！但是你們去，告訴祂的門徒和伯多祿說：「祂在你們之先往加利肋亞去，在那裏你們要看見祂，就如祂所告訴你們的。」（谷、十六：6—8）。

對一位天使，不是耶穌的復活，而是耶穌的死亡，是一個奧蹟；相反的，對於人，不是耶穌的死亡，而是耶穌的復活，是一個大奧蹟。那對天使是自然的事，現在成爲宣佈的題材。在敵人所派遣以看守救主墳墓的衞兵中，多出了一位天使，他不是比拉多所指定的一員士兵。

天使的話是耶穌復活之後首次宣講的福音，而且是一個回到祂受難的福音，因爲天使講起祂爲「被釘在十字架上的納匝肋人耶穌」。這些話傳達祂的人性姓名，居處卑陋，死亡羞辱；這三種：卑微、恥辱與羞慚，和祂從死者中復活的伯利恆，納匝肋與耶路撒冷相比較，無一不鑑定祂復活的標誌。

天使的話：「請看他們安放過祂的地方」，證實祂死亡的事實和古預言的滿全。墓碑上的題字：永眠於此。然後刻上亡者的姓名，以及對於逝者的歌頌，這是通常慣例。但是，相反的，天使沒有寫刻，卻說出了一個異常的墓誌銘：「祂不在此」。天使請婦女們看看曾經安放她們救主屍體的地方，好像空墓已足夠證明基督的復活。她們立刻得到指示，要她們趕快懂得復活。就如天主子降生的奧蹟給一位童貞女報告了，這樣耶穌復活的奧蹟向一位罪犯婦女報訊。

那些見到墳墓已空的婦女們受命往伯多祿那裏去。這個伯多祿曾試阻耶穌承受十字架的苦刑，並曾三次否認了祂。這證明罪惡與否認阻止不了天主對人的恩愛。雖然這是一個似非而是的雋語：罪惡越重大，信仰越淺薄；但是，悔罪越深誠，信心越增進。因爲祂是爲迷失的羊羣而來世的，所以祂對稅吏、娼妓、背叛的伯多祿、迫害的保祿，特示關切，尤顯恩情。對於那個名叫盤石，而且曾誘惑基督捨棄十字架的人，天使現在透過婦女給他消息：「去告訴伯多祿。」

伯多祿在公共生活上所享有的個人的卓越地位，在耶穌復活之後，仍然保留。雖然在這裏伯多祿和其所領導的宗徒們是同時提及的，但是，主耶穌在顯現於厄瑪烏兩門徒之前，曾單獨顯現於伯多祿。因此救贖的福音是給予一個曾犯過罪的婦女和一個曾背叛祂的宗徒，不過他們兩人都痛改了前非，終身賠補了過犯。

瑪利、瑪達肋納，在黯淡的天色下，先其伴侶，快步邁進，注意到墓前大石已被推走，進口處大爲敞開。一望而知，墓穴空洞。在這種情況之下，她首先想到的是宗徒伯多祿和若望，她就趕快跑去向他們報告。按摩西的法律，婦女是無資格做證人的。但是，瑪利、瑪達肋納並沒有給他們帶去復活的消息，她對此並無所期待。她假定祂仍然爲死亡所控制，所以她對伯多祿與若望說：「有人從墳墓中把主搬走了，我們不知道他們把祂放在那裏。」（若、二十：2）

在所有的門徒與信徒中，祇有五個人在「觀望」：三個女的，兩個男的，好像比喻中的五個童女在等待新郎來到。其中沒有一個曾猜想到復活。

伯多祿和若望在緊張中跑往墓地，把瑪利、瑪達肋納拋在背後。若望是兩者之中跑得更快的一個，先到達墓地。等伯多祿到時，他倆同時進到墓裏，在那裏他們看見了放着的殮布，也看見了耶穌頭上的那塊汗巾；但汗巾和殮布不放在一起，而另在一處捲着。在場的一切都井然有序，既不像有人盜竊，也不見得係友好處理。但屍體已不在墳墓裏了，原來包紮祂身體的綳帶都捲得好好的。假若門徒們偷走屍體，則他們在急忙中不會解除綳帶，也不會把它們留下。基督因天主的權能從他們中復活了。但是，伯多祿和若望還不能明白那段聖經：「耶穌必須從死者之中復活。」（若、二十：9）。

他們面對復活的事實與證據，卻不瞭解其中的意義。在其復活與升天之間的時期內，有紀錄的顯現共爲十一次：有時顯給祂的宗徒們，有時一下子顯予五百弟兄們，有時顯給婦女們。主第一次有紀錄的顯現是給予瑪利、瑪達肋納的。她在伯多祿和若望離開墓地之後，再回到那裏。瑪利、瑪達肋納，她本人雖曾從七個罪魔所封蔽的墳墓中獲得再生，但耶穌復活的概念似乎並沒有進到她的心中。她看着空洞的墳墓，就不勝憂傷，眼淚汪汪！在晨光熹微，草頭露珠，隱約相照時，她那垂頭喪氣的眼睛模糊地見到近邊有人問她說：「女人！妳哭什麼?」（若、二十：13）。

她哭她所失去的人；但是，被他這一問，她的眼淚停止，她的哭泣終斷。她說：「因爲有人把我主搬走了，我不知道他們把祂放在那裏了。」（若、二十：14）

在見到天使時，她若無其事；即使整個世界火燒，她亦不會有所震撼，因爲她的心靈完全被憂苦控制着。當她說了這話，轉身見到耶穌站着，但她卻沒有認出祂。她以爲祂是園丁——若瑟、亞里馬忒亞的園丁。她滿以爲這個人可能會知道在那裏可以找到「失去的人」，瑪利、瑪達

肋納就向他跪下並問說：「先生，若是你把祂搬走了，請你告訴我，你把祂放在那裏，我去取回祂來。」（若、二十：15）

可憐的瑪達肋納！自星期五以來，即已疲憊，自星期六開始，又加上憂苦，生活憔悴成虛影，精力衰弱如薄綿，她竟要去「取回祂來」曾經有過三次，她說起祂，而沒有指定名字。愛情是如此的猛烈，當你假定他，就不能指點另外一個人。耶穌對她說：「瑪利。」（若、二十：15）

這一聲叫喚遠比晴天霹靂更令人吃驚。她曾經有一次聽到耶穌說過，祂對祂的羊是按名召集的。對着這一位把世人的罪惡、痛苦、哀傷都放在自己身上，並對每個人的靈魂都予以個別的、特殊的、鑑別的恩愛者，她轉過身來看到祂手足上的青紅標誌時，她只說了一句話：「辣步尼」，就是說「師傅」。（若、二十：16）

基督說了一聲「瑪利」，諸天就在其中。瑪利叫了一聲「師傅」，總地都被包括。在心靈憂傷悲慘之後，有這種喜躍；在失望的時辰之後，有這種希望；在探索之後，有發現；在遺失之後，有尋獲。瑪達肋納只準備了在墳墓上洒其敬愛之熱淚；而沒有想到會在那裏看到祂在晨光景色下散步。

唯有純潔與無玷能夠歡迎天主的至聖子進入世界；因此無原罪的瑪利亞在伯利恆城迎接祂進入世界之門。但是，祇有悛改的罪人，因其從罪惡墳墓中復活到天主之內的新生命，才能相稱地領悟到對罪惡的凱旋。爲女界的光榮，永遠應該說：在星期五的耶穌受難節，最接近十字架的是一位女人，在星期日的復活節，最先到墳墓的是一位女人。

瑪利、瑪達肋納常在祂的脚前。當她以香料敷抹祂為準備埋葬，她曾在祂脚前；當她站在祂被釘的十字架下，她曾在祂的脚前；現在快樂中見到師傅，她仆在祂脚前為親吻它們。但是，祂以遏制姿勢對她說：「妳別拉住我不放，因為我還沒有升到父那裏。」（若、二十：17）。

她對祂的柔情表徵，以祂為人子的成份多於為天主子的。因此，祂請她別觸及祂。聖保祿對格林多人和哥羅森人曾給予同樣的訓誨：「縱使我們曾按人的看法認識過基督，但如今不再這樣認識祂了。」（格後、五：16）。

「你們該思念天上的事，不該思念地上的事，因為你們已經死了，而你們的生命已與基督一同藏在天主內了。」（哥、三：2—3）

祂提示說：她的眼淚應該揩乾，不是因為她再見到祂，而是因為祂是天主。當祂升到了天父的右邊，這指明天父的權力；當祂遣派眞理的聖神，這是他們的新施慰者和祂的精神存在，那時她可眞實地如她所渴望的永遠享有祂——復活的光榮基督。

這是在祂復活之後，她對於和人的新關係的首次提示，這關係在最後的晚餐上，祂曾很充分地講過。祂要給祂的門徒們同樣的敎訓，因為他們太注意祂的人型，於是告訴他們說：離開為祂是有益的。瑪達肋納希望和祂在一起，猶如祂未被釘在十字架前一樣，忘記了十字架苦刑的忍受乃是為獲得光榮和遣發祂的聖神的前提。

雖然瑪達肋納曾因救主的遏阻而受到委曲，但她卻因被指定傳達復活的消息而獲得抬擧。男士們雖瞭解空墓的意義，但卻不領悟它與救贖和戰勝罪惡的關係。她應把祂復活的香料瓶打破，使它的香氣可以充滿世界。祂對她說：「妳到我的弟兄那裏去，告訴他們，我升到我的父和你們的父那裏去，升到我的天主和你們的天主那裏去。」（若、二十：17）

這是祂第一次稱祂的宗徒們爲「我的弟兄們」。人能成爲天主的義子之前，必須先從與天主爲敵的罪惡中救拔出來。「請相信我，當我對你們說這個：一粒麥子如果不落在地裏死了，仍只是一粒；如果死了，才結出許多子粒來。」（若、十二：24）

祂拿釘死在十字架上的苦刑作爲增加祂的天主子性於其他天主子女的身上。但是，在祂與人類之間有極大的區別：祂是天主的自然子，而人們則是透過祂的聖神成爲天主的義子。因此，在「我的父」和「你們的父」之間，祂作了很嚴格的分別。在祂的一生從來沒有說過一次「我們的父」，足以令人覺得祂和人有同一關係，因爲祂和天父的關係是唯一而不能相融的；天主子性屬於祂乃是依照本性的，而屬於人乃是因着天主的聖寵，並靠着收養的手續：「因爲祝聖者與被祝聖者都是出於一源；爲這個緣故，耶穌稱他們爲弟兄，並不以爲恥。」（希、二：11）

祂亦沒有告訴瑪利、瑪達肋納去通知宗徒們，他已經復活了，而是祂要升天去。復活是包括在天之內，其間尙有四十天工夫。祂的目標是，不但鄭重聲明那個死了的祂現在活着，而且還是一個新精神國的開始，這精神國當祂遣發祂的聖神來世時將成爲有形可見的和團結一致的。

唯命是從地，瑪利、瑪達肋納趕往門徒們那裏去，他們正在「憂傷與哀哭」。她對他們說，她曾見了主並聽了主對她所說的話。她的消息發生什麼作用呢？再一次的受到懷疑、不信和猶豫。宗徒們曾聽過祂以形像、象徵、比喻、和直言，講述復活，這復活將會接踵祂的死亡，但是：「他們聽說耶穌復活了，並顯現於她，他們都不相信。」（谷、十六：11）

夏娃相信了蛇；但是，門徒們竟沒有相信天主子。至於瑪利、瑪達肋納和任何一個婦女可能講了祂的復活：「但婦女們這些話，在他們看來，好像是無稽之談。不敢相信。」（路、二四：11）

門徒們的這個態度預報了世人在接受救贖福音的情況。瑪利、瑪達肋納和其她婦女們當初並沒有相信復活；她們在相信之前須要說服。宗徒們也沒有相信。他們的答案是「你們認識女人！時常幻想事情。」遠在科學心理來臨之前，人早就怕他們的心靈會戲弄他們。現在的人，面對怪事與奧蹟，處以懷疑與不信，若和當時的人對於復活消息所表示不信與懷疑相比，眞算不了什麼。現代懷疑論者對於耶穌復活故事所說的話，宗徒們是最先說的人，就是，「那是一個虛設的故事。」猶如原始不知基督宗教者，宗徒們一意孤行，放棄了整個事蹟當爲幻想妄念。爲使這些懷疑者能夠克服他們對信仰的抗拒，一些眞正的奇蹟必須發生，一些具體的證據必須提供。

門徒們的懷疑要比現代人的懷疑更難克服，因爲前者的懷疑是，從大有希望到大失所望而產生的；這要比現代人的懷疑更難於治療，因爲現代人的懷疑是無所希望的。若說耶穌的門徒們曾期待祂復活，所以心理上是準備好予以相信的，或說因爲在這無可彌補的痛苦中，門徒們藉此信仰，聊以自慰，那是沒有比這種話更不正確的了。無神論者有關基督復活所寫的一切，竟沒有一件或一點，伯多祿和其他的門徒們不曾想到過和表示過。當穆罕默德死了，奧瑪從他的帳篷中衝出，手持鋒劍，並聲明說：誰若說先知死了，他就將砍死他。在基督的事例上，大家都相信祂已經死了，而對於相信祂還活着，卻都不以爲然！也許，他們對於復活之所以准予懷疑者，是爲使後世的信友們不再懷疑耳。

守兵與賄賂

待婦女們去報告宗徒們之後，在墓地裏站崗的士兵們——耶穌復活的見證人，進到了耶路撒冷城，向司祭長們報告了一切事實的經過。司祭長們立刻召開最高會議，其特殊目標爲賄賂看守基督墳墓的士兵們：「給了兵士們許多錢，囑咐他們說：你們就說：我們睡覺的時候，祂的門徒們夜間來了，把祂偷去了。如果這事爲總督聽見，有我們說好話，保管你們無事。兵士們拿了銀錢，就照他們所囑咐的做了。這消息就在猶太人間傳開了，一直到今天。」（瑪、二八：12—15）

這「豐厚的賄賂」，若與出賣耶穌的惡徒茹達斯所得的微薄三十塊銀元，互相對照，就顯出強烈的差別。最高議會沒有否認耶穌復活；實際上，他們爲這眞理做了不存偏見的見證，而這見證，他們透過比拉多，傳遍到非猶太人中。他們雖然輕視羅馬士兵，卻把聖殿裏的銀錢交給他們；因爲他們發覺一個更大的仇恨。茹達斯退還的銀錢，他們不要經手，因爲那是「血錢」。但是，現在，他們竟用聖殿的銀錢來買一個撒謊，藉以逃避除免世罪羔羊的潔淨之血。

爲規避復活的事實而賄賂士兵，實在是一個糊塗的作風。首先，其難題是，一旦宗徒偷到了耶穌的屍體，他們怎樣去處理它。爲否定復活，耶穌的仇敵只要拿出祂的屍體就夠了。這實在太難以令人相信了，怎麼當門徒去偷屍體時，整個羅馬的看守衞隊都會睡去；這是糊塗話：說他們睡去時，那些事情發生了。士兵們是奉命說他們正睡着了，其實他們很清醒，因爲他們看見了竊賊，並認出了他們是門徒。假若所有的士兵都睡着了，則他們決不能發覺竊賊；假若其中有些人醒着，則他們當可以捉到竊賊。這也是很不可靠的，怎麼膽小如鼠的門徒竟敢前往偷竊他們師傅的屍體，因爲墓門是用大石塊堵住的，用封條封好的，有士兵看守的，又怎能不驚醒睡着的守兵。還有殯儀服裝安放得井井有序，更證明屍體不是門徒們偷去的。

暗偷屍體爲門徒們是既無意義又無利益的，何況其中沒有一個人會想到這樣做，因爲在當時他們師傅的生命是一個失敗。在賄賂上，賄賂者的罪惡當然重於受賄賂者的因爲這批議員們都曾受過教育，而且還是信奉宗教的人；而士兵們則是誠樸和無知的。耶穌基督的復活是經官方正式宣佈的；議員們在宗徒們之先相信了它。這最高議會曾買到茹達斯的「以親吻」而出賣耶穌，現在它希望買得士兵「以謊話」而否定祂的復活。

破碎的心與分開的餅

在同一的復活節星期天，主耶穌還給其門徒中的另外兩個人顯現了，他們當時正向厄瑪烏旅行着，這是一個距離耶路撒冷不遠的村莊。不久之前，他們的希望曾發熱放光，但是，星期五的耶穌受難節和在墓地裏的悲慘埋葬，使他們的喜樂如湯沃雪。在那個特別的一天，每個人心中所思念的是基督其人。當他倆正懷着憂愁的心情，談論過去兩天的遭遇時，有一個陌生人走來靠近他們。他們當時眼花撩亂，竟沒有認出祂是復活之主；他們以爲祂是一個普通旅客。待發覺了事實之後，他們才明白他們的瞎眼乃是他們的不信所形成；假若他們曾期待遇見祂的話，則他們可能認出了祂。因爲他們對祂有興趣，所以祂和他們同行；因爲他們不相信祂的復活，祂隱藏了祂在場的快樂與認出。現在因爲祂的身體是光榮的，所以人要見到祂，完全在於祂的願意和人對祂的心機。雖然他們不認識祂，但他們卻樂於和陌生人談論有關祂的事。聽了他們的長篇大論之後，陌生人問說：「你們走路，彼此談論的是什麼事？」他們就站住，面帶憂容。（路、二四：17）

明顯的，這兩位門徒之所以憂愁的緣故是因爲他們的哀慟。他們曾經和耶穌在一起；他們看見了祂被捕、受侮辱、釘在十字架上、死了、並埋葬了，當女人失掉她的愛人，則愁苦使她心如刀割；但男人在這種情形上，普通所感到的是，不知所措；但是，這兩位門徒所憂慮的是，他們的前途黯淡渺茫，他們的希望落花流水。

救主耶穌，以其無量的智慧，在開口時沒有卽說：「我知道你們爲什麼難受。」祂的治人方法是，讓他們自己說出來。因爲一個痛苦的心靈，其最受安慰者，乃是當其解救自己。假若他們的痛苦有舌能說，則祂就有耳會聽；假若他們顯出他們的創傷，則祂就會注入醫治的藥物。

他們兩人之中，有名克羅帕者，先開口說話。他表示驚奇陌生人無知，這顯然對於過去數天內所發生的事太隔膜了：「獨有你在耶路撒冷作客，不知道在那裏這幾天所發生的事嗎？」「什麼事？」復活主耶穌問。（路、二四：18—19）

耶穌要他們注意事實，因爲從他們的結論上，明顯地可以看出，他們對於事實未曾了解，尤其對於事情的正確關係更不清楚，這也就是何以他們會感到心灰意冷，驚慌失措。豈不知治療這病症的良藥卽在其事的本身，那就是求取這事體發生的眞正意義。

於是，不僅克羅帕，而且他的伴侶，都口若懸河地對耶穌說起這幾天所經過的事來了。他們說：「就是有關納匝肋人耶穌的事。祂本來是一位先知，在天主與衆百姓前，行事說話都有權力。我們的司祭長及首領竟解送了祂，判了祂的死罪，釘祂在十字架上。我們原來指望祂就是那位拯救以色列的，可是現在，這些事發生到今天，已是第三天了。我們中有幾個婦女驚嚇了我們；她們清早到了墳墓那裏，沒有看見祂的遺體，回來說她們見了天使顯現，天使說祂復活了。我們中也有幾個到過墳墓那裏，所遇見的事如同婦女們所說的一樣，但是沒有看見祂。」（路、二四：19—24）

這些人曾希望大有可爲，但是，他們說，天主卻使他們大失所望。人草擬一個藍圖，並盼望天主蓋章贊同；其失望往往是由於人之希望瑣屑。原來的圖樣現在應予撕毀！並非因爲它太偉大了，而是因爲在天主的心目中，它太渺小了。那隻打破他們盛着「小巧小智」之杯的手，現在供給他們充滿「大可一試」的爵。他們誤以爲在耶穌被釘死在十字架以前，他們找到了一個救主，但事實上他們發覺救主被釘死在十字架上了。他們期望了一個以色列的救主，但沒有想到也是非猶太人的救主。他們在許多機會上一定曾聽過祂說，祂會被釘死在十字架上，並會再活起來，但是在他們的想像中災難是不能降到耶穌身上的。他們能夠相信祂爲一位老師，爲一位政治的彌賽亞，爲一位倫理道德的改革者，爲一位國家的救星，爲一位從羅馬人手中的解放者，但是，他們不能相信十字架的愚蠢，他們也沒有釘在十字架上右盜的信德。因此，他們拒絕接受婦女們給予的證據，而且他們亦不敢擔保婦女們是否見到天使。可能那只是一個幽靈。再者，這已是第三天了，來者去，去者不返，並沒有人能見到祂。但是他們竟不知道，一路上祂和他們竟同行攀談。

耶穌復活之後的顯現似乎有雙重目標，一爲顯示祂死而復活了，一爲指明祂雖有同樣的身體，這身體現在是光榮的和不受物理限制的。之後，爲證明第一點：祂會和祂的門徒們共進飲食；現在，猶如祂對待瑪達肋納不許她碰祂，祂着重祂復活的狀態。

所有的門徒和宗徒們當時都沒有接受耶穌復活的心意。爲證明復活，先須驅除他們的懷疑和人性最頑固的抵抗。要他們相信復活的事蹟，他們是世界上最畏首畏尾的人。你幾乎可以這樣說：他們情願痛苦至死，也不願意調查這復活的可能性，這故事的眞實性。他們既不接受婦女們的證據，又拒絕到墳墓去過人們所帶回的證實，他們畢竟說他們沒有見到復活主。

事既如此，復活主只好對他們說：「唉！無知的人哪！爲信先知們所說的一切話，你們的心意是這般遲鈍！彌賽亞不是必須受過這些苦難，才進入祂的光榮嗎？」（路、二四：25－26）

他們被指責爲心靈頑固而愚鈍者，因爲他們假若肯坐下靜思，並研討一下先知們有關彌賽亞所說的一切——祂將如羊被牽去宰殺——則他們就不難在他們的信仰上堅忍不拔。相信人，而不相信天主，乃是愚鈍心靈的標誌；敏於投機地相信，而遲於實際地相信，則是怠惰心靈的記號。於是，救世主旅程的雋永來了：先前，救主耶穌曾說：祂是善牧，祂來是爲救贖衆多的人；現在，在祂的光榮裏，祂宣佈了一個道德律，就是因祂受苦受難的緣故，人會從罪惡的境界昇華到與天主爲伍作伴的身份。

十字架是光榮的條件。復活主說了一個基於眞理的倫理必然性，就是在祂身上所發生的一切都是事先預言過的。那在他們看來好似一個觸怒，一個惡表，一個失敗，一個命運，其實是一個預見的，有計劃而又預報的黑暗時刻。雖然依他們看來十字架和祂的光榮是不能相容的，但是，對於祂，這乃是必經之路。假若他們知道了那聖經上關於彌賽亞所說的一切，則他們就會相信十字架了。「祂於是從摩西及衆先知開始，把全部聖經論及祂的話，都給他們解釋了。」（路、二四：27）

祂給他們指出了一切型式，一切禮儀，和一切規範，都在祂身上滿全了。引證依撒依亞先知，祂指明了祂的死狀，被釘在十字架上，和祂在十字架上所說的最後幾句話；引證達尼爾先知，祂說明祂怎樣當成爲山嶽以填滿下土；引證創世記，祂解釋怎樣一個女人的後裔在人們的心靈中踏碎惡魔的頭顱；引證摩西，祂告訴他們，祂怎樣成爲銅蛇而被高擧以醫治罪人，並怎樣祂的肋膀骨被刺開，猶如擊破口的岩石，由此流出重生的泉水；又引述依撒依亞先知，怎麼祂是（EMMANUEL）「天主與我們同在」；引證米該亞先知，祂說明怎麼祂會誕生在伯利恆，以及引證其它許多著作，祂給了他們一把鑰匙，以開進天主生活在人間的奧蹟和祂來到世上的目標。

畢竟他們走到了厄瑪烏。祂裝作還要朝着同一方向繼續遠行似的，正如另外有一次，爲風浪侵襲，湖水澎湃，祂假裝酣睡，好像不管在船上的宗徒們死活似的。但是，這兩位門徒請祂留下，與他們同住。凡日間懷念天主的人，夜裏也不會遺忘祂的。從這位陌生人處，他們學到不少，但他們自知，未學到一切。他們還沒有認出祂來，但是對於祂，他們已經得到了一個光線，這光線會給他們一個更充分的啓示，並爲他們驅除昏黯。他們請祂做客，祂就留下來了，但立刻祂就當起主人來了：「當耶穌坐下與他們吃飯的時候，就拿起餅來，祝福了，劈開，遞給他們；他們的眼睛開了，這才認出耶穌來；但祂卻由他們眼前隱沒了。」（路、二四：30—31）

這個拿起餅來，劈開，遞給他們，這不是一個普通的儀式，禮貌的表示，而是一個祂在最後晚餐上，要求祂的宗徒們，爲紀念祂的死亡，應該重複的，一模一樣的儀式。當祂劈開餅，那是祂的身體，並遞給他們領受。一領了聖體餅，他們的眼睛立刻睜開，心靈頓時通達。就如亞當和夏娃吃了知善惡的禁菓之後，他們的眼睛就開了，並見到他們本身的醜惡，同樣的，這兩位門徒的眼睛開了，而認出了基督的身體。這個情景與最後晚餐相同，因爲兩處都有感謝，兩處都有仰望上天，在兩處都有劈開餅，在兩處都遞餅給門徒。由給餅而得到的知識，遠比其他的教導清楚。劈餅的禮儀引導他們進到一個光榮基督的經驗。之後，祂就從他們的眼前消失了。於是，他們就彼此相對着，回憶說：「當祂在路上與我們談話，給我們講解聖經的時候，我們的心不是發熱嗎？」（路、二四：32）

祂對他們的影響是既具情感而有智慧的：具情感的，因爲這使他們的心燃起愛火；有智慧的，因爲這使他們了解千百個有關於祂來世的預言。人類有一個自然的傾向，就是相信凡有關宗教的事情應該是能引人注意的，並有足夠的能力以壓倒想像的才智。不過，這件發生於到厄瑪烏路上的事蹟，給我們一個啓示：就是最有權力的眞理往往顯示於平凡之地，迎合於人生的瑣屑事物上，諸如路上無意中相會，偶然中談起某人物。基督把他的存在隱藏於最平凡的人生旅程上。認識祂，由於他們和祂同行；而那個認識是一個光榮的認識，這光榮係由失敗而產生的。無論在祂的光榮生活上也好，或在祂的公共生活上也好，十字架與光榮常是並駕齊驅的。令人不時回憶的，不僅是祂的教導，而也是祂的苦難。這些苦難爲祂的光榮，其補益誠大有可觀呀。

正如井邊的女人，在聽了耶穌的話之後，興致勃發，趕回家園，報告喜訊，這兩位門徒，竟忘卻他們來到厄瑪烏的原因，立刻回到耶路撒冷去。在那裏，他們旣找到十一位宗徒，又見到其他信友與門徒。對這些在場的人，他們陳述了那天在路上的境遇，和在劈餅時才認出主的經過。

長生不老與永生永樂

耶穌復活之後，爲使我們人能分享祂的天主性，以獲得永生永樂的生命，長生不老的境界，祂取上一個新身體。但請注意，這個新身體是有別於祂自童貞瑪利亞取得的，現在坐在天父右邊享受光榮的身體的。它亦非倫理道德的身體，比如財團法人、社交俱樂部等，因爲他們的合一是因人的意願而形成的。這個新身體使人與天主合而爲一，乃是由耶穌基督，離開現世，升到上天，遣發祂的聖神來世促成的。祂曾多次講起過這個新身體，並稱它爲一個天國。關於這新身體的性質，祂向門徒們指出了七個特徵與儀態：

㈠祂告訴祂的門徒們說，要成爲祂新身體的一員，人需要生於其中。不過，這個產生不是由人的，因爲由人產生者，成爲亞當和夏娃的後裔；而是由天主聖神經過聖洗聖事，使人產生爲天主的義子。

㈡這個新身體之所以能夠與耶穌合而爲一，不是藉着向祂歌唱聖詩聖詠，亦不是以祂的名義開設社交茶會，或收聽有關祂的廣播，而是以分享祂的生命：「你們住在我內，我也住在你們

內；我是葡萄樹，你們是葡萄枝。」（若、十五：5）

㈢祂的新身體猶如一切生物，開始微小——而且如祂所說的「像一粒芥菜子」，但它會從簡單生長到複雜，直至世界末日。誠如祂所說：「先發苗，後吐穗，最後穗上結滿了麥粒。」（谷、四：28）

㈣一幢房子，以磚上加磚，從外至內而伸張；人類機構，以人上加人，從周圍到中心而增長。祂說：祂新生體之形成，係由內而外的，正如一個生活的胚胎在人身上形成一樣。就如祂從天父接受生命，同樣信友從祂接受生命。此即祂所說的：「父啊！願他們在我們內合而為一，就如你在我內，我在你內。」（若、十七：21）

㈤吾主耶穌曾說過，祂只能有一個身體。為祂，假若有許多身體，或許多頭，那會是一個妖魔鬼怪。為保持它常是一個，則當有一個牧人由祂所指派以飼養祂的羔羊。「將只有一個羊羣，一個牧人。」（若、十：16）

㈥祂說，在祂遣發祂的聖神，眞理之神，降臨日之前。祂的新身體不會在人前出現。「因為我若不去，護衛使者不會到你們這裏來。」（若、十六：7）所以任何事物的開始，若不是與耶穌基督相結合的，則雖在聖神降臨後二十四小時內成立，這僅僅是一個機構；它可能有人的精神，卻不能有天主的精神。

㈦對於祂的新身體，祂所吐露的觀察中，其最有興趣者為世俗將痛恨它，就如祂自己被痛恨過一樣。世俗愛好任何凡俗的東西。凡是天主的，世俗都痛恨。「因爲我從世界中揀選了你們，世界才恨你們。」（若、十五：19）。

這新身體的核心爲祂的宗徒們。他們爲原料，在這原料中祂遣入祂的聖神，以加速他們進到祂自己的延續。當祂不在時，他們是祂的代表。給世界宣傳福音的特權是爲他們保留的。這新身體是祂身後的自己，而宗徒們則是它的胚胎；這亦是祂歷經世代的延續位格。

在祂復活之後，聖神降臨之前，宗徒們就如在化學實驗室的元素。科學對於人體結構的元素十分明白，但卻造不出一個人來，因爲不能提供統一的原理——靈魂。正如化學元素不能造出人的性命，宗徒們亦不能給教會天主的性命。他們需要天主的無形聖神以結合他們的有形人性。於是，耶穌升天後第十天，光榮的救世主從天上，不是藉着一本書的形式，而是借用火舌的表現，給他們派遣了祂的聖神。就如在人身上的細胞，當天主在胚胎裏吹進了一個靈魂，形成一個新生命，同樣的，宗徒們在世上，當聖神來到把他們合而爲一，就顯示出基督的有形身體。這個神秘的身體，或天主的教會，在傳統與聖經上稱爲「整個基督」，或稱爲「基督的豐滿」。

此後，基督的新身體公開地在人前顯露。正如天主子因聖神的庇蔭，由童貞瑪利亞胎中，爲自己取得一個人性，同樣的，在聖神降臨日，祂因聖神的庇蔭，由人類的胎中，取得了一個神秘的身體。就如曾經有一次，透過祂的人性，祂教導了，統治了，聖化了猶太民族，現在透過其他結合於祂的身體，或教會的人們，祂繼續教導，統治，聖化世界的萬民。

因爲這個新身體，不是物理的像一個人，也不是道德的像一個會，而是天上的和精神的，因爲它是因聖神合而爲一的，所以稱爲神秘的身體。猶如人的身體是由千百萬細胞所形成的，但卻是一個，因爲是由一個靈魂賦予生命的，爲一個有形的頭腦所主持，和一個無形的心靈所統治的，這樣，基督的這個身體，雖然是由億萬人所形成，卻因聖洗聖事併入基督內而成一個，因爲是由天主聖神賦予生命的，爲一個有形的首領所主持，和一個無形的首領——復活而光榮的耶穌基督所統治的。

所以，因着耶穌的神秘身體——天主教會，人既能透過聖洗聖事和聖神的恩賜，得以與耶穌基督——永遠生命的泉源，合而爲一，則其能長生不老，青春常駐，快樂無比，自屬無疑，因爲對於和耶穌基督生活在一起的人，肉身的死亡，只是生命的改變，並非生命的毀滅，我們結束了塵世的旅程，便獲登永遠的天鄉。

原載文藝復興月刊第十五與第十六期
六十年三、四月一日出版

三位一體可以懂嗎？

有些人，尤其是讀過不少書的人，對於天主三位一體的道理，心裏往往感到不服氣。他們總以爲這是一種莫名其妙的宗教構想，無法令人相信的。就因爲這個緣故，許多本來有意信奉天主教的人，都遲疑裹足不前了。即便是一些已經皈依天主教的人，你若問他什麼是三位一體，他亦只會答應說：「這是一端很奧妙的道理，人是不能瞭解的，我們只要相信就夠了。」像這樣的答案，對於一個讀過書的人，實在是太不夠意味了，而且會引起這些讀書人反感說：「這批信教的人，壓根兒就是迷信、糊塗，跟他們沒有甚麼可談的。」

更有甚者，批評天主三位一體的道理說：「既然一個天主有三位，一位是父，一位是子，一位是聖神，怎麼能是無大無小，無先無後的？假若把這個信條加諸於人，則豈非要毀壞五倫，摧殘文化，根除道德嗎？」其實，天主三位一體的道理並無不合理之處，因爲它是天主所啓示的：

「你們要去使萬民成爲門徒，你們要因父及子及聖神之名給他們授洗，教訓他們我所吩咐你們的一切」（瑪、廿八：19—20），所以我們自然可以瞭解。不然，天主何以多此一舉，將它啓示於我們呢？當然！我們所能瞭解的天主三位一體，是依照人的方式與能力去瞭解的，這也正如大哲學家聖多瑪斯雅奎娜所說的：「無論接受什麼，都是以接受者的方式而接受的。」在這個原則之下，我們不妨闢開傳統的墨規而自由地談談。

㈠我們首先查問，爲什麼天主只有一個，而不能有兩個？因爲依照我們通常的觀感，能有兩個天主似乎比較好些。請看，生我們的不是有父有母嗎？成家立業的不是有夫有妻嗎？那麼，爲創造天地，掌管萬物，若能有天公天婆不是更好嗎？但是，不然，天主只能是一個。因爲假若有兩個天主的話，那就不能是天主了。其理由是，無論那裏有兩個存在，則彼此間就有比較。一旦有比較，就一定會有大小與先後的分別。可是，天主是無大無小的，因爲祂是無限的純精神體；天主也是無先無後的，因爲祂是無始無終而自有的。

㈡我們試看怎麼一個天主能有三位？這個問題雖然顯得極其奧妙，但卻不難在我們人的本身上找到相似的例證。我們人口的問題，今天雖然已經到達令許多人憂慮的數字，然而論其人性，這無數的人口卻只有一個人性，而這個人性完全地生存於所有人的每一個單位內。這是事實，但沒有一個人以爲它是不合理的。那麼，一個天主性生存於天主的三個單位內，爲什麼就覺得奇怪，就以爲不對呢？所謂人性，就是靈魂與肉身的結合，具備着兩者所有的本能，生存在廣泛的境界。至於人位、或人格，則是靈魂與肉身的結合，具備着兩者所有的本能，生存在固定的境界，附帶着各自的品性。所謂生存在廣泛的境界者，係指其生存而不受限止，至於生存在固定的境界者，是指其生存而受有限止。作者以爲中文的「人位」或「人格」兩字很顯明地告訴我們，就是使「人性」安置在、或規格到，某一個「人位」內，則這人性就成爲一個與衆不同的、個別的人。比如，把人性放到張三的人位內，則他就是張三，而不能是其他任何人。若把同一的人性放到李四的人位內，則他就是李四，而不能是另外一個人。同樣的，天主性在天主父的單位內，祂只是天主父，而不能是天主子、或天主聖神。若同一的天主性在天主子的單位內，祂只能是天主子，而不能是天主聖神、或天主父。再若同一的天主性在天主聖神的單位內，祂只能是天主聖神，而不能是天主子、或天主父。因此天主三位是實實在在有分別的，因爲祂們具有個別的、彼此不同的品性。所以天主父不是天主子，天主子不是天主聖神，天主聖神既不是天主父、又不是天主子，而是天主聖神自己，這樣，很顯然的，論天主性，天主只有一個；論天主位，天主卻有三位。猶如，論人性，人只有一個；論人位，人卻有很多位。

㈢我們現在談到天主三位的關係，一爲父，一爲子，一爲聖神，而這三位中是無大無小和無先後之分別的。這個道理，在天主方面如此，在人方面亦然。說到父子之間沒有先後的分別，那是因爲沒有父，不能有子，沒有子，亦不能有父。所以父子是同時的。因此，有開始的父，必有開始的子，比如人間的父子；有無始的父，也必有無始的子，比如天主的父子，不然，父就不能成爲父，子亦不能成爲子，而所存在的祇是那個大人和那個小孩，其彼此間是沒有父子關係的。談到父子之間沒有大小的分別，那是因爲父子的關係，既是永久的，當是出於精神的，而不是出於血肉的。雖然，通常的說法，都以爲父子的關係是基於血肉的。老實說，假若父子的關係是基於血肉的，那這種關係就太短暫，太不可靠了，因爲人的血肉，在不斷的新陳代謝中，很快地，那原來的血與肉，就消耗殆盡了，而繼之生長者乃是新血肉，與原來的血肉並無多大關係。何況以血型而論，父子的血型不見得一定相同；即使相同，又有什麼了不起的憑藉，因爲血型種類並不多，而彼此相同的卻不勝其數。還有，假若父子的關係是基於血肉的，那末，一個病人輸他人之血以健身，受他人之肉以補缺，不是要變更父子之關係嗎？所以父子的關係是基於精神上的，就是基於父性與子性上的。因爲父性與子性都是精神體，所以就不能有大小之分別。其理由是，要有這種分別，則必須佔有空間，能衡量其高低、長短、濶狹和深淺之面積。但是，任何精神體的存在都是超空間的呢！所以父子之間，無論從那一方面講，是既無大小，又無先後之分別的。這是眞理，而眞理只有一個，它是通天通地，通今通古的。不然，它就不是眞理，因爲眞理是永遠新穎，時刻適應，到處合理，絕不受時間與地區影響的。

同樣的眞理告訴我們：那裡有父有子，那裡就有愛。那裡有無始的父與無始的子，那裡就有無始的愛。這愛既不是父，又不是子，而是由父與由子所共發的。因此，天主聖神，因其爲天主父與天主子所共發的愛，祂是既非天主父，又非天主子，而是天主父與天主子之間的媒介。沒有這個媒介。父就不能成爲父，子也就不能成爲子。這個媒介的愛是與父子同性的，所以天主聖神與天主父及天主子是不能有大小與先後之分別的。祂們共是一性一體一個天主。

人之單位，猶如天主之單位，彼此間之所以有分別者，是因爲每一個單位都有自己的，與衆不同的品性。這種品性的不同，而使每個人有異殊。但這種異殊雖是實實在在的，其於內在和外發的生活上，卻能因着愛的力量而團結一致。因爲眞正的愛是給予，猶如天主父與天主子，因着彼此的相親相愛，而能實行着「父在我內，我在父內，我們原是一體。」同樣的，假若我們人，由父子、夫婦、長幼、朋友、君臣，彼此相愛，互相給予，則這愛亦自然可以使父在子內，子在父內，夫在婦內，婦在夫內，長在幼內，幼在長內，朋在友內，友在朋內，君在臣內，臣在君內，這種融融洽洽的生活，該是多麼的美好，多麼的恩愛，這就是天主三位一體的生活，在我們人身上反映了，這也正是耶穌基督爲我們人所祈求的：「好使他們合而爲一，就如你，父，在我內，我在你內，使他們也在我們內合而爲一。」（若、十七：21）

由上觀之，我們人之所以不瞭解天主三位一體的道理，是因爲我們失掉了原始的純潔，應有的聖愛，代之而來的，是堆積的罪汚，阻塞了寵光的照耀，當棄的私慾，蒙蔽了理智的功效。因此，我們的生活趨赴於分離，從事於毀滅，增進於異己，遠距於天主。這種生活的結果，是父不父，子不子，夫不夫，婦不婦，長不長，幼不幼，朋不朋，友不友，君不君，臣不臣，弄得一塌糊塗，不堪回睹。

當然，猶如前面已經指出，我們所能瞭解的天主三位一體，祇是依照人的瞭解方式而瞭解的。不過，這種瞭解，爲生活於現世的人類，是一個眞正的瞭解，而不是什麼迷信盲從。比如，我們的眼睛爲能見到一個對象，必須有光亮做媒介，不然是毫無辦法的，而且要能看得清楚，做媒介的光亮必須適合於眼睛的接受能力。假若光亮太強烈了，或者太微弱了，都會使眼睛迷糊，而不能看清對象，甚或至於看不到對象。同樣的，我們的理智爲能瞭解一樣東西，若是自然界的，須有想像做媒介，若是超自然的，須有天主的寵光做媒介。猶如，人的想像力，是與生俱來，任人應用的，同樣，天主的寵光，因着耶穌基督的功勞，是時刻準備着向人施予，由人取用的。所以我們人具備足夠的條件，能瞭解一切，無論是物質的，或精神的，是自然界的，或超自然的，只要依照我們瞭解的方式去瞭解。雖然，我們對天主三位一體的全景，所能接受到的，所能瞭解到的，是極其微小的一部份，但我們卻不能說，我們不瞭解它。正如，我們的眼睛雖不能看到太陽的全身，但依據我們所能看到的一部份陽光，我們卻不能說，我們沒有看到太陽。

因此，天主三位一體的道理，一個天主，一體三位，無大無小，無先無後，自天主給我們啓示以來，是一直可以瞭解的，而不是一個不能解的謎，而且其瞭解的程度，是以我們每人的接受能力的增減而轉移的。所以我們要能懂得天主的奧妙，必須努力去度天主耶穌所教導的生活，不然，我們專務於世俗，疏懶於進德，則我們想瞭解天主的事，那是等於緣木求魚。

原載於中國一周六十二年一月十五日出版

信仰與人生

緒　　言

兒童時，曾熟讀三字經一書，其中有「三才者，天地人」之句；及至青年，始知此句係出自易繫辭，因爲易之爲書也，廣大悉備，有天道焉，有地道焉，有人道焉。

筆者認爲，天道也好，地道也好，人道也好，這三者不特彼此相繫相連，而且還宜同時並進，因爲作爲萬物之靈，吾人要能止於至善，似宜盡心竭力地去硏究此三位一體的大道，不然其間之緊密關係卽無從了解，更談不上實踐其中之奧蘊。

說到關係，顯然的，人與天之關係該是精神的，人與地之關係該是物理的，人與人之關係該是道德的。爲促進人與地之關係，應發展科技；爲促進人與人之關係，應發展倫理；爲促進人與天之關係，應發展宗教。

本文所欲討論者，僅限於人與天之關係，亦卽人類與宗教信仰之問題。但奇怪的是，在目前的世界，因着唯物主義的瀰漫，一般人一聽到談論宗教信仰就不感興趣，豈不知無宗教信仰卽缺乏道德勇氣，無道德勇氣，卽偏向姑息主義，罔顧正義，而使無神論、共產極權迫害人類。

今天在反共必勝，建國必成的信念下，我們來談信仰，諒本文讀者亦可藉此而加強反共復國之精力，增速共產主義之破滅，民主自由之普及，世界和平之實現吧！

一、信仰的歸屬

信仰是屬於人的，其他一切受造之物不能有信仰。人之所以能有信仰，是因爲他有一個寓於肉身之中的靈魂，這靈魂在實行它的信仰上，必須應用它所有的本能，卽理智與意志，不然就難免陷入歧途。所以人當用自己的理智去推論信仰的理由，並當用自己的意志去選擇信仰的對象。

在推論信仰的理由上，人的理智應該注意到理由的正確性。比如，我們在重大的事情上，相信人的話吧，並非糊糊塗塗的，卻是經過一番愼重的批判，得到相當的理由，持有可靠的憑據，證明對方的「誠實」與「知識」都足以使我們相信他的話是與事實相符的。爲證明對方的誠實，我們當審查明白，他會不會欺騙我們。爲證明他的知識，我們當探悉清楚，他會不會被人欺騙。

對方之所以要欺騙我們，或是爲謀取我們的利益，或是爲加害於我們，或是爲跟我們開玩笑。假若這三種理由，無一種是存在的，那末我們可以相信，對方是無意欺騙我們的。對方之所以能被人欺騙，或是因爲他不明白事理，或是因爲他不懂得時局。假若他對於他所講的事情。既知道事理，又明白環境，那麼我們可以相信，他在這件事上是不會被騙的。對於這樣的一個權威——既不欺騙又不被騙者所告訴我們的事情，我們是可以放心相信，不必作任何保留的。

當然，信仰與普通相信人的話是不完全相同的；因爲信仰無論是有關一個主義的，或是有關一個宗教的，都具有一個特徵，就是它能影響信仰者的整個精神生活。比如，你信仰三民主義吧，則實行三民主義便成爲你的基本人生觀，你的一切重大行爲，都應以三民主義爲圭臬，並受三民主義的約束。反之，你若改信了共產主義，則你的人生觀和你的生活方式，也就因此而改變。

在選擇信仰的對象上，我們是享有自由權的，因爲這對象能是一種未來的理想，一個主義，目前無法實現的，或是一個宗教，特別是關於天地萬物的造物主，超越一切直接經驗之上的。對於這種信仰，你雖然持有若干相當的理由，證明你的信仰是合理的，但是因爲你不能完全明白信仰的對象，所以在決定接受與拒絕之間，你就自然要用你的自由意志。不過你卻明明知道，究竟接受合理，抑或拒絕合理。所以在接受與拒絕之際，你的意志應當擺脫情感的牽累，驅除各種的成見，順着理智的光照，進行當作的事情。

我們這裏所談的信仰是宗教的信仰，尤其是天主教的信仰。這樣的信仰當然是超越我們的直接經驗範圍的。不過，因爲我們是有理智的人，我們推究理論，可以提供足夠的理由，以證實我們信仰天主的合理。何況天主而人的耶穌基督，祂的偉大品格是高尚無比的，他曾親自說過：「我是道路、眞理、生命。」這等於說：沒有道路不能有去向，沒有眞理不能有認識，沒有生命不能有生活。我們既然相信人的話，則天主的話自然更當相信。

也許有人要說，當耶穌基督自稱爲天主時，祂是一個瘋子。但是，這樣的一個瘋子，實在太奇怪了，太迷惑人了，因爲自耶穌基督降世以來，在這將近兩千年的過程中，世人信仰祂的，竟日多一日，年多一年！也許有人要說，耶穌基督是一個惡騙，祂用所許的救贖來瞞哄祂的門徒。果爾，則這謊話，在一個落後的殖民地上，一個偏僻的鄉村裏，說給一羣鄉夫村婦聽，竟能發生那麼大的效能，使許多國家深受感動，使世世代代的人士爲這句謊話而捨生殉教，使許多修道院因此而設立，使不少的學術研究中心爲此而興起，這也眞的奇怪了！唯一可能的其他答覆是：耶穌基督所說的話是眞理，祂是眞天主，並且眞的來救贖世界。

我們信仰了天主，也就得到了正確的人生觀，提高了我們的品格。有耶穌基督作我們的模範，我們全部的精神生活，也就得到了指南；因此，我們立刻可以脫離了對我們自己的苛刻要求，那就是撇開天主的幫忙，全靠人的能力，而去擔負拯救人類的重任；反之，沒有這個信仰，在人生的旅途上，我們就難免志趣卑汚，垂頭喪氣，永遠墮落，這是何等的悲慘啊！

二、信仰的力量

我們遍讀新約全書，每一次讀到奇蹟成就後，耶穌基督似乎總是歸功於信仰的。比如，爲治好百夫長僕人的病，耶穌給百夫長說：「你回去，就照你所信的，給你成就吧！」僕人就立刻痊癒了。爲治好癱子，瑪竇福音記載說：「耶穌一見他的信心，就對癱子說：『孩子，你放心，你的罪赦了。』於是癱子就起來，拿着自己的床，回家去了」。爲使兩個瞎子復明，耶穌問他們說：「你們信我能做這事嗎？」當他們答說：「是，主！我們相信。」耶穌就摸他們的眼說：「照你們的信仰，給你們成就吧。」他們的眼便開了。

相反的，若缺少信仰，那麼奇蹟就無法出現。比如，有一個人來到耶穌跟前，跪下說：「主啊！可憐我的兒子吧！他患癲癇病很苦，屢次跌在火中，屢次跌在水裏，我把他帶到你的門徒跟前，他們卻不能治好他。」耶穌回答說：「哎！無信敗壞的世代，我同你們在一起要到幾時呢？我容忍你們要到幾時呢？把他給我帶到這裏來！」耶穌遂叱責魔鬼，魔鬼就從孩子身上出去了。從那時刻起，孩子就好了。以後門徒前來私下問耶穌說：「爲什麼我們不能逐出這魔鬼呢？」耶穌對他們說：「由於你們缺少信仰」（瑪、十七：14—20）。再比如，熱情而心急的伯多祿，得知在海面上行走的是耶穌，就立刻說：「主，如果是祢，就叫我在水上步行到祢那裏吧！」耶穌回答說：「來吧！」於是伯多祿就從船上跳下，走在水面上，往耶穌那裏去。但他一見風勢很強，就害怕起來，並開始往下沉，遂大叫說：「主，救救我吧！」耶穌立刻伸手拖住他，並對他說：「小信仰的人哪，你爲什麼懷疑？」

由此可見，信仰的力量是極其偉大的，正如耶穌所說的：「假如你們的信仰，像芥子那麼大，你們向這座山說：從這邊移到那邊去！它就會移過去的；爲你們沒有不可能的事。」（瑪、十七：20）。或更好引證馬爾谷福音的記載：「耶穌回答祂的門徒說，你們對天主當有信仰！我實在告訴你們，無論誰對這座山說，起來，投到海裏去！他心裏若不懷疑，而相信他說的必成就，就必要給他成就。因此，我告訴你們，無論你們祈禱懇求什麼，祇要你們相信必得，就必給你們成就。」（谷、十一：22—24）

顯然的，信仰有其力量，是無可懷疑的，而且這力量是依照信仰者的誠心與否而轉移的。可是，怎樣才能使這力量在我們身上發生，然後再由我們身上出發，以獲得效用，這是一個極其重要的問題。爲解答這個極具興趣的問題，我以爲無論是本性的，或超性的信仰，一旦你誠心誠意地接受了，那麼，你所信仰的對象的力量就會貫通到你的身上，並依照你接受的方式而成爲你的力量。比如，在物質上吧，若我們相信我們母親所燒的菜飯，是有益於我們的身體健康，一旦我們放心地吃下了，則這菜飯的物理力量就會貫通到我們身上，使我們的身體長大健康。再比如，在知識上吧，我們假若相信老師所教導的功課，並無疑地聽取了，則老師的知識力量就會貫通到我們身上，並使我們成爲和老師有同樣知識能力者。在倫理與道德上亦是如此，比如，在家庭中有家規，在學校裏有校規，在國家裏有國法。假如我們相信家規而遵守之，則這家規的力量就貫通到我們身上，使我們成爲家中的模範，具有影響力的人，足以領導其他家人者；在學校裏，假若我們相信校規，而善爲遵守之，則這校規的力量就會貫通到我們身上，而使我們成爲有力量的學生，足以爲其他同學的模範，並影響他們的操行，使他們也成爲品德高尙的學生；在國家裏，我們假若相信國家的法律，忠實信守，則這法律的力量就會貫通到我們身上，使我們成爲模範的國民，在國境之內，無論到何處，不特可以享受國家的權利，而且還會受人的敬愛。在精神上亦是這樣，比如，我們相信偉人，接受他的精神感召，則他的精神力量就會貫通到我們身上，而使我們成爲與偉人有同樣精神的人，可以捨己成人，爲人類謀幸福，爲世界求和平。

但對於這些正確的信仰，你必須取之以至誠。不然，你假若懷疑它的話，則連你母親爲你所做的菜飯，也會使你吃下之後，不特不能補助你的健康，而且還會傷害你的腸胃。同樣的，你的老師所教導你的知識，也不能增加你的智力。那些家規校規以及國法，都不能予你以道德的力量。還有那些偉人的精神對你也不能有所感召。

精神的總泉源來自至高無上的神——天主。祂是全能全知的。凡是歷史上有偉大成就和長久貢獻者，都是對天主有虔誠信仰的。比如，法國的聖女貞德、義大利的馬哥尼、美國的華盛頓和我們的 國父孫中山，他們對自己的本國，和整個的人類之所以能有如此偉大的貢獻，完全是因爲他們篤信天主，讓天主的力量貫通到他們身上，然後用來爲人類謀幸福。因此，假若我們誠心誠意地堅信天主的話，並依照天主的話去度我們的生活，則天主的精神能力就會貫通到我們身上，使我們有取之不盡，用之不竭的資本，去創辦我們所意想不到的事業，也就是，一切有形與無形的成功，往往超越我們的期望而到達。

三、信仰的要素

要人信仰宗教，並不是能解答懷疑者的難題，就可以達到目的的。因爲人之所以不信仰，不僅是不瞭解的緣故。因此無神論者，即使看了許多有關於有神論的好書，聽了多次有關於有神論的精論，還不一定會接受信仰的。所以宗教信仰，不僅是一種只爲「討論」的目標，而且亦是一個爲「信奉」、爲「生活」、爲「愛慕」的對象。

且看，耶穌基督在世時，祂雖是智慧的本身，祂卻未能說服法利塞人和一些罪犯。這些人雖然都很敬重他的智慧，但卻不相信祂。耶穌基督在復活了死去四日的拉匝祿之後，曾對在場的觀衆說，你們當中有些人，就是每天見我復活一個死人，也不會相信我的。因此，理智的認識，不是信仰的唯一要素，很明顯的，並非博士都是聖賢，或者愚人都是不肖。相反的，一個愚魯的自負者比一個智巧的自負者，得救的機會更多。

現在有許多人對於信仰都很暗昧，懷着很多的成見，受着不少的誤傳。我很難過，這些人未能有機會接受開導，以認識眞理。可是，你雖能用研究的功夫，領教的方法，發現天主的存在與實有，你若沒有接受眞理的意志，你就不能得有天主。爲認識眞理是容易的，但爲面對眞理卻是困難的，而爲追隨眞理則更困難。現代的教育動機只在乎伸展眞理的邊緣，而不注意眞理的本身。且這種伸展有時竟成爲一種藉口與託辭，藉以不遵從已經發明的眞理。有些心理學家和社會學家常喜歡用他們的脚去蹴眞理之門。可是一旦門啓開了，顯示出人在天主眼前並不是非有不可的，他們就溜走了。唯一能夠得有天主的人，是那些見了眞理之門打開時，就去接受眞理，並肩負眞理所附帶的責任者。

爲接受天主的眞理，除掉天主的寵佑爲要素之外——這寵佑，天主是隨時都樂於施予的，道德的要素爲皈依者是最重要的。實在，有些人沒有來到眞理之前，是因爲他們不認識的緣故。但是，更多的人，沒有來到眞理之前，是因爲他們的現實生活使然。阻止人與神結合的原因，不是他的思想，而是他的生活。令人遠離基督和祂的教會的原因，不是基督的信條，而是祂的誡命。爲說明這點，我願意提出三種信仰的道德要素，就是甲、以善意對待眞理，乙、遵從已知的眞理，丙、改良生活的習慣。

甲、以善意對待眞理

試問，爲什麼一個關於信仰的論證同時說給張三和李四聽，張三則接受而李四則拒絕？照理，同樣的因，應該產生同樣的果，但事實上卻不然，這裏應該有另外一個因素在把持。比如，一個光線射在牆上和射在窗裏就顯著不同。這樣，某一個因素，在張三使之接受天主的眞理，在李四則使之拒絕。這某一個因素就是「人的意志」。聖多瑪斯說得好：「天主的眞理，因人的態度不同，被認識的結果亦異，有善意的人，依據眞理領悟眞理；有惡意的人，依據私心曲解眞理。」從一個人在接受眞理的態度上，我們就可以看出他是怎樣的一個人，或他要做怎樣的一個人。意志對於理智所呈給它的眞理，操有承納與拒絕的權柄。因此，天主的爭取人心，勢非人心追求眞理。卽天主亦要遭遇失敗。在聖誕節的晚上，天使們的喜訊告訴我們，只有心地善良的人才能做天主的朋友。因此我們可以說「在理智上是沒有無神論的」。因爲理智是站在天主一面，而不是站在魔鬼一面的，雖然在理智上是沒有無神論的，但在意志上卻屢有無神論的存在，就是一個故意的否認天主。所以達味聖王指出無神論不在理智上，而在心懷中：「狂人在他的心中說，沒有天主的存在。」這個對眞理的善意要素，不特爲尋求天主的眞理者需要，而且爲那已經找到眞理之人，並在神聖的生活上少有進步的人也需要。因爲天主的寵佑爲那願意和他合作的人是永不缺乏的。所以有堅強成富的意志，就會使人成爲富翁，有堅強做基督徒的意志，就會使人做基督徒，這就是所謂「有志者事竟成」呢！

乙、遵從已知的眞理

在意志方面，爲獲得天主的第二個要素是遵從我們現在已經知道的眞理，比如，一個雕刻匠在他的頭腦內，有着一個美像的概念，已經有好幾年了，但他若畢竟不把這個美像的概念在石頭上表現出來，那麼這個概念就會逐漸地模糊而消失。同樣的，一個人經過他的一生，在他的腦海裏能夠波盪着一個特別的基督的眞理，可是他若不把這個眞理實行出來，則他再也不會得到另外一個更明顯、更偉大的眞理。我們當中有許多人很認識天主，但在生活上，卻很少人實行這個認識。凡遵從眞理的人，就能成爲他當成爲的一切。從此，在他身上再沒有理論與行爲眞理的分別。有些大學教授與知識份子明知天主實有的證據，和天主敎的信條，可是他們從未成爲天主的子民。原因是他們從未實行那個認識。他們既然從未發動他們所認識的眞理，並從未以所認識的程序去遵從眞理，則眞理就不再與他們爲伍。而他們對眞理所有的認識，因爲他們不用行爲來滋養生長，便成爲無生殖能力的。猶如，存在秣槽裏太長久的穀粒就要朽爛。對這些不生產的人，天主下令說：「你們把這個銀寶從他手裏奪過來吧！」（瑪、廿五：28）但爲那些誠實的，遵從他們所知道的眞理的人，則給予新的認識。到末了他們的智慧遠超過那些知識份子的。吾主耶穌竟感謝祂的天父，因爲祂把祂的眞理隱瞞於當時的智士，而啓示於那些弱小者，原因是這些弱小者肯遵從與實行已知的眞理。當我們登上山巔時，我們就可以見到那在山谷裏所不能見到的景色。假若我們呆若木石，站在山巔上，一步不動，則我們就不會再見到別的新景象。假若我們遵從已得到的知識，而向景象的絕端邁進，則我們將發現更深遠的知識。

耶穌基督的教義是建立於歷史的事實上的：「聖言降生成人。」由知識進到行爲，由理論成爲事實。吾主耶穌不特給了眞理，「如果你們寬恕別人的過犯，你們的在天之父也要寬恕你們的過犯。」（瑪、六：14）但從十字架上祂卻實行了：「父呀！赦免他們吧！因爲他們不知道他們所做的是什麼事。」（路、廿三：24）祂要祂的門徒們變成如小孩，祂就先把自己變成一個小孩而裹在襁褓中。祂不但以理論教訓祂的門徒；在祂的門徒中最大的應該是最小的，而且以洗淨自己門徒的脚作爲模範。祂曾叫祂的聽衆成爲實行者，因爲祂說：「我曾給你們留下榜樣。」（若、十三：15）所以進行的秩序應該是：「先是聖言，然後降生成人。」但，害人的戈德卻把這個秩序顚倒了，藉以給現代的人一個逃避各種道德責任的理由。他說：「在最初就有實行——首先你生活，然後你以理來說明你的生活。首先你做，然後你想出一種方式來證明你的行爲的正直。首先你強佔財產，然後你訂定法律來核准你的贓物。」從這個虛僞的「行爲先於眞理」的邪說，產生了今天的一切道德的混亂，因爲人已不再把他的生活配稱於信條，而自行選擇信條，斷章取義，以配稱他們的生活方式。

天主敎的眞理並不像科學的眞理那樣抽象。因爲科學的眞理是無品格的，無道德的。而天主教的眞理，則是崇品格，尙道德的。所以有些逃避道德責任的人，利用科學的眞理作爲調整他們生活的根據。對於人，心理學的陳述，在道德的責任上，並不發生多大的關聯，因爲對於人的實有性，心理學只擔任一個純全的觀察。相反的，天主的眞理卻涉及我們每一個人，而且來得甚爲急迫。開始時，眞難免使人感到恐怖，因爲它還要求人與世俗分離。在這一點上，整個的眞理都不許我們與世俗作任何容易的妥協。吾主耶穌給了我們一個考驗，以明瞭我們是否屬於祂：「世俗嫉恨你們，因爲你們不屬於世俗。」（若、十七：14）因此，我們只閱讀與研究基督的教義是不夠的。因爲天主的眞理，並不像幾何學的原理，那麼抽象。假若驕傲、肉慾與自私，常在我們的生活上肆無忌憚，任意擾亂，那麼我們雖精通神學，究竟有什麼好處？在這種光景上我們可能認識天主對於我們的愛，可是我們對於天主卻毫無愛情。但愛情當是互相受授的，不然就無法持久與存在。

爲使信仰，或爲使天主的眞理能在我們身上發生效力，道德上的準備和理智上的準備是同樣重要的。兩種準備當並駕齊驅，猶如天主的智慧和天主的純愛，就是天主聖子與聖神，在三位一體內是平等的。假若理智被疏忽了，那麼另一種錯誤將接踵而至：那些人，他們的道德發展勝於理智的發展，慣常止於一個消極的，吹毛求疵的，只具信教之儀式，而無信教之精神的一種宗教信仰。不然，就止於一個含糊的，衝動而無道德意義的宗教虔誠。至於那些人，他們祇有理智的生長，而無道德的增進，便成爲懷疑的，好諷刺的，猶豫不決的人。在未認識之前，我們決不會發生愛。可是我們一旦愛了，則愛情能增加認識，「人若是愛我，必定遵守我的誡命，我父要愛他，我們必定要到他那裏，常久居留在他內。」（若、十四：23）

許多人喜歡討論宗教，辯論宗教的問題，可是爲他們宗教好像是無關於人品的，猶如他們討論越南式的舞蹈一樣。他們之所以見不到許多光彩的東西，是因爲他們從未把他們所知道的眞理，和他們的生活，彼此發生關係。這種逃避道德責任的最好例子，莫如聖若望福音上所記載着的井邊女人的故事。那女人來到井邊汲水，耶穌向她要水喝。但是耶穌想把渴的觀念神聖化，使她渴望獲得永生的活水，以解決她靈魂的乾渴時，她以爲耶穌所供給的水只是一種爲享受，並爲討論，如詩歌一樣的東西，那就是不帶着道德責任的東西。爲把她從這種無德行的狀態中拉救出來，救世主說：「妳去叫妳的丈夫，一起到這裏來吧！」論天主，耶穌知道她一生的詳細情形。她現在發覺，那是關於她的道德缺陷的問題。爲避免顯醜，她答說：「我沒有丈夫。」耶穌對她說：「妳說妳沒有丈夫不假，因爲妳曾有過五個丈夫，現在的那個人也不是妳的丈夫，妳說的很對。」這，正表露她是通姦的婦人，似乎是干涉她的私生活。對的，她曾經結過和離過好幾次婚，可是耶穌爲什麼要提出這件事？難道宗教不能用「文明的方式」討論，而定要把它加諸個人的嗎？猶如一個人，陷於一個難以答覆的問題時，她就環顧左右而言它。她把話題，由她罪惡的生活上，轉到理智的方面，改變到一個不使她太難爲情的問題上。她問耶穌說，做禮拜該在撒馬里亞山上，抑或在附近的耶路撒冷？那就是她的努力，以逃避耶穌要求她披露她的罪惡——這種努力迄今不知被人重演了千萬次。因爲當你指示一個罪人，關於懺悔的必要時，十中之九，他會把這個題目轉到不屬於個人的論題上去。比如說：「明天的天氣怎樣？」或與此類似的問題。

理智果然有其應盡的職務——但若一個人不開始度正直的生活，則他的思想是不會正直的。

如果私愛與自私佔優勢，則理智就被隱抑，反而顯出逃避道德的責任是對的。如果抵抗改良生活的阻礙存在，則眞與善就無法進入人的心靈。這就是何以有人請耶穌爲兩兄弟處理遺產的爭端時，耶穌拒絕說：「朋友！誰立了我作你們的法官，調解你們的糾紛呢？」（路、十二：14）耶穌雖不願意處理兩兄弟的自私自利的要求，祂卻會告訴他們，怎樣避免事端：「你們要謹愼預防各種貪心，因爲人的財產，無論多麼豐富，和他的壽命並不相關。」（路、十一：15）。這就是貪心——爲在井邊的女人是肉慾——它往往阻止了詢問耶穌關於永生的人接受眞理。我們不知道那兩個兄弟的結果，可是我們知道井邊的女人接受了道德的要求，並歡迎了耶穌爲世人的救主。

丙、改良生活的習慣

末了的一個要素，足以影響承受眞理的，是改良我們生活的習慣。這些習慣都是由於不遵從已知之眞理而產生的。每一次不遵從已知之眞理而生活，我們就每一次增加了習性的力量。這習性的力量，因着日積月累，竟成爲一個威脅，隨時足以摧殘軟弱的意志。實在，我們的習性，猶如裝備完善、生氣蓬勃的衞隊，站在理智的門口，不許足以威嚇它的眞理進入理智的門戶。所以當耶穌基督的眞理來到任何理智前，這眞理是依照認識者的態度而被認識的，有些認識者，帶有衆多的軍隊，如行爲和習性的師團，成見與情慾的軍旅，陣容威嚴，向生命的神聖宗旨開戰。於是有人說：「我怕信仰宗教，因爲有人會譏笑我。」或說：「因爲我的家裏不喜歡信仰宗教。」

或說：「因爲我若信仰了宗教，我會失掉朋友，結起仇敵的。」

當一個人站在宗教之外，由遠處欣賞眞理，他會滿口讚揚說：「假若我要信仰一個宗教的話，我一定信仰天主教。」但是眞正困難的開始，乃是當眞理顯出了有品格的時候——當讚賞爲責任開了路，當聖言降生成了人。因爲天主的聖言，一旦降生成人，就承受了危難，比如：艱苦、饑餓、乾渴、輕視、十字架。這一切都是經驗的事實，類似的情形，顯示於見到眞理的人，並使他們畏縮後退。許多人怕把眞理成爲有品格的、心腹的、或是具體表現的，因爲他們知道這是與耶穌被釘死的情形有連帶關係的。

那些逃避道德責任的人，慣常要一個沒有困難的宗教，他們自稱爲不知有天主者，是希望藉以免除眞理所產生的道德後果。但是無神派、懷疑派、和養成的猶豫派，都不能代表理智的本身，因爲理智曉得；那裏有影，那裏就有光。若沒有可否認的東西，就不能有否認的存在。這些態度其實都是道德的立場，在這立場上，有人想以否認道德的存在或背向眞理的方式，而保全自己的安全，這眞是自欺欺人。其實猶豫並不常使我們的行爲放鬆，而放鬆的行爲卻常產生猶豫。吾主耶穌在這點上表現得極其露骨，說：「凡是作惡的人都嫉恨光明，也不來接近光明，免得他們的行爲被判定是惡的；但是，凡是照眞理行善的人，都希望可以顯出他們的行爲是因天主而作的。」（若、三：20—21）。又「你們查考經典，因爲你們認爲其中有永生；但這些經典正是給我作證；而你們反不願意到我這裏來，爲獲得永生。我的榮耀不是從人而來的，但我認識你們，早知道在你們內沒有天主的愛。」（若、五：39－42）。聖保祿更證實救世主所說的：「他們自稱爲認識天主的人，在行爲上卻有相反的表示。他們是可憎惡的，悖逆不順的，什麼善事都作不了的。」（鐸、一：16）。

重要的，並不是人說「什麼」相反天主、耶穌基督、和祂的教會，而是他們「爲什麼」這樣說。「什麼」往往是他們生活習慣的論調。一個天主教的壞教友說：「我再不要相信告解聖事了」，實在是說：「我過着一個犯罪的生活，我拒絕脫離犯罪的習慣，我不願意和天主言歸於好。」在這樣的人身上，理智是一種工具，用來創造假懷疑，織製遮避物，藉資隱瞞他言行的實在動機。無怪乎天主要審判我們，因爲我們這麼遲疑去判斷自己。聖奧斯丁，在他皈依之前，曾一度拋棄天主的眞理，僅因爲他的品行不端。有一天，彭底濟亞氏給奧斯丁講了一個故事，說他怎樣和他的朋友，在脫里味門前散步，談論隱修士安多尼的荒野生活，以這故事的經過，彭氏志在使奧斯丁反思他自己的生活。彭氏很成功，因爲奧斯丁曾寫述：

「啊！天主！當他講時，你卻使我回想我自己，把我從腦後拉出來，使我可以見到我自己是多麼的臭惡，多麼的不正當，多麼的腐化與卑汚，我仔細地省察了我自己，驚駭得站立不住，竟找不到可以掩蔽自己的地方。我企圖把我的眼睛轉開，他卻繼續着講下去，而祢卻鼓勵我反抗我的罪惡，並用力把我推到罪惡面前，使我可以發覺我的邪淫，而深惡之。雖然，我已認識了我的邪惡，但仍裝則沒有見到的樣子，對之熟視無睹，卻無法忘掉它。

「當彭氏講時，我的內心感到不勝的苦悶，覺得無限的慚愧，他講完了他的故事，他就走他的，而我走我的。爲相反我自己，以使我的靈魂追隨祢，什麼話我沒有說了？爲鞭韃我的靈魂，什麼苦刑我沒有用過？但是我的靈魂向後退，拒絕服從，不過並沒有寬恕自己。各種的論證都用過、駁倒過；我的靈魂呆着，畏縮無言，猶如怕死般地不敢阻止那習性的潮浪，因此消耗自己直至於死。

「在我和我的靈魂挑起這個大戰時，我感到內心不安，外形難靜，我跑到亞里比護斯那裏。『什麼使我們痛苦？』我喊說：『這是什麼？』『你曾經聽到什麼？』不學無能的人，開始向上，努力登天；有學問無心腸的我們，哎，卻躭於肉，沉於血！難道因爲有人在我們前面走，我們就恥於隨從？而那些人卻不以爲然呢？

「玩具之玩具，虛榮之虛榮，我的老情婦們仍然抓住我；他們包圍着我，向我耳語說：『你要拋棄我們嗎？從此以後我們將與你永別嗎？從此以後，這個或那個，爲你都是不合法的嗎？』我說，她們暗示什麼呀？『這個或那個』，哎！我的天主，她們暗示什麼呀？請以祢的仁慈把這一切從我的靈魂裏遣發出去吧。她們所暗示的是什麼褻瀆，什麼恥辱！現在我已只聽到她們的一半了，她們也不再明顯地在我面前出露，或公開地反對我，但好像還在我的背後喃喃不息，並私下急拖着我回頭去看顧她們。我似乎是在離別，但是，她們曾使我拖延，使我猶豫和她們決裂，並使我慢於跑到祢叫我去的地方。一個強烈的習性還在對我說：『請你想想，沒有她們，你能生活嗎』？」

稍晚，奧斯丁的意志接受了天主的寵佑，展開了聖經，他寫述：「我手握着聖經，展開而默頌我目擊的那一段：『不在暴動與醉昏，不在淫房與放蕩，不在爭吵與妒忌，而在把你放在耶穌基督的手中，再別供應肉情與私慾。』我不再往下念了，我也不再介意，因爲在這文句的末段，一個寧靜的光輝忽然滲進到我的內心，一切懷疑的雲霧都已吹消。」

什麼東西屢次阻止了一個無神論者信仰天主，或一個信仰天主的接受耶穌基督的天主性，或一個信仰耶穌基督天主性的人接受祂的奧妙神體，或一個天主教的教友顯耀基督一生的眞理與愛德呢？並不是這些道理不可相信，而是人的習性在那裏操縱，爲答應那些反對基督的教義，而說基督的教義已被考驗過，而顯出不齊全的人，澈斯德東說得好：「基督的教義被你們發覺是嚴格的，但未被你們考驗過。」凡是說，基督的教義是不實際的人，都明指着他們不願意實行這個教義，因爲他們的習性反對他們變通。天主的陽光在我們的窗外照耀，假若我們不願意清潔我們行爲的窗戶，且不親自去見它，則我們討論它的美好有何用處？老實說，不知道天主的陽光的人並不多，而怕天主的陽光進到他們生活中的人卻多得很。

這裏有三個髒物，可積聚成爲習性，並在靈魂的窗戶上，阻止天主的聖寵陽光透進。就是(1)肉慾的汚穢——或說非法的好色；(2)金錢的汚穢——或說財富的貪慾；(3)唯我的汚穢——或說自私和虛榮。只要把靈魂的窗戶略爲清潔一下，則天主就可以更親近你。「心地清潔的人是有福的，因爲他們將得見天主。」

由此可見，信仰的主要障礙有三，而這三種障礙都是在我們的意志內行使的，就是：不要眞理；不遵從我們已經知道的眞理，以增長我們對眞理的認識；以及抵抗眞理。因爲它危害我們所喜歡的壞習慣。

爲剷除這些障礙，我們可貢獻三種心理上的改變，就是：採用徹底的科學態度；照我們已知的眞理而行；革新我們的行爲。

第一、假若我們採用眞正科學家的謙虛，我們將會樂於接受任何我們所知道的眞理，無論這眞理是否適應於我們生活的習慣。因爲在宗教信仰上把「自我」作爲絕對的開始是很不科學的，正如把自己作爲數學的中心，或天文學的中心，一樣的糊塗。在我們這個時代，確認主觀，否定客觀，已是很盛行的——把「自我」作爲一切善與眞的標準，把我們自己的偏見作爲一切事物的金科玉律！這種否定客觀的實有，乃是我們今天紛亂的基本原因之一。這是在宗教上與哲學上屢犯的一種錯誤。在科學上，沒有一個生物學家，會坐在蠕動的變形蟲前說：「這是我的生命觀念。」他讓生命自己去確定他的觀念。也沒有一個地質學家，強把自己地質的原理，放在所搜集的事實上；他研究岩石的性質，讓岩石呈現於他是什麼，他就接受什麼。科學的態度對於宗教恰好是同樣的。它開始研究天主的宗教觀念，而不是我的宗教觀念。對宗教所發現的，不是那我所要找到的，而是那天主要我所認識的；不是那我所相信的是眞的，而是那天主所說的是眞的；不是那我所想的是好的，而是那天主所做的是好的。這需要一個謙虛的態度，藉以給人開拔一條通衢，進而瞭解天主的實有。

第二、當我們實行已經認識的眞理，我們就會獲得更多的眞理。因爲自然律告訴我們，除非人先用盡了第一次的元氣，他是不會獲得第二次元氣的。關於知識，其原理是一樣的；祇有我們實用已經認識的道德眞理，我們才能得到對這眞理的一個更深刻的認識，和一個更充份的啓示。理智所顯示的每一個新高度，都須先爲意志所擄獲，然後才能出現更大的高度，所以宗教並不僅是一個爲「討論」的題目，而也是一個爲「決定」的題材。在宗教上，猶如在其他的一切研究工作上，是能有進步的。假若我們眞的願意宗教長大，則我們的認識眞理，將是加乘果積的，「求，則恩惠就給予；尋，則你可以找到；敲，則門就會給你啓開。」

最後的一個要素是，革新我們的生活。眞如有些人怕拆開銀行寄給他們的一封信，因爲他們怕存款已經透支了；同樣的，有些人怕考究天主的眞理，因爲他們怕自已的錯誤生活方式會被顯露出來。一旦曉得了銀行的存款已經透支了，那時就會產生一種責任感。雖然拒絕拆開銀行的來信，並不會增加銀行的存款，但這種行爲卻延緩了判定，推開了不愉快的負擔。要面對我們的過失總是不容易的，可是因卑怯而拖延判定的時光，卻是拖長我們的不幸與罪犯。所有的人都接到天主的寵佑——由天主寄給他們的「提醒信件」。許多人都怕這些消息傳到他們的心中。

其實，要進入天主的樂園，最好的辦法，是把自已拋捨給眞理。比如，一團泥土要成爲一種美型的陶器，它必須先拋給陶工，並請陶工任意去塑作。同樣的，一個人假若願意成爲光榮天主的器皿，他就須讓天主隨便安排他，並斷絕一切的邪惡和背叛。

在許多人的生活中，懷有着一個極大的願望，去給他人施捨許多恩惠及情感。假若人們願意接受的話，則他們就把所有的精緻美品，盡其揮霍的能手，向他們所愛的人去傾注。因着祂的無限仁慈，極其慷慨，天主也願意有一個機會給我們的心靈傾施祂的財寶。

我們也許害怕天主對我們的要求，可是我們的怕懼實在是可笑的，因爲我們所怕的，正是人所能知道的唯一永福。比如，當一個人吊在繩上，向井下墜，可能不勝恐懼，因爲假若一直下墜，他又不知將遇到什麼，而在黑暗的井口又見不到井的深處，更不知道距離井口的數吋，就可以踏到井底；相反地，他心中卻想像着墜井致死的危險。同樣的，一個人把自己交給天主，看起來好像要失去一切似的，其實跌下去不過數吋，就可達到堅實的底面。所以假若有人懷疑他應做的事，或者不知眞理之所在，那麼下面的當是他每日的禱告：「天主！請祢光照我的理智，使我能認識眞理；請祢堅強我的意志，使我能隨從眞理」。凡能實行這種祈禱的人，將會驚喜發現，他曾旅行了多遠，當他到達目的時，他是多麼的幸福快樂。

結論

所以信仰是屬於精神的，凡旅居於現世的人都不能沒有信仰，因爲信仰的定義，依據聖保祿所說的是：「所希望之事的擔保，未見之事的確證」。我們在現世做旅客的數十年中，所希望之事，決非名利與權勢，因爲這一切到了身後，都將成爲虛無，而不能有任何擔保。顯然的，我們所希望之事，是永生永樂，而爲獲得這永樂永生，我們有耶穌基督以他的死亡和復活作爲我們的擔保。至於我們在現世所未見之事，決非登月球上星辰，而是升天堂享眞福。因爲前者都是物質的湊合，需要人工去美化的，而後者則是無限的美善，有天主子證實的。

爲使我們能獲得信仰，在天主方面備有着永施不缺的寵佑，在我們方面，只須善待眞理，並對既得之眞理，善爲用之，藉以改良我們的生活使之臻於完美，配稱天主的子民。能如此，則天主所願意者，我們都可以代行，因爲天主已把我們當爲祂的精工利器。好了，朋友！這就是信仰，它的主題：人類；它的對象：天主。這就是信仰，朋友！它的力量：天主的光榮，人生的永福，天人的合一。這就是信仰，朋友！它的要素：天主的寵佑，理智的認識，意志的實行。一旦到達這個境界，則「自由」必能受享於人間，因爲聖經上說過：「眞理要使人類獲得自由」；而「民主」也自能普及於世界，因爲天主所創造的人類，在祂面前都是子女，因此皆爲兄弟。能如此，則那令天怒人怨的共產黨，怎能不消滅於天下地上呢！

原載於東方雜誌復刊第十四卷第十二期
七十年元月一日出版

人究竟有靈魂嗎？

靈魂實有與否是一個嚴重問題，任何人都不宜忽視，因為它對每一個人均有切身的關係。假若靈魂不實有的話，則所有為身後打算的人，一生苦身克已，修德立功，處處為人着想，事事給人方便，目的是希望來世能升天堂，永享眞福，而到死時，竟是萬般皆空，一無所有，那豈非太不公道！又假若靈魂實有的話，則凡專務於現實的人，縱情恣慾，亂享世福，肆無忌憚，搶刮竊奪，無所不為，以為死後，平安無事，孰料他的靈魂正面對天主，聽受審判，因其罪多而無功，應承永罰，這不亦太悲慘嗎！

為能解決這個大問題，我們先須聽取有靈與無靈兩派的論列，藉以明察靈魂究竟存在與否，然後我們可以為自已作一個正確的抉擇，使我們的生活得到切實的指南，從而可以免掉對死後的莫名其妙，或後悔莫及。

㈠ **無靈派**：主要信徒爲進化論與唯物論者。他們以爲靈魂是不存在的，因爲依據進化論者的觀念，人是由猿猴進化而來的，其理由是，人體的結構與猿猴極其相似。比如，人的骨骼、人的牙齒，和猿猴的相同，所以兩者是出於同一祖宗的。此外，各種生物的發育，無論簡單的或複雜的，都是發源於一個受精子的卵，而人也是如此。至於唯物論者的觀念，則以爲人的一切都是物質，就連人的思想也是一種自然發展的現象——一種純物質的高級產品，所以在人身上沒有精神的存在，換言之，就是沒有靈魂。

有靈派：主要信徒爲所有信仰宗教並有一個神的觀念者。他們相信靈魂的實有，並且指出：人的靈魂不是由父母所生，而是由天主所造。這靈魂具有理智，能夠推究眞理，並具有意志，能夠自由選擇。又因爲這靈魂是精神體，所以它是不能死、不會滅的，永生常存的。

㈡ **無靈派**：人與其他動物並沒有主要的分別，兩者之間所有的不同祇是等級之高低，與品質之優劣而已。比如，人有感情，其他動物亦有；請看！母獸是多麼地愛護自已的小動物，飛鳥在交配前是如何地殷勤獻媚，又，人能推想、預料、顧及將來，詭計多端，禽獸與昆蟲亦能；請看！蜜蜂不需要尺度，竟能推算出六角形的蜂房建築；蜘蛛會想到在偏僻的地區紡織幾何式的網，藉以捕捉蚊蠅，而儲蓄食糧；蝴蝶爲逃避人的捉害，知道急飛到花叢中，變成像花葉，使人不能辨認；戰馬曉得假裝跛足，以免再被徵上戰場。這一切的表現都足以證明，人與其他動物是同出一種類的，只不過人的程度比較高超，所以人是沒有靈魂的，而且亦無此需要。

有靈派：上述所引各種事實，適足以證明其他動物的所作所爲，都是順其本能的驅使，行其本性之所趨，而絕對沒有人的理智。因爲「本能」的表現與「理智」的表現是完全不同的：本能是自然的，而理智是思考的；本能是盲從的，而理智是自覺的；本能是衝動的，而理智是意識的；本能是遺傳的，而理智是自發的。比如，蜜蜂吧，牠千萬年以來，常是一樣地生活着，不變地勞動着：牠首先做蜂房，繼續貯蜜，然後產卵，末了封蓋蜂房。假若你把牠所做好的蜂房，從底面拆穿，蜜蜂既不知給以修理，又不知停止貯蜜和產卵，仍然若無其事地，繼續進行牠的步驟：貯蜜、產卵、封蓋蜂房，等待小蜂的生長，牠怎樣亦不會顧慮到房底被人拆穿，蜜已流盡，小蜂已餓死。這就是蜜蜂缺乏理智的實證。再比方蜘蛛吧，牠也是毫無思索地從事：吐絲、織網、捕蟲、生卵。你假若把牠所織的網拆毀，把牠所捕到的蟲拿走，牠還是若無遭遇地，繼續進行着牠的工作程序，這豈不再次證明昆蟲只有本能而無理智？其實，其他動物亦是如此。所以人與其他動物是有天壤之別的，而這分別是主要的，因爲人除掉物質的肉身之外，還有精神的靈魂。

㈢　無靈派：至少在有些動物身上，我們可以找到人的「理智」，以證明人與其他動物的分別，祇是等級和品質的，並不是精神與物質的。比如，在變把戲的臺上，猴子會翻頁讀書，牠能拋骰子計點數，牠能抽出人所要求的牌子；再比如獵犬吧，在獵場上追逐野獸時，當牠跑到三叉路口，雖不見野獸的去向，卻知道如何鑑定野獸之所往，牠先到第一路口，再回到第二路口，若尙未能獲得野獸的踪跡，牠就推定說，我所追捕的野獸一定是經過第三路口逃跑了，於是牠就急起直追，卒至捕獲獵物，這豈不證明猴子和獵犬也能推理和反省，猶如我們人一樣？所以人與其他動物的分別，只是品質與等級而已，並不需要精神的靈魂來解說人類的一切。

有靈派：雖然在一些動物的身上，我們可以見到相似辨別的行爲，如同無靈派上面所引述的例子，不過這一切行爲都不是反省，也不是推理，而僅是感覺的聯繫。要知道，禽獸與昆蟲的從事，都不能超出牠們五官所及的境界，也總不能採用公共的原理，及抽象的推論，所以人與其他動物之間，存有着一個不能跨越的鴻溝。

爲使人的「理智」與其他動物的「本能」更明顯地分別出來，我願意在此引用法國大科學家諾漪（Le Con tu du Nouy）的一個比喩：「這裏有一個網球，人和狗同樣見到；狗玩弄它，知道它會滾會跳，這就是狗對網球所獲得的觀念。但是一個成年人對這網球的觀念卻不是如此：他暫且不注意網球的顏色，大小，與彈性，而把持着球的中心點——一個圓形的東西，這中心點是人的想像物，人理智的產品，它不夾雜物質，而卻極其重要，因爲由這個球的圓形中心觀念，我們大而可以瞭解地球，控制宇宙，小而可以製造許多大小不同的球。若沒有這個圓形的中心觀念，人就無法製造任何大車輪子，就連一部小型的脚踏車也無從製成」。

圓的中心觀念，只有用理智的人才能得到。至於其他一切抽象的觀念，和普遍的原理，也是如此。比如，人在實際事物上所有的觀念，可以到處加以應用：把它用在倫理上吧，則「作此爲善，作彼爲惡」；把它用在美術上吧，則「這是美的，那是醜的」；把它用在哲學上吧，則「爲何這樣，爲何那樣」；把它用在宗教上吧，則「天主的存在，靈魂的命運」。這種觀念，其他動物都不能有，因爲牠們沒有理智，所以理智是精神的能力，不是物質的產品。

因爲在世上，唯有人有理智，所以也只有他能夠不斷地進步，而其他的動物則常是依然故我。就連常伴隨主人的狗，雖然日夜與人爲伍，卻未能從主人處學到一點反省和推理。比如，每到天寒氣冷時，主人常牽着自己的狗，由外進屋，並在爐邊用燭火燃燒木柴，藉以暖身，狗雖十次百次見主人如此生火，但要牠自已照做，卻無法辦到，因爲這行爲的進行須經過反省始能完成。再比方，你能敎會關在籠裏的猴子，如何拔開兩根直關的門栓而出籠，但你若把門栓橫關，則猴子就不知如何開門出籠了。因爲要知道開門這件事，當用因果律來推論，而猴子因爲缺乏理智，無從推理，所以牠只好悶坐牢籠，等待主人來給牠開放。因此，人之所以能控制世上的一切，顯然的，並不是靠着他的體力，而是用着他的理智。這理智是其他的動物所不能有的，因爲它是屬於精神的——靈魂的產品。

㈣無靈派：你們信仰靈魂實有的人，不要以爲自已的立場是穩定的，因爲你們未曾想到蜜蜂和螞蟻所組織的社會。在這社會裏，牠們度着幸福的團體生活，使我們人見到不勝羨慕。在牠們的社會中，大家分工合作，秩序井然：各司其職，各居其位，上有分，下有別，追隨領袖，服膺命令，有條不紊，這還不是「理智」的表現嗎？坦白地說，人類所組織的社會，還比不上牠們的，因爲人類彼此不合作，不斷戰爭，還要互相殘殺。所以人與其他動物的懸殊並不太大，只是一點等級與品質上的差別罷了。

有靈派：其實蜜蜂與螞蟻所組織的社會，猶之乎人體上的組織一樣。在人身上有五官四肢，牠們都是由細胞所組成的。比如，皮膚是由生活細胞所組成的，而筋脈則由其他細胞。在肝與腺內，有化學細胞，分泌特別液體；在腦中，有稜稚細胞，作爲理智的用武地，並有神經細胞，藉以傳達號令；末了，還有護衞細胞，用以保護四肢五官，防衞血液。如衆所週知，當毒菌來侵襲人身時，護衞細胞爲保護身體，奮勉作戰，不惜犧牲自已，不知成千累萬地死於戰場。所以螞蟻和蜜蜂的社會，就是人身上的這樣一個組織，這與人所自由組織的社會完全不同。因爲在人的社會中，每人都可以在社會之外生活，而昆蟲卻不能離羣而生存。比如，一個蜂王，一個戰蜂，一旦離開了蜂窩，不久就會死掉，因爲在昆蟲中，每一個單位只是像機器的一環，各有其司，盲目地工作着，以求全體的利益。至於人，在離羣而生存時，雖不免有許多困難，但卻不致於因此而死亡。比如，在荒野深山中的隱士，他能單獨自由地，遠離羣衆而自度一生。不特此也，人在利益之前還能自由選擇，而其他動物則永爲利益所吸引。比如，男女在結婚之前，沒有不先考慮的：是爲美麗？抑爲聰敏？是爲職位，抑爲嫁妝？是爲社會階級，抑爲宗教信仰？在這一切上，未婚夫妻都覺得自已是有自由選擇的；但其他動物則不然，牠們在兩個利益之前，沒有不爲更大的一個所吸引的。所以人與其他動物的不同，不特因爲人有理智，而牠們只有本能，還因爲人有自由的意志，而牠們只是隨從利益而逐流的。

㈤　無靈派：人根本就沒有自由，他所行所為都是被迫使然。他的思想是腦子的產品，即科學家早就聲明的：「如肝分泌膽汁，腦分泌思想」。腦與思想的密切關係，可從下列比喩中顯出：腦子受了傷，思想不正常；腦袋受震動，理智會不靈；腦溢血，使人昏迷；在腦上動手術，能變更人的思想。當然這是一個複雜的問題，因為人的腦是由十四億細胞組織而成的，而況其間還有無數的筋脈交叉着。不過，這足以證明，人的思想不是如有靈派所說的；「它是靈魂的產物」。此外，人在決定一件事時，既受心境之指使，以及數以千計事物的吸引，又受年齡、氣候、水土、遺傳、教育之影響，所以怎能說人是自由的！

有靈派：無疑的，因為人是靈魂與肉身的結合體，在他身上，物質能影響精神，精神亦能影響物質。比如，情感使人臉紅，憂愁阻礙消化，恐懼加速心跳，對醫生與醫藥有信心，可以幫助病癒。由此可見，物質的腦，因其為思想的工具，牠的好壞，對於人的思想是有直接影響的。同樣的，猶如琴之對於音樂家，筆和顏色之對於美術家，都有相當的關係。當琴損壞了，即大音樂家也無法奏出美音；當筆和顏色不好，即名畫家亦不能繪出好畫。所以腦既為靈魂思想的工具，則其健全與否，自然會影響到人的思想的。這是所謂：「工欲善其事，必先利其器」呢。

為使腦對思想的作用更明顯化，我想下面的一個比喩能有幫助；人的靈魂在腦中，猶如接線員之在電信局內一樣。電信局內所安置的一切電線，等於腦的神經系統。但在電信局內能引起向外談話的，不是電線，而是接線員，雖然電線損壞，不能傳達言語，發表思想。一旦接線員離開電信局，則電信局的電線就不能傳話了。不過，接線員雖離開電信局，他卻還是一個人。同樣的，靈魂在肉身內，腦能傳達思想。但，一旦靈魂離開了肉身，腦就毫無作用了，不過靈魂還是生存的。

㈥ **無靈派**：你們相信靈魂實有的人說，人在死時，他的靈魂離開肉身。請問，有誰見過這種離別？或更好問，有誰曾見到靈魂從死屍中出來？當然從未有人見過靈魂，所以靈魂是不存在的。

有靈派：在世界上有許多存在的東西，我們的五官都不能感受到。比如，權力、生命、自由、責任、「我」，我們都無法見到，或摸到，但我們不能因此說，這一切都不存在。同樣的，靈魂既是精神體，它是無形無像的，我們亦不必希望見到死人的靈魂。即使死人的靈魂眞的顯現出來，也只是借着身體的形狀，使我們可以看見，並不是眞的靈魂有形狀。因其爲精神體，所以靈魂是不死不滅的。它之離開肉身，用一個不太相稱的比喻，就如同蝴蝶脫蛹而出。蝴蝶離開了蛹的生活，開始度牠那在光天白日下，在花卉中穿來穿去的新生活。同樣的，靈魂離開了肉身中的生活，它就開始那不受空間限制、無往不通，那不受時間侷促、永不間息的新生活。

㈦ **無靈派**：靈魂不死不滅，永生常在的構想，是宗教家們所虛設的。他們利用人怕死求生的心理，而構成靈魂不死不滅的觀念。這樣，可以使人給他們金錢，以維持宗教的生活。這眞是假仁假義，無恥至極。因爲一切有生，必有死，所以人死時，一切都完了。

有靈派：假若人死後，一切都完的話，那末，在現世，善人受苦，惡人享福，不是太不公道嗎？假若善惡是永遠沒有報應的話，那末，這個生命有什麼價值呢！假若沒有永生的話，那末爲什麼我們人都會有這種希望、這種想念呢？因爲在曠野沙漠中的人是不會想起茂林的，除非他在別處曾見到青草如茵，泉水涓涓，樹木成蔭。又因爲在自然界中，眼睛證明有物，耳朶證明有聲音，魚鱗證明有水，饑餓證明有食物，可使我飽飫；同樣的，渴望公義，企圖幸福，追求眞理，思慕愛情，努力理想，尋求美麗等，證明有能使我滿足的東西存在。可是，現世旣使我精神饑渴，並使我期望來世的生命，則靈魂不朽有什麼不可能呢？

更有進者，在現世有價值的生活，在乎善盡已職——仰不愧於天，俯不羞於人的生活。每當你行善積德時，你就在你道德的建築上，增添一磚一石，作爲你永生的財產。你願意你的生命是一成功，是一傑作。但這道德的建築，在現世是看不出的，而且在現世，功德罕受賞報，屢被誣告；忠心赤誠，常遇誤解，時遭譏笑。假若靈魂不是不朽的話，則這一切如何解釋？

還有，自古以來，所有民族都相信靈魂的不死不滅。比如，我們中國人對祭祖，按時供奉衣食，因爲相信祖宗的精神——靈魂不死也；在埃及的古墓內，備有許多小船，使亡者的靈魂渡往另一世界；就是今天，在淸明節，或追思亡者日，你只要到公墓去一趟，就可以證明現代的人亦相信，亡者仍繼續生活着。請看！那無數的玫瑰花，揷在亡者的墳墓上，豈不是說：「我永遠愛着你」，和「使你永遠嗅到我愛情的香味」嗎？

(八) **無靈派**：即使有些人期望不朽，但許多人對於暫時的福樂，就感到心滿意足。他們不求其他，只怕明日將歸於虛無，不過，並不覺得需要無窮，亦不奢望活到永遠。

有靈派：這些人安心接受命運，固然不錯，不過要說他們心滿意足，那是很可懷疑的。因爲在人身上，存有着兩個傾向，一是肉身的，或說是物質的，一是靈魂的，或說是精神的。物質的傾向，因爲是有限的，可以隨時實現，比如，衣食住行；精神的傾向，因爲是無限的，必須等到身後才能滿足，比如，永生永樂。不過，旅居於現世的人，因其爲肉身與靈魂的結合體，他的生活是趨向於兩個境界的。肉身要他向下，靈魂要他朝上，所以人是最麻煩的受造之物。因爲人是脚踏兩個境界——一個是精神的境界，一個是物質的境界，所以人的內在生活常被分裂。在這個境界中，人面對着一個玄妙。對於這個玄妙，他若想逃避，則前面是一個不可越過的鴻溝，——人與禽獸相隔的鴻溝，他若要解決，就不能不度整個的人生——靈魂與肉身並進的生活。要度這樣的一個生活，人就開始他的痛苦，因爲在肉身方面，人爲時間與空間所限制，他不但不能同時生在兩個不同的世紀，而且還不能同時活在兩個不同的地區；在靈魂方面，人雖能逍遙於空間和時間之外，能有非物質的世界觀念，能研究以往與將來的事物，但人的靈魂所能嚮往的地方，他的肉身卻不能隨同；又，人的肉身雖只生在世界的一角，活在某一個時代，他的靈魂卻懷有無窮的希望與無限的情慾。

這逍遙於時空之外的能力，決不是肉身所能持有的，這追求無窮眞理的趨向，與這思慕無限愛情的熱切，也不是侷限於某時某地的肉身生活所能符合的。所以人不可能只是物質的，他必須也是精神的，而且在人的身上，精神的生活應該是主要的，物質的生活只宜是次要的；因爲當主要的存在，則次要的隨同；一旦主要的脫離，則次要的消滅。

好了，朋友！我們已經看了和聽了無靈派與有靈派的論列，其中誰有理，誰無理，我們不難明白。靈魂的實有，是無法否認的，它永遠的命運是好、是壞、是享福、是受苦，要我們每人自已去抉擇，而這抉擇必須於現世完成，因爲我們的永生是由今生確定的。

原載於文藝復興月刊第十三期
六十年十二月一日出版

修德行與犯毛病那樣容易？

德行是要修而成的，毛病是要犯而染的。在這兩者之中，修德行容易，抑或犯毛病容易呢？對於這個問題，在我做神父的初期三十年內，無論在歐美，或在祖國，我曾經問過許許多多男女老少，所得到答案幾乎都以爲「犯毛病容易，修德行困難」。在理論上，極大多數人的觀念應該是對的，可是在事實上，往往不是如此。

爲使我們了解這個重大的問題，我們首先應該查清德行是什麼，毛病又是什麼？德行的定義是「行善避惡的恒久習慣」，而毛病則是「行惡避善的恒久習慣」。從德行與毛病的定義上，很顯明的是，兩者都有所行，都有所避，兩者都需要相當的時間，因爲是「恒久的」，兩者都需要重複的動作，因爲是一種「習慣」。

現在讓我們細心考察一下，「行善」容易，抑或「行惡」容易？或者更好問：送人家一樣禮物容易抑或偷人家一樣東西容易？在這「送」與「偷」上，我相信，大家都會答說，送禮物比偷東西容易，可是送禮物是「行善」，而偷東西則是「行惡」。所以行善比行惡更容易。再比方給人講眞話和給人講假話，那樣更爲容易呢？我想，在極大多數的人的心目中，都必以爲講眞話要比講假話容易多了。可是，講眞話是行善，而講假話是行惡。所以再次證明行善比行惡更爲容易。

再讓我們考察，「避惡」容易，抑或「避善」容易呢？或者更好說，避開一個壞蛋容易，抑或避開一個好人容易？在壞蛋與好人之間，我相信，大家都會答說，避開惡人要比避開好人容易多了。可是，避開壞蛋是「避惡」，而避開好人是「避善」，所以避惡比避善更容易。此處所說的避惡容易是，因爲我們人的本性是拒惡迎善的。

現在讓我們回想一下：「行善」與「避惡」之容易是屬於修德行的，而「行惡」與「避善」之困難是屬於犯毛病的，因爲這是上面的定義所明指的。

我們再往下考察「恒久」二字是什麼一回事。很明顯的，這是指點須有一個相當久長與繼續的時間，而不是頃刻與斷續的光陰，才能修成德行，或者犯上毛病的。所以在時間上，修德行與犯毛病是，同樣需要一個相當久長的時間的。

最後，我們要考察什麼是「習慣」。所謂習慣是指點一一而再再而三，重複的行動，而且是有理性的行動，不是不知不覺的下意識行動。所以無論修德行亦好，犯毛病亦好，你都需要用一番心思，而且是一番持久不渝的心思。

由上觀之，無疑的，修德行是比犯毛病更爲容易。事既如此，那麼何以極大多數的人，都誤以爲犯毛病比修德行更爲容易呢？這種普遍的錯誤觀念是從何而來的？

我以爲這種錯誤的觀念是，由於下列的四個因素而造成的：

㈠因爲「行善」是人的自然表現，而「行惡」則是人的不自然表現。自然的表現是應該的，不足爲奇的，而不自然的表現是不應該的，令人驚奇的。對於應該和不足爲奇的事，是無人樂意談論的，卽或有人談論它，亦不容易引起聽者的注意。但對於那不應該和令人驚奇的事，則幾乎人人都喜歡談論，亦幾乎人人都注意聽聞。所以當你每次行善，從未被人一提，一旦你偶而行惡，卽常被人談及。比如，某人偶而做一次壞事，很可能是出於無心的，而閭裏巷外卽大爲談論，一傳十，十傳百地宣傳着。相反的，同樣的這個人，時時日日，月月年年，安分守己，循規蹈矩地做人，卻從未聽到有人稱頌他談論他。所以行惡容易的錯誤觀念是，社會人士樂於揚惡所造成的。而行善困難的錯誤觀念是，因爲太少人注意揚善的緣故而發生的。

㈡因爲我們人，既都享有天賦的自由權，則在不稱心的事上自然會表示反抗性的。因此，比方你有一次或不故意地做壞了一件事，你就遭受人家的責罵。於是你就內心反抗說：我屢次做好，從未得到稱讚，而這次偶然做壞，竟受如此責罵，這實在太不公平了。爲矯正這種不公平，你一氣之下，更加把事做壞，以洩你的氣忿，並要向那責罵你的人報復。所以行惡的容易是由人迫使而成的，而行善的困難是由人氣餒而生的。假若社會人士對行善和行惡者，給予同樣的公正待遇，則我可以擔保，大家都會覺得，行善要比行惡容易多了！

㈢因爲凡是人，大都是好名的，但是在好事上要出名，必須立大功，成大業，不然是不容易引人注意的。可是，立大功，成大業，豈是常人所能爲哉！至於在小事上，立德立功，比如規規矩矩地做人，謹謹愼愼地守法，那是人人都能做到的，根本就得不到人家的一提。反之，要在壞事上出名，那就不同了。比如，在家中夫妻時常爭吵，在學校裏學生不時曠課，在辦公室裏職員每次晚到，在宴會上某人隨便酗酒，或者其它的不法行爲，那就不慮無人代爲宣傳了。這正是俗語所說的：「好事不出門，惡事傳千里」。因此有些人那麼迷於出名，於是就自作英雄好漢：「旣不能留芳百世，亦要遺臭萬年。」但這樣的人究竟不多，而引人注意者，其效率卻難以估量，因爲其結果是普遍地使人誤認，以爲行惡容易，行善困難啊。

㈣因爲一切循序進行的生活，雖然是完整的，但卻難免單調。於是許許多多的人都感到這種生活乏味，而要找些刺激。要找刺激，自然祇好走上不正常的路途，因爲正常的生活方式，永遠是如湖水一般平靜，而不能如海潮那樣波盪的。但是走上有刺激性的生活者，若不自知節制，則必陷於家破人亡的境界，比如在酒上找刺激吧，若無節制，則不特每日自己沉湎於醉迷中，而且還使家人也都連累受苦。再比如在賭博上找刺激吧。若不能自行克制，則不特日以繼夜地，伏在賭博桌上，損害自已的康健，消沉自已的意志，而且還要傾家蕩產。還有其它各種有刺激性的生活，若用之過度，都會產生極其悲慘的後果的。但是這種充滿刺激的生活，並不比正常的生活容易，所以行善困難，行惡容易的錯誤觀念，實在不容再不改正了，因爲它給予吾人的害處太大了，它所佔有的時間太久長了，我們不可以再如此糊塗下去了！

從上面四個原因看來，則我們要使人類的生活正常化，以免其不正常；道德化，以除其不道德；我們必須深徹地認清；修德行是容易的，犯毛病是困難的。此外，我們還須憑此認識，以邁進人生的昇華；重視善人，以鼓勵行善的擴展；原諒過失，以救拔罪犯的重墜；宣揚好事，以光榮好人的奮發。

原載於中國一周
五十二年三月十五日出版

聖學精義序

我友薛光前博士，在他繁忙的生活中，居然能抽出時間，把曼麗德蘭修女的名著『聖學精義』一書，長達數十萬言，用白話譯成，以饗國人，使能在宗教眞理中，發揚自由博愛的精神，嘉惠時代青年，實匪淺鮮。薛博士要我寫一篇短序，我當然不敢推辭。

在讀完『聖學精義』後，我發覺曼麗德蘭修女是爲自由而奮戰，是一位極有聖德的人物，也是一位時代的先鋒。在她的著作中，到處可以見到『做聖人就是眞自由。』她很明白地指出：誰可以做聖人？聖人是怎樣做成的？對於這兩個問題，她的答覆很簡單。就是：任何一個人，只要他願意的話，都可以做聖人，而且這也是人生最後的目標。至於聖人是怎樣做成的，她指出天主的聖寵是成聖的要素之一，而且這聖寵是常給予承行天主聖意的人的。除此以外，她還給我們指出本性的成聖要素，或是說，使我們做聖人的步驟。

第一個要素是這世界給予吾人的空虛感，以及這世界絕對不能予吾人以內心的平安與永久的幸福。我們且問一問我們自已的經驗，就可以證明這話的不假。當我們做兒童時，不是渴望着新年的來到嗎？在新年未來臨之前，我們曾想像着可能得到的快樂，以及各種玩具，紅亮的燭光，無數的糖菓，算不清的壓歲錢。當新年畢竟來到了，玩過了各種玩具（這不需要久長的工夫，就會玩累了），嚐受了糖菓的美味，計算了紅紙包的壓歲錢，吹滅了最後的一枝燭光，爬進了床上以後，在小小的心裏，自言自語地說：『不知怎的，新年的來到，不像我所期待的那麼好！』事實在，天下沒有一樁現實的事，會如同我們所想像，所期待的那麼美滿！兒童時的體驗不知以後重複了幾千次。人們希望着權勢，畢竟他們獲得了權勢，而他們仍是不覺得幸福；人們渴望着金錢，畢竟他們所有的金錢百倍於他們所需要的，但他們還要更多。這種不滿足的心思，就使他們不快樂，因爲就是失掉了這豐裕財富的一點，也會使他們感到難過。猶如滿頭的頭髮，就是拔除一根，也會使他覺得疼痛的。實在，這世界上沒有一樣東西會如同我們所期待，所想像那般完整無瑕的。

這是什麼緣故呢？因爲在希望時，我們用我們的想像；這想像，因爲是靈魂的本能，是屬於精神的，所以能想像無限的東西。比如，我能夠想像一座金山，可是我從來沒有見到過一座。我能夠想像在遠地有座宮殿，配有千百個房間，每個房間的牆壁都嵌着燦爛的珠寶鑽石，可是，我從來沒有見到過那座宮殿，而且也許永遠不會見到。這完全說明了想像，不必屬於現實的事物。

對於現世所預期的快樂，對於我們所希望獲得的滿足，對於我們所願望使用的權威，對於我們所期望握有的財富，這一切的一切，在尙未成爲事實之前，都含蘊着一個無限性，因這些都是屬於想像的。在這種意義之下，這種預期的愉樂滿足，是屬於理想的，是具有無限性的，所以能給我們想像中的滿足。可是一旦這些想像，或是這些期望實現了，就成爲物質的，佔據空間的，有限度的，具體的，固定的。在想像中這些原是理想的，因此是無限的；可是一到現實階段，就成爲具體的，因此也是有限的。所以把我們想像中的東西與實際的東西相比，就顯出極大的分別。一是無限的，一是有限的。當一樣事情現實化了，就帶來一種損失感。我們覺得當一個理想成爲事實時，就失掉一種美麗——想像中所賦予的美麗。於是，一種空虛感就隨之而浸濡到我們的心靈。那時我們覺得若有所失，因爲現實與我們的想像相比，猶如用小石子去塡滿山谷一樣。一種可怕的空虛感潛入到我們的心靈裏，而這種眞空感，實在是天主的召呼。用最簡單的話說，就是我們在現世不能期望幸福。這也告訴我們，我們生來是爲一種無限的福樂，不然我們決不會有無限之福的想像。這還告訴我們，在這現世上絕對得不到那無限之福。不然的話，我們決不會感到那麼重大的損失，那麼深沉的遺憾，那麼可怕的空虛！

有兩條路可能逃避這現世的空虛和不滿感。換句話說：有兩條路可以自暴自棄，規避天主的呼召。一是以尋求新快樂、新刺激、新興奮，而把天主的召呼完全淹沒。有些人用這種方法去捕風捉影，沉淪於一種部分的快樂。可是，這快樂永不能給他們一種完整的幸福。二是以任情放慾，推諉責任，追求暫樂，但愈鑿空蹈虛，愈會感覺空虛，直到走頭無路，失望自殺，百身莫贖。

聖善的人們，一旦在內心裏感到這種空虛與不安，便結論說，在現世不能找到幸福，他們的生命是爲了天主的。他們的唯一不幸，就是不能歸向天主。至此，開始成聖的第二要素，就是一種『認識』，一種對救世主耶穌基督的了解。爲說明這一點，請你讓我提醒你的經驗。你也許曾經聽到許多關於某一個人的事，他的嚴肅態度，他的謹恃生活，可是你卻不認識他本人。因爲那是一種間接的聽人傳說的報導，你會發誓說，你對那個人不感興趣。可是當你和他見面五分鐘之後，你對他的情感卻完全改變了。認識使你對他的觀感完全轉變，並使你把那仇視他的心變爲摯愛他的開始。如同耶穌的門徒斐理伯，在未見耶穌之前，滿懷着反對耶穌的成見，可是一旦見到耶穌，聽了祂說兩句話，就完全打破了成見。心地善良的人在耶穌面前也是這樣的。從遠處看去，耶穌似乎是一位嚴格的老師，頭上戴着茨冠，肩上負着十字架。我們深怕因着祂，我們會什麼也不能有了。一天，我們邂逅着耶穌，也許是在煩悶和痛苦中，我們和祂相處了五分鐘，我們對祂的觀念，不知不覺地，完全改變了。我們現在了解：茨冠是光榮的先導，十字架是得勝的前奏。那時我們聽見祂甜蜜地說：

我從你身上所拿去的，我祇拿去而已。

不會傷害你的

但爲使你來到我的手中尋覓：

那是兒童的錯誤
以爲一切都遺失了。我給你堆在家中；
起來，握住我的手，並前進……
因爲你要找誰愛
卑鄙的你，除掉我只除掉我。

至此，開始第三個成聖的要素，就是『交換』。在世人的心目中有一種錯誤的觀念，以爲追隨耶穌基督，就是捨棄世界，離開朋友，施捨財富，與損失一切生活所喜愛的東西。假若我們怕有了吾主耶穌，我們就不能有其它的一切，那麼我們對於耶穌的認識，還沒有摸到線索。因爲事實告訴我們，成聖並不是爲耶穌基督的緣故。所謂捨棄一切東西，歸根說來，祇是一個『交換』的問題。吾主耶穌從未說過，愛世界是不對的，祂只說那是一個損失。因爲『人將用什麼東西去換他的靈魂』？交換的對象，基於兩種不同的事物：第一，沒有那些東西，我們也可以生活；第二，沒有那些東西，我們就無法生活。比如，我可以沒有一塊新臺幣而生活，但我卻不能沒有用新臺幣買來的食物而度日，因爲住在臺灣的我，一切的糧食都須自買的。這樣，我用一塊新臺幣去換一碗飯。在精神的生活上也是如此。很快地，我明白了，我可以沒有許多東西而生活。當我更認識基督時，我發覺我可以沒有可能陷於罪惡（Sinfulness）而生活，可是，我不能沒有祂的平安在我的良心上而生活。這樣，我用我的染罪可能性去交換祂的平安。此後，因我認識基督更清楚了，我察悉我可以沒有正當的娛樂而生活，可是，我不能沒有每日與基督交往而生活。這樣，我以正當的世樂交換祂的神益。當我更澈底地認識了基督，我了解可以沒有世上的財富而生活，可是，我不能沒有基督的寵愛而生活。這樣，我以世上的財富交換祂的神恩；這就是「神貧願」。我發現我可以沒有肉情的快樂而生活，可是，我不能沒有基督的精神快樂而生活。這樣，我以肉情之樂交換靈心之益；這就是「貞德願」。我發覺我可以沒有自己的私意而生活，可是，我不能沒有基督的主張而生活。這樣，我把我的私意去交換祂的聖旨；這就是「聽命願」。如此聖人不斷地以一物換一物。在使自己成爲窮人中，變成了富翁；在使自己成爲奴隸中，獲得了自由。世上的吸引力在他身上漸漸減弱，天上的吸引力慢慢加強，直到最後，當沒有可交換的東西留下時，如同聖葆樂說：『爲我死亡就是獲益。』因爲用着那最後的交換，他的獲益是基督的永生。

所以成聖並不是捨棄世界：而是一種繼續不斷的崇高的超性的交換。在這交換上，基督對人說：『你給我你的人性，我給你我的天主性；你給我你的時間，我給你我的永遠；你給我你的桎梏，我給你我的全能；你給我你的奴役，我給你我的自由；你給我你的死亡，我給你我的生命；你給我你的虛無，我給你我的萬有。』在這接連的交換上，足以給我們安慰的，就是爲使我們成聖，這並不需要很多時間，只需要許多的愛情。那裏有眞正的愛情，那裏就不會有痛恨的存在。那裏沒有痛恨的存在，就根本不會發生偕痛恨以俱來的各種傷情害理蹂躪人權之舉。所以做聖人是發揮眞愛情眞自由最有效的方法，而且也是人人可以做到的。這本『聖學精義』，對怎樣用出世的精神，做入世的工作，怎樣拿我們的有限，去交換基督的無限，以及怎樣能超凡入聖，俾能脫除塵世物慾的羈束，獲得眞正永久的自由等等，言之綱擧目張，非常透澈。因此，我樂於鄭重地介紹這本書，給每一位愛好自由愛好眞理的朋友。

四十四年二月二十四日於臺灣新北投

與江山異生懇談人生的「異」與「常」

三四十年前，我就知道有江山異生這個人。後雖相識，而接觸不多。偶爾在朋好言談中，總覺得他是個矯矯不羣的書生，服務中樞數十年，依然本色。來臺後，以聲氣相應，時有過從，才知道他原來是一個堅持原則，而不隨俗浮沉的人。以此自異，人亦以此異之。當其八十歲那年，我知道他堅決不稱壽的種種事實，一時有感於中，就草此書與之。友好見者，亟稱所擧見解，可以醒世。曾先後載於「暢流」、「工商世界」、「善導」等刊物，今特迻錄於此。

作者識於七十一年六月

異生兄：

我希望你不會怪我在唱反調！我知道一般人雖皆以你爲異，你也自命爲「異生」，我卻認爲你是最正常的，不能算異。你的人生，你的文章，你的待人接物，無一不表現着一個誠字。因爲你的出發點，自始至終，無論在言行上，或在處理問題上，都以誠字貫徹到底。所以你能贏得大衆的敬愛，並感到自在。

誠者，天之道也。既爲天道，自然是最正常的，而不能稱它爲異。誠之者，人之道也。既爲人道，乃人人所當爲。你既擇善而固執之，是人道也，則有何異可言哉？所以我說，像你這樣堅站人道之上，力行人道之人，是最正常的。而那些擧世滔滔，遠離人道，爾詐我虞，只知爭權奪利，而不行禮義廉恥之流，才算是異呢。假若在這個世上，多幾個像你這樣誠於中形於外的人，則這個世界，豈不就十分正常，而不致如此混亂嗎？所以異生之異，乃是正常之暮鼓晨鐘，你說對嗎？

歷年來，我讀你的著作，自「大陸陳迹」開始，繼續問世的「我生一抹」，「累廬書簡」，「累廬聲氣集」，以至新出的「林下生涯」，無一不是豐富的精神食糧，無一不是人生的典範，無一不是教育的表率。至於文章之精美，情誼之眞切，爲人着想之深遠，在我所知，更是中外古今文學家中特出之一格。

中庸有言：「誠者不勉而中，不思而得，從容中道」。這幾句話，可以作爲你今生與永世的寫照。因爲你在三不朽中，論立言，你已到家；論立德，你的生活就是德；論立功，你的文獻，在復興中華文化上，既可謂無名英雄，亦可謂有名英雄。

你一生只問耕耘，不問收穫，盡你力之所及，求你心之所安。對於今世短暫的祿、位、名、利，你都淡然置之。所以在你退休後之長期歲月，天錫你以充滿愉快的人生，啓示你在冥冥中，上帝在愛護着你，並要你永生做祂的寵兒。我也爲此不斷爲你祝禱。弟毛振翔上

中華民國六十六年五月六日

「自由中學」為何改名「光啓」

今年是本校創辦以來十週年，所以我們要特別慶祝。本校的名稱原來是「自由中學」，現在卻改爲「光啓高中」。其實，在十年之前，當我們接辦自由中學時，除掉名稱之外，其他一切都與原來的自由中學無關。諸如：校董會完全是新人選新組織，校長教職員完全是新聘請新僱佣，場地和校舍也不是原來的，唯一同樣者就是留下的數十個初、高中學生，因爲他們學業尙未告一段落，必須繼續求學。對於這些學生，我們當然樂於收留，並予以優良的教導。

回憶在接辦自由中學之初，不時有朋友來看我，以驚奇的口吻向我說：「毛神父，以你的崇高聲望，爲什麼不自已創辦一所簇新的學校，竟接辦一所名譽如此惡劣的自由中學？」對於這個疑問，我的答案幾乎常是這樣：「因爲自由很可貴，我們不能因它被人毀壞了，就將它遺棄；我認爲我們應該恢復它的完整，愛護它的美好，重視它的價値」。

既然如此，那麼何以現在不保持「自由中學」的名稱，而以「光啓高中」取代它呢？其原因是要「自由」兩個字得以發揮它的眞諦，別再讓人妄加侮辱，借自由之美名爲非作惡，無法無天。請看，今天的世界到處充塞著自私自利的人們，放縱肉慾，敗壞倫理道德；摧毀人權，到處施暴行虐；推諉責任，任意背信棄約；爲了勢利，進行附匪賣國；喪心病狂，竟敢目中無人。像這些荒唐罪行，放肆無恥擧動，竟還以爲享受自由，推行民主，豈不悲哀！

所以爲尊重自由，並要予自由正本清源之機會，本校改名爲光啓高中。因爲聖經上說：「你們要做自由的人，卻不可做以自由做掩飾邪惡的人」（伯前、二：16）。而況，要爲自由正本清源，必須有光明與啓示；假若沒有「光明」，則眞假無從分別，是非無從明辨，善惡無從剖釋，美醜無從判斷，聖邪無從審查。再若沒有「啓示」，則人類無從得悉生由何來，死復何去，來到世界究竟是爲了什麼！這些問題若不先行澄清，則自由之行使，其必害多而利少也。

光明

說到光明，必須先有光，然後才能有明。關於「光」，在聖經創世篇上有這樣一段話：「天主說『光』，就有了光」。既有光，自然明。有光有明了，則黑暗自然消逝，萬物可藉以欣榮，人類可藉以昇華，如創造有價值而恒久的歷史，如發揚光大而精彩的文化，如施行革面而洗心的道德，如推進法天而巧妙的美術，如展開利國而惠世的科技。能如此，則不特足以光宗耀祖，富民強國，而且還可以光耀於天下。

但是，不幸得很，「光明來到了世界，世界卻愛黑暗甚於光明」（若、三：19）。因此，只要是在人間，無處無黑暗，卻也處處需要光明，需要人以毅力與勇氣去衝破黑暗。

爲衝破黑暗，我們須知：猶如一個最大的獨裁者，他雖有幾百萬人受他指揮，能在世界引起大戰，但對宇宙的進行，他能引起什麼混亂嗎？毫無所能；地上可能屍體盈野，斷墻亂磚，但宇宙仍舊無動於衷，繼續進行，太陽仍以陽光照耀它；一個小小的將軍，皇帝，或總統，在幾億年已存在的數億星辰中，在我們微小的地球上，活了六七十年，宇宙的造物主，眞要笑他呢！所以我們對黑暗不宜有所畏懼。因爲「光明已升起照耀著義人」（詠、九七：11）而且「義人的途徑像黎明的曙光，越來越明亮」（箴、四：18）。更有進者「你們是世界的光，你們的光也當在人前照耀」（瑪、五：14）。

啓示

提及「啓示」，我們可從自然方面（本性的）和超自然方面（超性的）來說。從本性方面，我認爲：當你驚奇宇宙無限的龐大，你更驚奇這個大機器的智慧時，你會向自己說：「瞎子才會看後無動於衷，愚笨人才會不認識創造者，瘋狂人才會不叩拜祂」。或當你見了一幅圖畫，驚奇畫師的細膩，顏色的調和，線條的和諧，明暗交織，人物皆各得其所，又他那精通人體的解剖學，及當時的衣著，一看這幅名畫，就很明顯的，它不是掃街者用掃帚所能畫的。無論如何，深加研究後，你不得不驚奇：物體中的奇妙秩序，不是混亂，原子順從定律。有定律就當有理智；沒有立法者，不能有法律。爲順從法律，當有一權力，使之服從。所以，淺微的學問，可能使人不認識或遠離天主；而深邃的學問，卻能引人皈依天主而樂於服膺愛慕祂。

從超性方面，在路加福音十章廿一節有這樣一段話：「就在那時刻，耶穌因聖神而歡欣說：父啊！天地的主宰，我稱謝你，因爲你將這些事瞞住了智慧及明達的人，而啓示給小孩子。是的，父啊！你原來喜歡這樣做」。實在，天主先創造了天地萬物，然後才創造人類，其原因是要天地萬物供人類應用，而要人類作爲天地萬物的主人。因此，唯有人類是天主依照自己的肖像創造的。所謂「肖像」即在於人具有理智、意志、愛心的能力。這能力足以使人治理大地太空，管理天下萬物，更能使人與天主發生位際關係，回答天主的聖愛，與天主作親密的往來，並能超脫自我，分享天主的生命，生存於天主的氣氛之中，達到天人合一的境界。人性的尊嚴，人類的地位，即在於此。

所以聖保祿宗徒告訴我們說：「主的神在那裡，那裡就有自由」（格後、三：17）。我們只要聽天主的話，並予以遵行，則我們就不難與天主結合，從此就能享受到眞正的自由，這自由可使我們心安理得的順從眞理，執行正義，安享和平。因爲耶穌說過「如果你們固守我的話，就會認識眞理」（若、八：32），而況「全能者絕對不能顚倒是非」（約、三四：12）。至於安享和平嗎？「正義與和平彼此相親」（詠、八五：11）。「愛慕法律的，必飽享平安」（詠、一一九：165）。

由此觀之，在享用「自由」之前，我們須先有「光明」。這光明就是耶穌基督，因爲祂說：「我是世界的光，跟隨我的，決不在黑暗中行走，必有生命的光」（若、八：12），而且「如果我們在光中行走，如同祂在光中一樣，我們就彼此相通，祂聖子耶穌的血就會洗淨我們各種的罪過」（若、一一：7）。

得到了光明，隨著而來的是「啓示」。這啓示就是耶穌基督從天父帶給人類的福音。爲給人類傳佈這福音，自耶穌基督自天降凡，居我人間以來，近兩千年的時間，無時無刻不在世界各地進行著，我們只要願意知道，隨時隨地都可以找到。所以，朋友們，我現在已經說明了本校改名爲「光啓高中」的源源本本，隨後我要極其簡略地介紹徐光啓其人其事，因爲他是本校今後的模範。

徐光啓

徐光啓是我國明朝上海人，字子先，號玄扈，一五六二年四月二十四日生，至今年適爲誕生後四百一十八年。光啓在生時歷官至太子太保、禮部尚書，兼文淵閣大學士，以一六三三年十一月八日終於位，贈少保，加贈太保，諡文定。

文定公於當時政治頗多建樹。對於防倭見解，尤稱卓越，但最著之事功，莫過於介紹西洋科學，此爲世人所共知。文定公著作甚富，但在臺灣所能見者不多。

文定公家書中，歷史資料至爲豐富，如文定公之刻苦與清廉，不許家人倚勢凌人，惟願吃虧而不報復，注意農事與水利，研究開發西北，實驗在華北種桑養蠶及移植南方花果至北方，又採用西法繁殖葡萄，以中國藥仿西法製成藥水等；而文定公自一六〇三年從羅如望神父手中，領受聖洗聖事，皈依天主教以後，奉養十分虔誠。上海天主教開教係文定公請郭居靜神父所進行，成績卓著。

文定公的愛國精神不時流露，尤其在禦倭侵犯我國領土，陷害人民上，特別顯著。文定公先世所受之倭禍，對他不特刺激深刻，而且家教寶貴，所以他對禦倭之準備有：「父告其子，兄勉其弟，人人敵愾，步步設防」。現在我中華民國領導反共，必須人人一條心，團結一條命，貢獻所有一切力量，反共到底，非獲最後勝利，復興大陸河山，解救所有同胞，決不終止。而作爲光啓高中之一員，我們必須將在臺灣之自由民主政治施行於大陸，使大陸所有之同胞能和我們共享安和樂利之生活，憑之，而促進世界和平。人類相愛，以達成光啓之最高目標——天人合一之實現！

原載於光啓高級中學十周年校慶特刊
六十九年五月十日

七十年來的中國天主教史

本文所要概述的中國天主教史，僅指中華民國建國七十年來的教會史蹟。在這個過程中，天主教的遭遇和國家的命運，具有深密的關係。其間，在大陸者爲三十八年，在臺灣者爲三十二年。先說在大陸未被共匪竊據之前的天主教會。在這個階段中，可分爲四個時期：第一時期可稱爲脆弱時期，自民國元年至十一年；第二時期爲長進時期，自民國十一年至二十六年；第三時期爲磨難時期，自民國二十六年至三十四年；第四時期爲聖統時期，自民國三十五年至三十八年。

繼說我政府遷臺之後的天主教會。在這個階段中，可分爲三個時期：第一時期可稱爲速成時期，自民國三十八年至四十九年；第二時期爲鞏固時期，自民國五十年至六十年；第三時期乃推廣時期，自民國六十年至七十年。共計七十年中分爲七個時期，平均約每十年一個時期。現在擬將每個時期的事蹟，作概略敍述於後。

第一節　脆弱時期

自民國肇始，關於信仰宗教，因人民享有信仰自由的合法權利，故宗教可以自由宣傳。若把這個信仰自由的權利和以往的相比，這就令人感到舒服多了。因爲從前的信仰自由，若非因個人與政府的關係而獲得者，就是在強權壓迫之下而頒布的。這樣的信仰自由，雖得之，卻不能持久。不過，令人奇怪的是，憲法雖給予人民以信仰自由的保障，但天主教在這個時期卻未見得強壯起來，反而顯得相當脆弱。其原因所在，擬在此略提數點。這數點原因可分爲內在與外來的。

內在原因之一，我認爲是當時的傳教士幾乎都是外國人。這些外國傳教士對中國風俗語文既不熟語，而又不懂入境問俗的道理，所以到處碰壁。其中有些教士還要神氣十足，以其本國文化與風俗作爲向我國人宣傳天主教的工具，好像西方的文化與風俗就是天主耶穌基督的救世福音似的。因此發生了「禮儀之爭」，這一爭端使天主教在中國自一七四二年至一九三九年間，得不到正常的進展。

內在原因之二，我認爲使天主教在華脆弱的原因是教育方面的。當時天主教所辦的學校既不多，又大多墨守成規，不能合乎時代的需要。至於培養傳教士的修會教育，更不忍一談，所讀的主修科祇是拉丁文與國文，而副修科仍是一些陳舊的史地課本。所謂國文，則是古文觀止、春在堂全書、秋水軒尺牘等，而加讀左傳、四書、五經、史記等者，已算上乘。這樣教育出來的傳教士，其學識不足以應付當時的社會，教會力量因之脆弱，那是當然的。

內在原因之三，我認為是天主教的傳教士，不特與當時國人心目中所厭惡的帝國主義混合在一起，而且還仗着「保教權」的蔭庇，大行其洋化的傳教方式。因此給國人一個錯誤而深刻的印象—天主教是洋教。由於在十六、七世紀，天主教傳教士來華時，正值所謂西方帝國主義向外發展的時期，先是葡、西兩國的向外殖民，後是英、法等國的對外侵略。當時的傳教士來到我國，不是乘軍艦，就是坐商船。乘軍艦，予人以政治侵略之嫌；坐商船，給人以經濟侵略之疑。因此使國人不能不興起戒心，使他們得不到當地的支持，這怎能不使天主教顯得脆弱！

說了天主教在此時期脆弱的內因之後，我要略提其外來的因素。關於這點，我也只願意舉出三個事實。其一為民國二年，由袁世凱授意國會，擬定孔教為國教；其二為五四運動，一般人迷信科學萬能；其三為各方軍閥內訌，及土匪為虐。這三種外來的因素都於宗教不利。

以孔教為國教的議案，因賴各大宗教的聯名反對，不得成立。天主教方面在這件事上出力最多者為雷鳴遠神父、馬相伯、英斂之、魏丕治、艾知命、劉守榮、陸伯鴻、朱志堯、李其昌等先生。

五四運動對宗教不利的影響，延續至今，但其對國家究竟是害多利少，因為它雖提倡科學，卻打倒道德；雖予人以物質進步的享受，卻使人感到精神空虛的痛苦。因為國家與個人都須具備精神與物質—靈魂與肉身。兩者的生活必須並駕齊驅，國家才能富強，人民乃得幸福。

各地當時軍閥內鬨，使土匪興起，到處肆虐，天主教因之受損失者，如教士被殺害，教堂被燒刼。反教風氣雖已成過去，但在窮鄉僻地，亦未能完全絕跡。

為補救上述使教會脆弱的內外因素，當時最熱情致力者有雷鳴遠神父、馬相伯、英斂之先生等。雷鳴遠神父於民國四年雙十節國慶日出版了第一份天津益世報，其言論公正，內容豐富，頓時博得各方讀者的好評。因著益世報的成績卓越，所以民國五年，益世報北平版亦隨之而問世了。據當時的公論，益世報媲美大公報，以及上海的申報。雷鳴遠神父，因不滿洋化十足的傳教方式，乃提倡「中國歸於中國人，中國人歸於基督」。這本來是天主教的始終原則。那料，雷神父竟因反對天津「老西開」圈入租界，提倡教友「愛國」運動，而被迫離開中國，返回比國。記得筆者在法國里昂大學留學時，有一天在聖十字架教堂神父住宅，承一位法國杜佩雷神父告訴我：「雷鳴遠神父從中國被迫回比國時，途經里昂，來此過夜，竟不許其上床就寢，而只能睡在這走廊的地板上。」我聽了此話之後，一直為雷鳴遠神父感到驕傲，因為他所受的虐待乃是為天主、為教會、為中國，這三者對他的愛心是要永遠銘感的！

馬相伯、英斂之等發起救國會，演講募款，頗受國人重視。英氏除在北平香山創辦輔仁社，集少數教中子弟，作國學之研究外，並聯同馬氏，上書教廷。教宗本篤十五世卽於民國八年十一月三十日頒發「夫至大」通諭，歷舉傳教方法應興應革各點。這通諭的頒發，雖非僅為中國，卻為我國教史開了新紀元。通諭發出後不久，教宗即委派廣東宗座代牧光主教（Bp. J. B. de Guebriant），任中國教務巡閱使，巡視中國教會實情。光主教就通諭上所論各點，和中國各區主教，討論實行步驟。一年之後，光主教結束了巡視事宜，往羅馬報告結果，建議遣派宗座代表駐華。民國十一年元月二十二日，教宗本篤十五世駕崩，其為中國教會所擬之興革計畫，祇好留待其繼任者來實行。

第二節　長進時期

民國十一年二月六日，已故教宗庇護十一世當選，他為了完成前任教宗的宏圖遠志，即於同年八月九日任命剛恆毅總主教（Archp. Celso Costantini）為教廷首任駐華代表。十一月八日，剛代表抵達香港。他依照「夫至大」通諭的計畫，在教宗庇護十一世領導之下，和教廷傳信部部長王老松樞機（Card Willem Van Rossum）支持中，逐一實施改良傳教的方法：「傳教人員必須精通所在國的語文」，「外國傳教人員不得以傳佈本國文化為職責」，「必須培植所在地教士，使與歐美教士受同等教育」，「教會的管理權須逐漸移交於當地教士」。

剛恆毅總主教為不辱使命，一來到中國，即展開他所擔負的使命。先在漢口召開全國主教會議籌備會，十三年五月十五日會議在上海正式開幕。參與會議者，有各教區首長，各修會會長，中國神職界代表。根據敎會法典，顧全中國時代需要，會議制定了八百十一條決議案，經過批准通過後，成爲中國傳敎的憲章，使一切傳敎的措施，都以此爲金科玉律。

任何事業的推進，必須具有領導人才，所以繼十一年在天津成立工商學院後，一邊有英斂之與馬相伯兩位先生向羅馬敎廷上書，請求在華創辦天主敎大學，一邊由美國本篤會會士委派俄亥俄州托利多敎區神父奧圖爾博士前往羅馬，向敎廷報告，該會有意到中國去設立一所天主敎大學。於是，剛恆毅總主敎直接與美國本篤會商討此事，敎宗庇護十一世親自捐出義幣十萬元作爲提倡，經過全美十六個本篤修會會長召開大會，議決在北平創辦大學，並獲得羅馬敎廷同意，委派奧圖爾博士爲校長。奧博士來華後，先借英斂之先生之「輔仁社」名義招生，後遵照中國敎育部章程，組織董事會，於民國十五年十一月一日正式成立公敎大學，改名爲「輔仁大學」。十六年六月，呈請敎育部立案，批准試辦。十八年六月，除原有之文學院外，添設理學與敎育二院，共爲三個學院。二十年八月，奉敎育部批准，准予立案。自此以後，輔仁大學之名譽日盛，鶴立於國內聞名大學之間。此外剛總主敎對於敎會藝術中國化，對於創辦中國修會—主徒會，也極爲努力。

在雙管齊下的進展中，剛恆毅代表推薦了六位國籍神父，呈請敎宗庇護十一世核准，親自率領他們赴羅馬，由敎宗在聖伯多祿大殿，於民國十五年十月二十八日，隆重而光榮地祝聖爲主敎。此一壯舉，不特使我國敎會人士感激興奮不已，而且令全球敎會震驚詫異不止。其實，這本來是天主教的正常步驟。但是，不幸的，當時的外籍傳教士，竟忘卻了基督的道理，宗徒的精神，教會的原則，只知佔據地盤，把持勢力，名爲傳教，實則爲帝國主義所利用，這就是剛恆毅代表、雷鳴遠神父和中國愛教愛國人士所努力消除的障碍，並爲此而受盡千辛萬苦的折磨。這六位第一批本國籍主教爲：湖北蒲圻教區的成和德、河北安國教區的孫德禎、察省宣化教區的趙懷義、山西汾陽教區的陳國砥、江蘇海門教區的朱開敏、浙江臺州教區的胡若山，他們受祝聖爲主教，無形中提高了我民族的自信心及我國家的國際地位，這是我們要銘感於衷的。

因著剛恆毅代表的努力，天主教的精神在我國逐漸向各階層傳布，於是教區增設了六十餘區，國籍主教增陞了十餘位，一批一批的修士每年派赴羅馬深造，各教區總修院紛紛成立，上海震旦博物院、天津北疆博物院，亦先後改爲現代化設備，各教區期刊的發行，如雨後春筍，因此而使教中人注意國學，重視寫作。

民國十七年國民革命軍北伐成功，使南北軍閥的橫行，得以休止，使生靈塗炭的人民，獲得安居，我政府定都南京時，其首先承認我政府者爲羅馬教廷，並於當年八月一日，通電致賀，教宗庇護十一世特派剛代表親赴南京道賀。教宗這一有領導作用的創舉，既向全世界聲明我國民政府的合法地位，又使世界所有國家爭先恐後地與我建立邦交，因爲信奉天主教的國家常以梵諦岡之馬首是瞻。又十八年六月一日，在南京擧行國父奉安大典時，教宗庇護十一世爲了表示對我民族的鼓勵，對國父奉安大典的重視，對我國民政府的友誼，乃派了教廷駐華代表剛恆毅總主教，以特使身份赴南京參與大典。凡此種種，為教為國，剛代表之遺澤，令我中國教內外人士，歷久不忘。

第三節　磨難時期

在祖國抗日戰爭未開始之前，教會就已受到磨難，因為剛恆毅代表自參與國父奉安大典之後，忽攖足氣病，時癒時發，民國二十一年底，足病加劇，不克起床，乃呈請教宗准予離職養痾。二十二年二月九日，離上海乘船回義大利，休養半年，病雖痊癒，醫生勸勿再回中國。十一月三日覲見教宗，請准辭職，教宗照准。同月二十八日，蔡寧總主教（Abp. Mario Zanin）奉命為教廷駐華代表。他於二十三年三月六日由羅馬啓程來我國履新。三月三十一日抵香港。五月八日來上海。十四日，赴南京。行前，上海申報曾於五月十一登載一消息稱：「我國外交當局，以前任教宗代表剛恆毅主教駐華十一年，極表親睦，扶助文化慈善事業，勞績卓著，而持論公正，有轉移歐美列強對華態度之功。加以我國駐義公使劉文島氏之照知，俟蔡使晉京時，將以公使之禮優待之。國府主席，擇期接見，以申謝羅馬教皇對我之好感云。」

當蔡寧代表蒞臨我國時，正是我國多事之秋。民國二十三年三月一日，溥儀甘為日本傀儡，沐猴而冠，加冕為偽滿皇帝。二十六年七月七日，盧溝橋事變，日本進兵佔據華北。於是全面抗戰開始，整個國家進入了戰爭狀態。天主教人士，在愛國方面，因除掉國民的職責之外，還加上了天主十誡第四誡的愛國誡命，所以當祖國有患難時，總是站在前線，甘願爲國犧牲一切的。在八年抗戰中，到處教堂被毀，不知其數。如保定東閭聖母堂，江陰青暘聖母堂，一在華北，一在華南，同爲著名朝聖地區，一毀於外寇，一毀於內亂，令人痛失！此外，各教區慈善事業與文化機構，因經濟來源斷絕而停辦者，亦佔抗戰前總數百分之七、八十。至於教會所主辦的中、小學，亦遭同樣的境遇。但出版事業受害最大，因戰前教會刊物計有一百二、三十種，戰時相繼停刊，其新出版者唯有北平的「鐸聲」，貴陽的「世光」，武昌的「益世報」，以及香港眞理學會所發行的一些叢書而已。

不過，在抗戰期間，天主教對國家的貢獻，其令社會人士受益而重視者，在精神方面，遠足以彌補物質的損失：諸如華北及東南一帶的教會醫院，在抗戰初期，或全部改爲傷兵醫院，或儘量收容傷兵；天主教堂亦大多兼辦義民收容所；天主教輔仁、震旦兩所大學及工商學院，不像其他大學一一內遷，而留在當地弦歌不輟，震旦成了各文化機關文物的保管者，其功不小；輔仁成了地下工作的大本營，全國艷稱，且參加工作者，又以教會中人居多，如英千里、伏開鵬、張懷、葉德祿諸人被捕下獄，備受虐刑。天津工商學院，對抗日的態度，始終不屈不撓。

抗戰建國並進，一向是多難興邦的道理，所以在這困難環境中，輔仁於民國二十七年興建大厦、教堂，正式成立了「司鐸書院」，以培植德學兼優的神職人才；震旦添設了女子文理學院，工商亦增設了女子文學院，以提高女子的教育，而加強國民全體教育的成就。

因為抗戰是全面的，所以天主教在前線工作者，由雷鳴遠神父率領，直屬於軍事委員會的華北戰地督導民衆服務團，簡稱「督導團」，團員的主要部份為雷神父的學生耀漢會小兄弟們。他們以愛天主之心愛著國家，活躍於陝北、晉南等地，最後還深入冀省，擔任著救護傷兵，鼓勵將士，向前邁進，以獲得勝仗，光宗耀祖。其團員死於敵軍或八路軍者甚多，丁谷鳴神父等則被俘。雷神父本人亦於二十九年三月九日為八路軍所擄，後經釋放，因心力交瘁，病入膏肓，卒於同年六月二十四日，逝於渝郊歌樂山，全國軍民無不哀悼，國府明令褒揚。

在海外奔走，致力國民外交者，有于斌主教在領導，其在歐美各國，除在當地友好襄助外，特有高思謙、梅雨絲、蔡任漁、毛振翔諸神父、潘朝英博士等之合作。于斌主教等在海外所作之抗日宣傳，其影響之大，實非筆墨所能描述，尤其在法國與美國向華僑與留學生傳教，建立華人天主堂，創辦華人學校，諸如法國里昂之「華友社」，美國費城、紐約、波士頓、芝加哥、洛杉磯等地之教堂與學校，均係在抗戰期中所創辦，而今都能欣欣向榮，為僑胞造福，為祖國爭光，此皆可告慰者。

第四節　聖統時期

民國三十四年八月十五日，經過八年抗戰後，敵人宣告無條件投降，全國上下騰歡，各地天主教都舉行盛大慶典，以感謝上主恩賜，教廷駐華代表蔡寧總主教當即前往重慶謁見國府蔣主席，以中慶祝勝利之忱，並相繼在重慶、上海、漢口、香港等地，召集會議，商討戰後復興教務的計畫。

因爲這次抗日戰爭，我國與盟軍獲致極大勝利，所以國際地位頓時提高，世界各國對我人都以另眼相看。同年聖誕節前夕，教宗庇護十二世爲表示重視我國教會，擢升青島主教田耕莘爲遠東有史以來的首任樞機。待田樞機於三十五年二月十八日在羅馬行加冠大典後，四月十一日教宗正式通令我國教會建立「聖統」，劃全國教會爲二十教省，設二十總主教；七十九教區，設七十九主教；三十八監牧區，設三十八監牧。同時並任命田耕莘爲北平總主教，于斌爲南京總主教，周濟世爲南昌總主教，其他各教省之總主教亦陸續發表。

二十教省總主教區所在地爲：南京、北平、綏遠、瀋陽、濟南、太原、西安、蘭州、安慶、開封、重慶、漢口、長沙、南昌、杭州、福州、廣州、南寧、貴陽、昆明。

三十五年七月四日，教宗庇護十二世頒諭建立教廷駐華大使館，並由教廷國務院將此意通知中華民國駐教廷使館(按：我國於三十二年雖已派遣謝壽康公使駐節梵諦岡，但教廷尚未派遣公使駐華)，駐教廷使館，電報外交部復得回示稱：歡迎教廷設立駐華使館，但婉辭派大使，只接受公使。於是七月六日，教宗庇護十二世下諭，設立教廷駐華公使館，並於同日任命黎培理總主教（Abp. Antonio Riberi）爲駐華首任教廷公使，九月十五日我國政府特任吳經熊博士爲駐教廷公使。

黎培理公使於受命後，即束裝就道，由法國馬賽乘輪東渡，十二月十四日抵達上海，二十一日乘專車至南京，二十八日向蔣主席呈遞國書。

勝利後，由於八年抗戰期間的慘重破壞，瘡痍滿目，百廢待興，天主教在興教建國的大前提下，其上下人士之奮勉，眞是不遺餘力，尤其在教育上，更爲重視。於是，教廷駐華公使黎培理總主教，於三十七年二月十五日，在上海召開了「全國天主教教育會議」。當時出席者有：田耕莘樞機、教廷公使、總主教、主教及全國各省代表，其與會人數竟達千餘人。會中，公推南京總主教于斌爲主席，主持會議。凡有關教會教育之設施，無一不討論；凡與會人士所提出之問題，均予以解答。經會議通過之決議案，成爲教會教育行政之準則，其實施辦法作爲今後遵循之依據。此次會議，因其結果美滿，成績卓著，在我國天主教教育史上，留下光榮的一頁，尤其因爲自始至終，其領導者均係國人。

由於天主教是統一的，其組織爲家庭性的，所以彼此的關係，極其密切。因此當我國在抗戰勝利後，缺乏高等教育設備時，我們就可以借重天主教的關係，把我們的優秀青年遣送到其他國家去深造，例如美國的二百六十二座天主教大專院校，就因于斌總主教、毛振翔、陳之祿等神父之推薦，自我國抗日期間，直到目前，即陸續或多或少地，給予全部免費獎學金，爲我國培植了千百男女青年，使其學有所成，德有所修，爲國爲民，都能有所貢獻，這是值得大書特書的！

自我國天主教建立聖統以來，即教會走上了正軌，和歐美天主教先進國的教會同一水準，因人心振奮，條件俱備，教會的前途正在大放光明時，突然密佈了烏雲，邪惡的共黨竊據了大陸，使一切的美景頓時爲之粉碎，實令人痛心不已。

在共黨竊據大陸之前，根據最後統計，全國天主教的事業，論教育、社會、出版、宗教人事，有如下之紀錄：

教育事業：有上海震旦大學暨震旦女子文理學院，北平輔仁大學，天津津沽大學；高、初中共有一百二十八座；高小共有四百五十座，初小共有二千二百九十八座。

社會事業：孤兒院共有三百五十五個；醫院、診療所、安老院共有一千一百五十四座。

出版事業：「益世報」在六大城市出版，即北平版、天津版、上海版、南京版、西安版、重慶版。北平上智編譯館，各地周刊和月刊共有二十二種，印書館十六處。

宗教人事：全國有二十教省，設二十總主教；八十四教區，設八十四主教；三十六監牧區，設三十六監牧。教省中有三位國籍總主教，十七位外籍總主教；教區中有二十八位國籍主教，五十六位外籍主教；監牧區中三十六位都是外籍監牧。司鐸總數共爲五千三百四十八位，其中國籍司鐸二千三百四十八位，外籍司鐸三千位。修士共有一千三百零四位，其中國籍修士七百二十八位，外籍修士五百七十六位。修女共有六千四百五十六位，其中國籍修女四千二百九十九位，外籍修女二千一百五十七位。大修院十六座，小修院一百零四座。教友人數約四百萬，教堂共有二千二百九十八座。

上列統計告訴我們一個事實，就是在國民政府執政時，因爲教會享受憲法所賦予的信仰自由，所以各種事業，凡是爲天主的光榮，爲人民的幸福者，都能盡量發展；而在共黨的統治下，則一切教會事業都要被毀滅。今天在大陸的天主教，外籍司鐸、修士、修女均已完全被驅逐出境，而國籍宗教人士，有的被監禁，有的被殺戮，有的被充軍，有的赴勞役，有的入地下，只能暗暗地實行保教工作。至於教堂，幾都被改造，其他一切教產，全部被充公，這是大陸教會的大概慘狀。

至於近兩年來，由於美國卡特政府於民國六十七年十二月十五日宣佈與我中華民國斷絕外交關係，而與中共建立正式邦交後，以此大陸中共竹幕低墜，使外界人士得以有限度地進入，可以獲得一些有關大陸天主教會的概況。而說來說去，大陸所謂的宗教自由，都是中共的統戰陰謀。然足以告慰的是在大陸上的老教友們，仍堅守他們的宗教信仰，並在暗中爲他們的新生子女付以教會洗禮，訓以教會要理。但是，那些所謂的天主教愛國教會的主教、神父與教友們都是中共的傀儡而已。

第五節　速成時期

天主教傳入臺灣，雖已近四百年，但是，在大陸未被共黨竊據之前，教務的發展，實在是微不足道。當時，教務由西班牙道明會會士負責，僅設一監牧區，傳教司鐸很少，無法展開宏揚教會的工作。至於本地司鐸，經過幾十年的栽培，也不過成功了三位而已；教友的數字僅萬人耳。但自我政府遷臺以後，其情形就大不同了。

我天主教教友對於無神派的共產主義是勢不兩立的，所以當我反共的政府向臺灣遷退時，我教會人士，盡其可能，亦隨政府而遷，這是在臺教友與神父驟然增加的原因之一。其次，大陸人士，離鄉背井，逃難來臺，人地生疏，精神空虛，於是趨向教會，尋求心靈寄託，學道、受洗、進教，這是教會迅速進展的第二原因。此外，美國救濟物資，源源輸臺，託教會分配，於是接受救濟之民衆，結羣而來，願以聽道受洗之方法，作爲獲得更多物資配給之目的，而神職人士亦以爲這是一個傳教的好機會，於是粗製濫造，不求甚解，一批一批的受洗進教，這是教會在表面上極大增進的第三原因。

在上述情形之下，羅馬教廷乃於三十九年元月十三日，將臺灣畫爲南北兩個監牧區，南區由原來之班籍陳若瑟監牧負責，北區則由教廷委派國籍主徒會會士郭若石司鐸擔任。

郭若石監牧上任之後，在三年之內，傳教司鐸來自大陸及其他各國者，竟增加到原有的十七倍之多，修士與修女十倍之多，教友四倍以上。羅馬教廷接獲如此令人興奮之報告後，即於四十一年八月七日，爲鼓勵教會更爲發展，並爲增加臺灣教區的重要性，正式宣佈臺灣成立教區，並擢升郭若石監牧爲臺北總主教。羅馬教宗的此一壯舉，在當時中華民國的困難情形下，實在值得銘感，因爲這不特使臺省教會升格，而且令天下人士知曉，中華民國政府雖跼蹐於臺灣，卻是中國的唯一合法政府。

繼郭若石祝聖爲臺灣總主教後而來者，有教廷駐華公使館在臺北的設立。因爲教廷駐華公使黎培理總主教，自四十年九月七日，被中共從南京驅逐出境後，一直留在香港，不願來臺。四十一年十月二十四日，黎培理公使來臺之主要目的，係爲主持郭若石總主教二十六日的祝聖大典。不過，典禮後，奉羅馬教廷命令，在臺北成立教廷公使館。這教廷公使館的成立，使世界各天主教國家的政府都陸續來臺與我建立邦交。

由於臺灣的教務日益進展，羅馬教宗對我國的關懷，與日俱增，所以四十八年二月二十四日，有教廷傳信部署理部長雅靜安樞機蒞華訪問，這在我國教史上尙屬創舉。因爲我政府與人民都了解雅靜安樞機來訪之重要性，所以處處予以熱烈歡迎，時時顯出我國的高貴，而使國際人士對我國更重視，這種關係我們應予特別注意。

雅靜安樞機訪問了臺灣，發覺臺灣的教務需要加強領導，於是回羅馬之後向教宗建議：調換駐華公使黎培理主教，並委派田耕莘樞機來臺領導中國教務的進行。黎公使不久卽調任到愛爾蘭去做教廷大使。田樞機則於四十八年十二月四日，奉教宗若望二十三世之委任，擔任臺北總教區署理主教，援郭若石總主教管理該教區之權利與義務。

田樞機接受新使命後，先在美國各大城市訪問，向當地樞機、總主教、主教、傳信會主任等，說明其新使命之重大，需要他們幫忙之處很多，諸如建築教堂的經費，神父的生活費，一切傳教必須的設備等。凡田樞機所拜訪到的這些美國教會領袖，對他的重大任務，不特由衷同情，而且慷慨資助，所以田樞機主持臺北總教區的六年中，對於教堂的增建，堂內聖物的供應，神父生活的安定，確實有顯著的表現，可稱爲臺北總教區三任總主教中，在同樣的時間內，成績最卓越者。

田樞機係於四十九年三月一日接任臺北總教區署理總主教職位，當時交接大典，由教廷駐華公使高理耀總主教在臺北市華山總主教座堂主持，並由卸任郭若石總主教致歡迎辭及宣讀教宗任命詔書。其辭職時期爲五十五年二月十五日，當時他已衰老病弱，行動不方便了。

第六節 鞏固時期

對於臺灣教務之進展，過於重視量的增加，而忽略質的培養，教內有識之士，早已爲此憂慮。但當時好大喜功之趨勢，報章雜誌之宣傳，其潮流之猛烈，實令人難以阻遏。因此，爲救濟品而受洗進教者，日益增多。他們對於教義的學習，時有醉翁之意不在酒的心情，而講道者往往爲表示自己的功能，只要一本「要理問答」講完，聽道者即可受洗進教。至於其是否瞭解其內容，那是不很重要的，其重要者爲每年有多少人領受了洗禮，以顯揚功德，尤其每年聖誕節、復活節。聖神降臨節、聖母升天節，在「教友生活」及「善導報」週刊上，可以發表某某教堂領洗人數之可觀，而覺得自豪光榮。這就是何以今天在臺灣的約三十萬教友中，其不進教堂，不盡教友本分者，竟超過一半以上的主要原因之一。

為鞏固自由中國的教會基礎，並為使之日益發揚光大，教宗若望二十三世，因其愛護中國人民，乃於五十年三月二十一日，宣佈新竹、臺南畫分為國籍教區，高雄監牧區升格為國籍教區，同時嘉義、臺中、花蓮亦均提升為教區，這樣臺灣教省共計有一個總教區和六個教區。更為表示他對中國人民的愛護，教宗並決定於同年五月二十一日聖神降臨節，在羅馬聖伯多祿大殿親手祝聖我國的羅光、杜寶縉、鄭天祥三位新主教。

五十一年十月十一日，教宗若望二十三世召開了梵諦岡第二屆大公會議，在全世界主教出席參加時，我國主教的陣容顯得相當可觀，因為雖然共匪政權禁止大陸主教出席，我們尚有五十七位之多也。其中國籍主教十位，即田耕莘、于斌、郭若石、牛會卿、張維篤、袁慶平、成世光、羅光、杜寶縉、鄭天祥，外籍主教四十七位，即藍澤民，唐汝琪、費聲遠、蔡文興等。他們均係由大陸被共匪驅逐出境者。在大會中，田耕莘與羅光被選為傳教組委員，于斌被選為教友傳教組委員，這在我國是一種空前的榮譽。

五十二年六月三日，教宗若望二十三世駕崩，普天哀悼。總統　蔣公特致電弔唁，並派謝壽康大使以特使身分參加奉安大典。是日我政府並令全國下半旗致哀。同年六月二十一日，新教宗保祿六世膺選，　蔣總統特致電慶祝。六月三十日，新教宗在聖伯多祿廣場舉行加冕大典，三十萬教衆參加。我政府特派外交部長沈昌煥率領特使團赴羅馬參加盛典。七月一日，新教宗接見我國特使團，並請沈外長向我國人民轉致祝福之意。同月十日，教廷又函謝我　總統派遣特使團祝賀加冕，特贈金質紀念章，以資紀念。

五十五年七月十九日，我駐教廷謝壽康大使辭職後，先總統　蔣公派前外交部沈昌煥博士爲駐教廷大使。沈大使於是年十月十日上午覲見教宗保祿六世，呈遞國書。同年十二月二十四日，教廷爲了加強友誼，宣布教廷駐華公使館升格爲大使館，並升任高理耀公使爲首任大使。

五十五年二月十五日，田耕莘樞機因病老辭職照准，教宗保祿六世乃同時發表臺南教區羅光主教升任爲臺北總主教。羅總主教於五月十五日北上，在總主教座堂舉行就職典禮。禮後，羅總主教特假中國大飯店舉行鷄尾酒會，款待政府首長和來賓。酒會後，總主教與臺北總教區神職人員共進晚宴，融融一堂，深慶得人。

五十六年四月十一日，依照梵諦岡第二屆大公會議公佈的法令，「中國主教團」正式成立，以促進主教們，爲當地教會的公益，彼此合作。首任主教團團長爲郭若石總主教，祕書長爲范普厚蒙席，任期爲四年。二任團長爲于斌樞機，祕書長爲賈彥文主教。原先的主教團有十二個委員會，不過第二屆改爲七個，卽：牧靈委員會、教義委員會、聖職委員會、禮儀委員會、教育委員會、社會工作及教友傳教委員會、大衆傳播委員會。

五十八年三月二十八日，教宗保祿六世發表三十三位新樞機。我國新樞機于斌總主教名列第一。消息傳來，全國教內教外，莫不欣慶得人，踴躍鼓舞。我國天主教人士，國內國外，相繼組織觀禮團，竟達二百多人，前往羅馬參加于斌樞機加冠典禮。四月三十日下午六時，教宗親臨聖伯多祿大殿「祝福廳」爲三十三位新樞機舉行加冠，于樞機爲新樞機團團長，代表向教宗致詞後，即領隊首先接受教宗所加的紅冠。五月一日，教宗在聖伯多祿大殿，接見新樞機和觀禮團員。我國觀禮團伴隨于樞機領先上前，蒙教宗特別接見。教宗對我中華之關愛，期望中國國運之昌隆，以及聖教在我國之廣揚，在接見時都流露於其言表，誠令人感動。

據教宗擢升于斌總主教爲樞機的主因，係其在臺主持輔仁大學復校，成績優異所致。該大學在臺之所以能如此成功地復校，首先當歸功於故教宗若望二十三世，他不特在上任之初，即批准輔仁大學的重建，而且還親自捐助十萬美金，以資鼓勵；其次當感謝故美國波士頓總主教，庫興樞機，因爲他的慷慨捐助美金一百萬元，實是奠定輔大復校鞏固基礎的動力；最主要的當然該歸功於于斌樞機，因他爲復校奔走國內外，而在無望中仍然希望著，不知碰了多少釘子，費了多少血汗，畢竟成功了今天在新莊的輝煌輔大！

五十九年十月二十四日，教廷駐華大使艾可儀總主教調任後，教宗保祿六世爲表示他對我國的重視，即於同月二十八日任命葛錫廸總主教出使中華，並於十一月十九日新任大使，來華履新，向我　總統呈遞國書。

爲加強天主教在亞洲反共的力量，亞洲主教會議定於五十九年十一月二十三日至二十九日，在菲律賓馬尼拉召開。我國主教團全體出席，參與大會。于斌樞機在會中發表演講，痛斥共產黨在亞洲的暴亂，不顧人道，蔑視倫常，摧殘宗教，罪大惡極，天怒人怨。于樞機提出控訴，請大會一致譴責，共同誅滅，結果經過大會一致表決通過。教宗保祿六世亦在場，見此情此景，深感興奮。

第七節　推廣時期

在近十年的鞏固時期間，我中國天主教會逐漸增加能力以向外推廣宣傳福音工作。於是向羅馬教宗建議成立金門、馬祖、澎湖等地的宗座署理區。因此，五十八年二月一日有前徐州教區之美籍郈軼歐蒙席（Philip Coté）任命爲金門與馬祖的署理主教。但郈主教不幸於五十九年一月十六日逝世，故教廷即於同年二月十三日任命前大同教區署理主教比籍范普厚蒙席（Alfons Van Buggenhou）爲繼任人。

五十九年二月二十四日，教廷成立澎湖宗座署理區，任命前威海衛教區監牧法籍甘霖蒙席（Edward Guint）爲澎湖署理主教。但是，甘霖主教於六十五年四月十三日辭職，教廷乃任命國人白正龍神父爲繼任人。

六十年二月十日至十三日，第五屆亞洲天主教教育會議在臺北舉行。主題爲天主：教學校對國家進展有何具體貢獻。十二月五日，慶祝中華民國開國六十年暨我國聖統成立二十五年紀念，在臺北體育館舉行祈福大典，教宗保祿六世派韓國金壽煥樞機爲特使出席參加。

六十一年六月二十一日，國際天主教廣播電視協會中華民國分會成立，翌年八月二十六日至三十一日，亞洲主教團協會一區會議，假臺北新莊輔仁大學召開第一次會議，中國主教團團長于斌樞機擔任主席。與會主教來自臺灣、香港、澳門、日本、韓國、越南、菲律賓等地，共十四位主教，討論現代世界的傳播福音、東南亞地區天主教的特殊問題，以及各國主教團的合作問題。

六十三年四月二十二日至二十七日，亞洲主教團協會第一屆全體代表大會，假臺北市陽明山中國大飯店舉行，宣道部次長陸度梅總主教以教廷代表身分參加。來自中國、香港、印度、印尼、日本、高棉、韓國、寮國、澳門、馬來西亞、菲律賓、新加坡、錫蘭、泰國、越南等十五個地區的主教四十餘人討論現代世界的傳播福音及亞洲教會在普世教會中的角色與使命。七月二十七日，中國天主教教友傳教協進會正式成立，教友宋長治當選首任理事會主席。十二月二十七日，教廷調嘉義教區主教賈彥文出任花蓮教區主教，因其前任花蓮教區署理主教法籍費聲遠已於六十二年七月二十五日辭職退休。

六十四年元月二十八日，賈彥文就任花蓮教區主教。七月二十二日傳信部長羅西樞機來華，在臺北國父紀念館祝聖狄剛爲嘉義教區主教，王愈榮爲臺北總教區輔理主教。狄主教於八月十日就職。

六十五年六月二日，中國天主教與臺灣聖公會，經愼重研究考慮後，借臺北市中央大樓牧靈中心，舉行隆重的聖洗協議簽約典禮。七月二十一日主教團常務委員會議，決定接受亞洲主教團協會建議，在臺北設立東亞精神生活研習所，由羅光總主教任主任，周若漁神父任研究組組長。該所設在泰山聖多瑪斯總修院內，並於十月十三日正式開學。十月十七日，爲紀念首批中國主教祝聖五十週年、中國聖統成立三十週年，以及首任教廷駐華代表剛恆毅樞機百歲誕辰，全國天主教各界代表，假新莊輔仁大學中美堂舉行全國聖體大會。十一月十二日，中國國民黨十一屆全國代表大會於臺北召開，中國主教團曾上建言書一分，頗蒙大會重視，其中請准教會學校向學生介紹天主教案已獲通過。

六十六年六月二十五日，中國天主教各地代表全國各界於臺北實踐堂舉行雷鳴遠神父百歲誕辰紀念大會，並於九月三日秋祭中將雷鳴遠神父靈位入祀國民革命忠烈祠。六月二十七日，中國主教團發表聲明，紀念教宗庇護十一世論無神共產主義通諭四十週年。十月十六日，爲紀念法蒂瑪聖母顯現六十週年，中國主教團及全國天主教各界代表，於新竹市隆重舉行法蒂瑪聖像大遊行及大禮彌撒，特請法蒂瑪主教前來參禮。

六十七年五月二十日，蔣經國先生與謝東閔先生分別就任第六屆總統和副總統，教廷駐華大使葛錫廸返臺參加大典，七月十二日，教廷新任代辦吉立友蒙席抵華履新。八月二日，輔仁大學校長于斌樞機辭職，由羅光總主教接任。八月五日，教宗任命于斌樞機爲輔大監督。八月六日，教宗保祿六世在岡道福宮崩駕，十四日全國追思，蔣總統經國先生親臨致哀。八月九日，于斌樞機赴羅馬參加教宗保祿六世葬禮及新教宗選舉會。八月十六日，于斌樞機於羅馬下午一時蒙主恩召。八月二十五日，上午八時三十分在國父紀念館隆重舉行于斌樞機追思大典，政府首長參禮，一百二十位神父與主教團共祭，總統及副總統親自獻花致祭。八月二十六日，于樞機靈柩返國，二十八日在主教座堂舉行殯葬彌撒，覆蓋國旗。並迎靈安厝輔大校園。同日，路濟雅義樞機當選教宗取名若望保祿一世，於九月三日就職。但不幸於九月二十九日即蒙主恩召逝世升天。十月十六日，波蘭籍華提拉樞機當選教宗，取名若望保祿二世，於二十二日就職。十一月十八日，教廷發表賈彥文爲臺北總主教，並於十二月十六日就職。十一月十八日至二十五日，亞洲主教團協會第二屆全體會議在印度加爾各答舉行。羅光、成世光、王愈榮三位主教代表我國主教團出席參加盛會。

六十八年三月二十日，中國教區主教們致函全世界主教，促重視在臺灣人民和宗教之自由。四月十九日，主教團全體會議，選出賈彥文總主教爲主教團第四任主席，成世光主教爲副主席，五名常務委員爲：賈彥文總主教、郭若石總主教、羅光總主教、成世光主教、鄭天祥主教；並選出王愈榮主教爲祕書長，聘林吉男神父爲副祕書長。四月二十八日，葛錫廸大使調教廷駐南非大使，來臺辭行。六月六日，中國主教團發表致全國神父書，指出愛國與團結，以及先知職與政治的區別。六月二十九日，臺灣地區主教聯合發表牧函，強調宣傳福音工作之迫切性，提出教友之社會使命，並對禮儀中該守之規則和統計及普查之工作指出方針。九月一日，中央電臺向大陸廣播宗教節目，天主教每週一、四播送宗教節目。十二月一日至七日，賈總主教、羅總主教、狄主教與王主教赴馬尼拉參加國際傳教會議，慶祝菲國開教四百週年。十二月八日，羅馬傳信部部長羅西樞機訪華，主持輔仁大學創立五十週年。

六十九年元月五日中華方濟會省選出徐英發省會長蟬聯。在泰山方濟會院有隆重慶祝，因爲同時亦係高思謙神父晉鐸金禧大慶。同月二十三日教廷駐華大使館發表單國璽神父爲花蓮主教。單神父於二月十四日在花蓮擧行祝聖和就職大典。

二月六日凌晨二時二十五分，雷震遠神父在紐約市蒙主恩召，離世升天。雷神父係一九〇五年九月三日在比利時柯特萊市出生。一九三〇年來到中國，皈依中國，入中國籍後，自始至終以做中國人爲光榮，甘願爲中國生死。在抗日戰爭與反共復國上，雷神父的貢獻極大。二月十二日，臺北總教區及中國主教團聯合擧行雷神父追思大典，有百餘主教、神父爲其靈安息擧行彌撒聖祭。三月十四日，中華民國政府及教會假實踐堂擧行追悼雷神父大會，由谷正綱主持。恆毅月刊並爲雷神父出專號追悼。

四月十三日，于斌樞機八秩冥壽，中國天主教文化協進會創立四十年，特編「中國天主教文協創立四十年」專輯，爲紀念于故理事長，並爲他的靈魂在樺山堂獻祭悼念，由毛振翔神父主持與頌揚。

五月十七日，爲恭祝總統及副總統就職兩週年，我各宗教團體在臺北市中山堂擧行團結自強大會。到有天主敎賈彥文、回敎許曉初、佛敎泰安法師、理敎趙東書、基督敎陳溪圳、道敎趙家倬等兩千多人，由宗敎聯誼會主席郭鴻羣代表主持。

九月一日，天主敎主徒會在臺北召開第三屆會員大會籌備會，請賈彥文總主敎主持大會開幕典禮，分成三個小組討論或修改會章各條文。

十月二十二日，敎宗若望保祿二世就職二週年，敎廷駐華大使館舉行盛大酒會慶祝。我外交部朱撫松部長暨政、敎各界首長、各國駐華使節等三百餘人，歡聚敎廷大使館舉行鷄尾酒會。當時，敎廷大使代辦吉立友蒙席先向來賓致詞，說明祝賀敎宗加冕的意義，並歡迎政、敎各界首長的光臨，繼由我外交部朱撫松部長致慶賀詞，並代表我政府祝敎宗福壽無疆，聖躬康泰。此後大家舉杯互祝，其樂融融。

十一月二十二日，敎宗若望保祿二世任命劉獻堂神父爲新竹敎區助理主敎，並賦予繼位權。劉神父原籍河北獻縣，生於民國十八年十二月二十一日，四十五年十一月三十日在菲律賓馬尼拉晉鐸，於七十年元月二日祝聖爲杜寶縉主敎之助理主敎。

十二月九日菲律賓馬尼拉總主敎辛樞機應邀來華訪問三天。到後，先赴敎廷駐華大使館休息，當晚六時出席賈彥文總主敎在臺北總主敎公署所舉行之盛大歡迎酒會。參加的來賓，除主敎團各位主敎及神職、修女、敎友外，特邀請敎廷駐華大使館吉立友代辦及我政府各部長貴賓多人參加，約三百餘人，大家融融一堂，彼此互祝互敬極盡一時之盛。酒會後，辛樞機又參加敎廷大使館之晚宴。十日中午接受我外交部朱撫松部長之午宴款待，下午四時辛樞機到輔仁大學接受榮譽文學博士學位。十一日上午十一時三十分乘華航八一一次班機離華返菲。

十二月二十日，方豪神父，字杰人，蒙主恩召，逝世升天。方神父係浙江杭縣人，生於民前二年九月十五日，出身基督教聖公會家庭，民國九年一月九日全家皈依天主教，於杭州天主教堂領洗，十年進杭州小修道院，十八年入寧波保祿神哲學院，二十四年在浙江省嘉興府晉鐸，二十七年佐于斌樞機野聲復刊「益世報」，六十三年蒙教廷封蒙席，同年膺選中央研究院院士。自三十八年來臺後，方豪神父一直應聘在臺灣大學任教職，是一位中國史學權威。方神父亦曾擔任國立政治大學文學院院長有三年之久。他是一位名符其實的「古道蕩方舟杰人非凡，文聲震天下豪氣千秋」。

寫到這裏，我在想：當此七十年代開始，我中華民國既有五千年的傳統文化根基，更有三民主義的國策，我炎黃子孫無論在世界的那一地區，都宜團結一致，自立自強，使普世人類獲享自由，實行民主，爲世界求和平，爲人類謀幸福；誠如天主教，因其有一致的信仰，故其教民到處都能團結一條心，又因其有豐富的精神生活，故其教會隨時隨地都能向三仇挑戰，而獲取永遠之勝利，以享受永生永樂於天國。今天我教我國面對同一大敵——無神的共產主義，奴役人類者，妒忌與痛恨的泉源，魔鬼及其同夥的執行者，我們所有的中國人民怎能不起而攻之，非達到最後勝利決不終止呢！

因爲本文已超過原定的字數，不然擬將我海外二千四百萬僑胞的教會概況列入。現在我只好割愛，結束如下：

一、教會的人數　總主教四人，均係國籍；主教暨署理十四人：國籍十人，外籍四人；神父七五八人：教區的二三五人，會士的五二三人；國籍的三六四人，外籍的三九四人；修女一一四一人：國籍的七六二人，外籍的三七九人；修士一一〇人：國籍的四五人，外籍的六五人；修生一四三人；大修生五八人，小修生八五人；傳教員四三八人：男二九三人，女一四五；教友二七七五九一人。

二、教會機構　教區七個，署理區二個，總鐸區四七個，堂區四〇八個，兼管區六二五個，聖堂八二四座，幼稚園三四五個，稚園生三三四一〇人；小學八座，小學生六八七〇人；中學二七個，中學生四三三二六人，中學教師一八六二人；職業學校九個，學生七〇一〇人，教師一八六二人；語言學校五個，學生二八四三人，教師八六人；傳教學校三個，學生六六人，教授三八人；大專院校三個，學生一二五八四人，教授一三六三人；學生宿舍五五個，住宿生七九八八人；出版社十個，週刊二個，月刊九個，視聽節目兩個，電臺三座，醫院一四個，病床二五八二個；診所五八個；病人三二〇三二八人；育嬰堂二個，孤兒八六人；安老院二個，老人二四四人。**這就是七十年來的中國天主教史概略。**

（七十年元月三十日脫稿）

原載於中華民國七十年紀念叢書

附錄

「孤軍苦鬪記」的啓示

方豪

很多位朋友，讀完這本毛振翔神父寫的「孤軍苦鬪記」後，不約而同的對我說：「這不像是一位神父寫的！」

不錯，因爲在人們心目中，每一位神父都應該溫文爾雅的都是逆來順應的，也一定都是能忍氣呑聲，默默無言的，但毛振翔在本書中的表現，卻不其然。關於這一點，由於我和他有將近十年的同學之誼，並同列「鐸品」的關係，似乎瞭解得比別人多一點。

我認爲每一個有志氣的人，本來就應該是一個鬪士，敎會常鼓勵每一個敎友充任耶穌的勇兵，但到了惡勢力當前時，又大多畏縮不前。今日的敎宗保祿六世，就不足以言勇。毛振翔是一個有志氣的男兒，有志氣的敎士，他之一生奮鬪，正表現他具有這樣的精神。他之與美國領事辯論，與敎廷公使黎培理 (Antonius Riberi) 抗爭等，與敎會初期敎友，進入鬪獸場的意氣，同樣的高昂。

其次，我想和江山人的性格有關。浙江分所謂「浙東」「浙西」；浙東或稱上八府，即：金（華）、衢（州）、嚴（州）、寧（波）、紹（興）、臺（州）、溫（州）、處（州）；浙西或稱下三府，即：杭（州）、嘉（興）、湖（州）。下三府鄰太湖流域，一片平原，多爲魚米之鄉，說話亦帶吳儂軟語，人民性情較爲柔和；上八府多崇山峻嶺，深谷急流，民情亦較爲強悍，可見和地理環境有關，而衢州府的江山人和金華府的義烏人，在錢塘江船夫中，佔比例獨多，無不孔武有力，壯健過人，而競爭亦最劇烈。當然也不能一概而論，但像戴雨農先生，和去世不久的邱錫凡神父（在神學院毛比我低兩班，邱低五班），以及近五年往還頻繁的姜異生先生超嶽，都是屬於嫉惡如仇一派的；而毛子水敎授、毛彥文女士、吳宗文神父（專攻敎律）卻又慢條斯理，說話亦頗多含蓄，似爲江山人中之例外。

此書之最可貴處，是保留了近三十餘年來不少有關留學史、天主敎史、國民外交史、中梵交涉史的資料，大體說來是翔實的，毫不諱言，毫不掩飾，我也有幸見過一些原件，如二〇四頁所提到于斌總主敎囑他從事傳敎，不可輕言辦理大學一函，我即親自見過。即使有些家醜，對敎會似多不利之處，亦直言無隱，而且筆鋒犀利，讓讀者知道，只要是在人間，無處無黑暗，卻也處處需要光明，需要有人以勇氣打破黑暗。

在我以治史的眼光看來，既然此書每一章，都有一重要事蹟的年代爲綱，而在排列上，卻不依年代爲序。試代爲重排如後：

世上最免費的學校（二十八年）

困難嗎？常是恩惠（二十八年）

爭取大量獎學金（三十三年）

黎培理公使與我（三十六年）

留美獎學金的一頁滄桑史（三十七年）

我爲留美學生而奮鬪（三十八年）

民國三十九年國慶節的回憶（三十九年）

最有意義的一件事（四十一年）

史培爾曼與中國（四十二年）

靠祂，我是萬能的（四十二年）

一位美國副領事（四十二年）

爲眞理與正義而遠征（四十四年）

板橋聖若望天主堂（五十年）

如此依次讀來，或較爲有系統。

西湖孤山有不少名士遺塚。所以人說：「孤山不孤」，聽說本書出版後，銷路奇暢，可見爲正義而奮鬪，孤軍也是不孤的。

（右文錄自東方雜誌民國六十一年十二月一日出版）

「孤軍苦鬪記」讀後感一

——上帝的忠僕，共匪的戰犯，留學生的保姆，中國人的良友。

年金鉦

上帝的忠僕毛振翔神父，生於一九一三年，今年六十五歲，他出生在中國浙江省江山縣，他現在擁有三個響亮的博士頭銜，一個是羅馬傳信大學神學博士；一個是法國里昂大學哲學博士；另一個是芝加哥蒂葆大學法學博士。他現任中國文化學院天主教學術研究所所長兼任世界問題講座，和新莊自由中學董事長，他現在是臺北縣板橋市聖若望天主堂的主持人。

毛振翔神父一生信奉天主，敬愛國家，友愛朋友，而對中國留美學生爭取數千人的長期公讀獎學金貢獻最大，爲國家培植了不少的人材，也爲中美兩國文化交流，和民間友誼深植了廣泛誠摯的友愛基礎，留學生不但敬愛他，而且視他爲父兄般的崇敬他。基於他的本能和受天主慈愛的感召，以無絲毫條件的赤忱愛心去培植留學生，而獲得留學生的衷心愛戴，也由於這種關係，他成了教廷駐華公使黎培理心目中最嫉妒的人，黎培理公使把他視爲眼中釘，美國副領事主持留學生簽證的邁克爾，把他視爲敵人，一而再，再而三的想盡辦法，用盡手段誣控、屈辱他，他對各種誣控和所受的屈辱，教外人看了也令人髮指，和憤怒！

在他以往歷程奮鬪的過程中，已可窺知以信奉天主爲他的終身職志，每逢遭遇逆境和困苦之時，虔誠的向天主祈禱，請天主賜福與指引，沒有不獲得化解的。除此就是爲他多難的國家盡一分心力，培植更多的人材以備國用，他在美國僅以一宗教神父的身份，在陌生的異域國土環境中，跑遍了二百六十四個大學院校，一校一院的爲中國窮苦留學生爭取五百多名全費獎學金，這是連美國人也認爲不可能辦到的事，但他——毛振翔神父卻辦到了。他又爲大陸淪陷滯留在美國四千多留學生將被遣趕出美國驅入鐵幕厄運的無依無靠的留學生，跑到美國國會不但爭取到永久居留權，而且還爭取到鉅額的援助經費，使這批數千留學生繼續完成學業，並可在美長久居留尋找工作。這都是他受天主的差遣而順利完成了他的職分任務。

美國退休參議員曼斯斐德（現任美國駐日大使），是執美國外交牛耳的資深參議員，又是外交委員會主席，一個反對中華民國，處處爲共匪代言說話，其媚匪言行，國人對之不齒，但他與毛神父的私交卻很好，而那些在美國居留的數千中國留學生之經費得以解決，曼斯斐德盡力最多，這也可能是由於毛神父與他具有同一信仰之故罷！

爲了反共的立場和見解，毛神父與曼氏曾面對面的有過爭執，雖然各人的見解不同，但無損於他倆的私人友情。

今年七月廿三日毛神父在美國白宮對卡特總統說：「美國與中共搞關係正常化，對美國沒有絲毫好處，美國應該終止這項幻想。」基於他的堅決反共立場，共匪將他列爲「戰犯」，可以想見，共匪認爲毛神父是死敵，這就是他對國家處處盡力的表現。

我最欣賞他的才能，他沒有一個錢，可以大膽辦事。他在美沒有錢，能辦一所完全免費的華僑學校。他在中國沒有一個錢，先後在板橋蓋起令上帝也滿意的大教堂。每到沒有錢達成任務時，他堅信上帝會佑他成功的。他虔誠祈禱，便解決了他人力無法解決的困難。

毛神父另一特長是具有神助的說服力。別人認爲很難克復化解的問題，經他的說服之後，沒有不同意他的意見。

有一次毛神父來到報社，他對筆者說，此間沒有困難的事，但必須具有克復困難的勇氣和能力。你辦報亦不免有困難，但你必須要有勇氣去克復，終必開花結果。我介紹你看一本書——「孤軍苦鬪記」，你便知書中作者所遭遇的各種困難，決不亞於你目前報社所有的困難。當年作者在那種環境所遇到的遭遇和所受的打擊，沒有援手，完全是孤軍苦鬪，但均能一一排除。誣控、中傷、屈辱我的又奈我何？這是他對朋友的關懷和鼓勵。希望朋友不要灰心意冷，要勇往直前。

到目前爲止，對於以獎學金保送數千留學生出國深造，在歐美向華僑興學傳教，在法國里昂主持「華友社」，在美設立八年級華僑小學、聖德蘭天主堂、青年活動中心，在費城創辦「于斌社」，六年小學、三年中學，創辦天主堂，提倡經濟合作運動等等事功，他都認爲並不重要，而他認爲最得意而最有意義的一件事是：敎廷駐華公使黎培理總主敎，被共匪驅逐出境，由香港來臺。毛神父希望黎氏以敎廷公使身份來臺，不要以祝聖郭若石爲臺北總主敎名義出現，否則來臺不去機場歡迎他。之後在靜修女中禮堂主持祝聖典禮，毛神父也沒有去。爾後黎要求見 總統，胡慶育次長要黎氏表明以何種身份見 總統，黎答以「以敎廷公使名義」胡次長要黎氏正式向外交部「照會」，說明館址和館員。但黎培理玩花樣，對外否認。毛神父以美國紐約「宗教通訊社」駐臺記者身份，將黎培理正式「照會」我外交部的函件連文號內容，一字不漏的拍發美國，美國除了各宗敎刊物發表外，其他全國日晚報亦均轉載，使敎廷和黎培理無法否認，而在外交戰場上獲得了此一勝利，他引爲是最有意義的一件事。可見毛神父無時不在爲國家的利益盡一份心力，也可以表現他愛國、護敎的赤忱。

前幾天經過重慶南路三民書局，忽然想起毛神父自我推介的一本書——「孤軍苦鬪記」，我便以廿五元買了這本三十二開共有二二四頁的一本讀物，竟兩夜之功夫將它看完，讀後使我不能自已，將所得的感想，概略的拉雜寫成此篇心得，以供讀者之參考。「孤軍苦鬪記」確實是一本值得一讀再讀的一本好書。

（右文錄自「工商世界周刊」六十七年四月出版）

「孤軍苦鬪記」讀後感一

趙來龍

我每到復活節，總要讀一本有關天主教的名著，藉以堅強我的信仰，更新我的思想及激勵我的志氣。

今年讀了一本毛振翔神父所著的「孤軍苦鬪記」。此書收入三民書局的三民文庫，於民國六十一年五月出版。書中共列有文章十二篇，合約十三萬字，由第一人稱，敍述毛神父爲教會，爲國家及爲留美學生奮鬪的經過。種種遭遇，堅苦卓絕，孤軍苦鬪，歷歷如繪。全書行文，秋水文章，一塵不染，讀來使人精神愉快。各篇內容，感情豐富，正義懍然，讀來使人熱血沸騰。

讀完各篇文章，瞭解到毛神父的待人接物，是本着兩個目標而即天主與國家。他崇敬天主，熱愛國家，任勞任怨，甘願犧牲。如在爲教會服務方面，讀了「世上最免費的學校」一文，知他在芝加哥爲華僑子女創立聖德蘭小學的經過，單人匹馬，努力工作，破除困難，終獲成功。「板橋聖若望天主堂」一文，敍述他在北投建立「聖母無原罪教堂」及在板橋建立「聖若望教堂」的由來，他爲奉獻天主，服務教會，默默工作，不使人知。在爲國家盡力方面，讀了「爲眞理與正義而遠征」一文，知他應先總統　蔣公之囑，赴美勸阻中國學人及留學生返回中國大陸之艱辛過程。「民國卅九年國慶節之囘憶」一文，敍述他在紐約籌備國慶紀念的種種詳情。此兩文充份表現出他愛護國家的赤誠及不屈不撓的精神。毛神父在「黎培理公使與我」一文結語中的幾句話，說得更明白。「我既身爲天主教神父，我是不能不以基督的福音精神作爲我待人接物的標準，我既生爲中國人，我亦不能不以祖國的人民福利，作爲我奮鬪的優先。」

毛神父拳拳服膺的是天主與國家，因而他的言行正大，表現獨特，充份顯示出來各種美德。其犖犖大者，我願舉出三點：

一爲仁愛與仁義。讀了「留學生獎學金的一頁滄桑史」及「我爲留學生而奮鬪」兩篇文章，知道了毛神父曾在美國爲中國留學生爭取獎學金及救濟金的艱苦奮鬪熱心感人。他因有此「愛心」與「義行」，才能培育許多青年。受其惠者，何止千百，留學生日後的成就，影響所及，何可計量。故毛神父至今爲萬衆嚮往，天與人歸，這是必然的結果。

二爲眞理與正義。在「爲眞理與正義而遠征」一文中，毛神父寫他於四十四年，遠離祖國前往美國勸阻中國學者與留學生，勿囘大陸爲共匪効勞。說：「…我此去的戰鬪對象，不是血和肉，而是黑暗世界的覇道，邪惡的能手，所以我當以眞理爲武器，以正義爲盔甲…」。這是何等的氣概。他持此眞理與正義，因之至美能以仗義執言，理直氣壯，完成使命。

三爲勇毅與智謀。在「一位美國副領事」一文中，敍述美國駐臺北副領事法而松惡意的留難赴美留學生，毛神父與他交涉以及經由諾蘭參議員將他調離臺北的經過。毛神父激於義憤不能坐視不管，因而鼓起勇氣，一往直前，當面與法而松交涉，交涉不果，乃運用智謀，將之調職，眞乃是正氣懍人有備無患，卒能成功。

總之，我讀了毛神父的「孤軍苦鬬記」，於我之對人處事，獲益良多。我覺得人人應讀此書。願錄三民書局編輯委員會在「孤軍苦鬬記」卷首語中的幾句話，作爲此書的評價。「本書無異作者的自傳，涉及國家榮譽及教育外交者不少，實情實事，眞切感人，不僅可以勵志，且大有裨於時艱。」

（右文錄自「文協會訊」七十年七月出版）

毛振翔語動美朝野

楊國聲

當毛振翔踏上夏威夷州以後，他接觸到美國各色人等，他讀到美國報紙，聽到美國無線電臺的新聞報導，看到美國電視在「越南戰爭」這一問題上，從詹森總統，政府官員一直到普通百姓，普遍保持一種「越戰應怎樣結束？」的心情與等待。

由夏威夷赴美國大陸航機中，一位同座旅客，美國威斯康辛大學的教授，與毛神父泛論天下大事時，衝口就說：

「神父，你看越戰如何才可以結束？」毛神父自上次訪問美國以來，不過才六年左右，那時，美國在甘廼廸治下，正與共黨世界爭雄，豪情勝慨，到處可見。只才不過六年光景，美國在越南正心誠意為阻止共黨擴張，去作一次挽救東南亞及亞洲免于赤禍的戰爭，也只才不過三年，雖然犧牲慘烈，打得很成功，已可轉劣勢為勝利了，可是民心卻一再使這位頭髮銀白的神父，不禁爲之倒抽一口冷氣：「我要好好重新研究一下我的建議和說詞，不要說出話來發生出反效果」。

他暗暗的在思忖着。

旅途構成立論骨架

在美西海岸各州的城市中，西雅圖、波特蘭、舊金山、洛杉磯等地，毛神父在各次歡迎他的集會中，多聽少說，雖然說得少，但很精彩，逐漸他就形成了一項新的完整的「協助中國反攻大陸，可以結束越戰，繁榮美國」這一個系統的思想。

四月十四日，他在堪薩斯州、瓦其塔城州立大學對新生學院作了一次演說，澈底發揮了這一套思想。

他很謹愼的指出：

「一九五一年的韓戰，一九六五年的越戰，這二個亞洲大陸邊緣地帶的反共戰爭，都是由于中共在亞洲腹部的中國大陸得勢以後才發生的。

「沒有亞洲中心地區中共的得勢，就沒有亞洲邊緣地帶的戰爭。」

中共目的征服世界

「中共在亞洲邊緣地帶的擴張勢力，只是中共向世界侵略的戰略之一。中共控制了由美國回去的二千多名中國科學家，正在研究發展洲際飛彈。人是你們美國教育訓練的，科學智識也是由美國學習的，然後向日本、向歐洲、向美洲加拿大，買取製造核子飛彈的資源，趕製飛彈，據你們國防部長說，到一九七二年以後，至一九七五年，中共可以發射洲際飛彈。

「這是中共向世界進軍，擊敗美國的另一項計劃。

「我剛剛不久前經過夏威夷，美國歷史上第一次受東方的一國——日本襲擊的陳蹟還沉在歐湖島的港灣中，我們清楚的看到那些被日機炸沉的美國主力艦，運輸艦，貨輪。

「若是四年或八年後，目前東方另一個殘酷帝國——中共，要用洲際飛彈偷襲美國，美國的損害就不是珍珠港突擊下所受的損害那麼小的一點點了，你們的西海岸大城市如洛杉磯、舊金山、西雅圖，若不幸遭到突襲，將有數百萬以上的美國生命會受到殺傷。

「中共從一九四九年在中國大陸得勢以後，他們已經殺害了三千萬中國人。他編造一個理由殺掉三千萬本國人如割草，日後中共爲了擊敗反共最烈的「美帝」，用核子彈頭飛彈殺害幾百萬美國人，他根本以爲這也是一件小事，不值得大驚小怪。

「你們現在國內一部份人對越南戰爭不感興趣，只想及早脫身，我雖然不以爲然，但是，這危險還是慢性的，而且直接受害的是南越，你們自後要過了一段歲月，才能嘗到苦果。

「可是，中共的擴張，是如八脚鱆魚，有八條爪子，伸得長長的，目標對正你們美國。因此我卻不能不對你們美國人——特別是美國人中的精華人物——大學生，提出警告。」

協助國軍反攻大陸

「唯一的一條阻止中共在五年到八年以後，用核子洲際飛彈突擊美國本土的辦法，是幫助中國在臺灣的大軍，反攻打回中國大陸本土去。

「並不要你們美國出兵，中國在臺灣有一千三百萬人口，可以出動一百五十萬大軍，所以不需你們美國出兵，只要美國幫助裝備二三師中國軍隊的軍火供應，使中國軍隊能以在中國本土建立海岸灘頭陣地，中國軍隊可以運用目前中共的分裂混亂態勢，把反共，反毛澤東的人民和共軍，吸引到國軍陣營中來。

「中國七億人口，在消滅共黨後的和平生活中，將會向美國借款購買很多機械和生產設備，中國有土地，有地下物資可以開發，有電力和人力資源，所以中國決不會只借不還。

「你們可以想像，美國將可以因爲有了中國這一友國，美國生產力，將因供應中國發展而更爲繁榮的。」

堪薩斯大學挽留毛神父再作二次演說，把中美未來關係說得更透澈些。毛神父說：「不行，我的旅程已經排定，芝加哥等地有節目在等我去，」他知道他已經使美國青年大學生，認識到一個沒有共黨的未來世界。

與芝城新聞界激辯

在芝加哥，他會見天主教會各級人員，又與中國留美學人聚會，最令他難忘的是和新聞界人士會談。

在一次很緊湊的新聞界會談中，作了三小時激辯，芝城的新聞記者幾乎把全部亞洲，遠東、中國共黨，越戰，臺灣現況，東南亞現勢等等問題，來緊迫追問他。到後來，雙方短兵相接，毛神父就凜然的告訴他們：

「我在一九四九年當中共初在中國大陸得勢時，就在芝城警告過你們，中共是一個惡毒的陰謀集團，不會爲人民做任何事，而只是一個騎在人民身上，把人民當牛馬的統治階層，是有史以來，最殘暴的統治者。我並且預言，不僅中國人民將吃他的苦，美國也將受他的害。

「當時，你們美國人以好新好奇的態度，不肯相信我的話，如今二十年下來，你們知道，中共沒有替中國人民做一點事，比前十五年假借消滅舊統治階級爲由，殺掉三千萬中國反共人士，把七億中國人民騎在跨下爲奴工，這五年又以「紅衞兵造反」、「文化大革命」爲由，又殺了將近一千萬人，這一千萬人，大多是中共自己的幹部，以及跟中共做同路人的親共的智識份子，如像你們美國一部份唱高調的親共人士一類的人。

「二十年來，中共和美國在亞洲打了二仗，第一次是韓戰，美國兵直接與中共兵作戰；然後是越戰，美國兵雖然只遭遇到越南共軍，但越共卻是中共訓練的，軍火也是由中共供應一大半的。

「二十年前的美國朋友，以爲中共是新奇的，好壞未可知，可以等看，不以我的預言爲是。如今二十年下來，你們已經認清了中共，是一個惡毒的敵人，但是你們又產生了新的情緒，這就是今日美國政府和人民所普遍抱有的怕與中共打仗這一心理。

「你們美國人，當年有核子武器的優勢，卻要怕中共的人海戰略，怕與中共打仗；而中共剛在製造核子武器和飛彈，你們就在幻想未來十年，中共有了核子飛彈的可怕，又要決定採取不敢惹這條毒蛇的政策。」

錯過良機後悔莫及

「時間將在美國怕事政策下溜走，將來你們會後悔。

「一個國家，百分之九十五的人，都是普通百姓，其所生存的生活環境，是由那另外的百分之五的領導人士來安排的。你們美國，一億九千萬人，將由那一千萬的智識份子，爲之安排現在以及將來的生活環境和生存背景的。你們新聞界就是一千萬美國領導階層中，最重要的成員，你們的信條是『眞實』，假若中共這樣一條毒蛇的生存、發展、動向，你們還弄不清楚，你們也跟着一些美國政客，自以爲是中國通的美國教授的後面走，那你們將會害了美國人民。

「我知道你們的現實主義生活態度，使你們以爲我的話，爲遙遠的夢。但你們應記住，中國人民和中國智識份子在三十年前，也決不信自已頭上，會有中共這條毒蛇來盤踞在上的，如今他們經中共統治不到二十年，早已受盡荼毒，悔之莫及。

「我望你們以中國去深思。」

總算芝加哥新聞界的人，還是有些有遠見者，第二天，芝加哥報紙上，還刊登一千多字左右的毛神父言論的特寫。

波城說服庫興樞機

六月初，毛神父在新英倫五州作了一次二週訪問，在波士頓城，他見到美國最資深的天主教樞機主教庫興，庫興已經八十六歲了，在三十年前就曾參加過毛神父在波城所創的中國城天主堂的開堂禮，而認識毛神父。

這一次，毛神父由陳之祿神父開車送他去，已是晚上十點鐘了，庫與與毛振翔神父一談，就談了五十二分鐘，庫與的情緒，此時正爲甘家第二個甘廼迪被暗殺而很不安寧，但是卻能定神傾聽一位中國神父陳述中國大事，庫與與甘廼廸家交誼最深，毛振翔力主庫與應該影響其接觸的美國政要和領袖人物，勿錯過這個十年，幫助中國國軍，由臺灣打回中國大陸去。

他告訴庫與，只要中國在大陸開闢了灘頭陣地，反共反毛的中國人民，以及共軍和共黨中下級幹部，就會反正來歸，美國就不會再有越戰韓戰的困難和痲煩，中共將逐漸在二三年內潰敗，一如一九四九年中共在短短三年內爬升起來那麼快的消失，美國今後不但不愁中共人海戰爭，也不必愁中共的核子武器對美國的突擊，美國的過度膨脹的生產力量還可以得到中國人民這一龐大買主。

老樞機主教聽了毛神父爲他描畫未來十年如善爲運用，卽可開創一個新的中美關係遠景，非常感動，他衝口說：「你該到華府去見LBJ（卽詹森總統簡稱），告訴他，你剛剛告訴我的這些話。」

「樞機，我與詹森素不相識，怎可去冒昧求見談這麼深的話？影響美國領袖人物，是樞機你的事了。」

庫與暢順的答應下來：「我將盡力去做，不過這是很複雜的大事。」

離美前，毛神父還去費城謁見了另一位美國樞機主教柯爾（Krol）。

毛振翔神父把在美旅行的主要目標，放在幾位樞機主教身上，未來十年如果美國不幫助中國開闢大陸的復國偉業，中國固然在臺灣可以保存一點元氣，但中國大陸仍為赤色屠場，美國也將沒有好日子過的，若是讓毛林集團有了核子飛彈，可能會造成中美雙方的一場大浩刼。

（右文錄自「新聞天地」五十六年九月出版）

毛振翔訪美剖析越戰

楊國森

設在美國新澤西州的藍軍總部（這是美國天主教的一個宗教集團），在三月間發出一項專欄新聞，預報一位中國專家，四月將來美訪問，這條新聞大要：

「一位在自由中國爲大家所熟悉的人物，四月內將訪問美國，他就是臺北教區副主教毛振翔神父。」

藍軍總部並且將爲毛神父安排到各處演說，上電視，以及上電台廣播的節目。

在美演講節目繁多

根據由美國所安排的日程，毛振翔三月二十五日由臺北啓程，抵東京換機，二十五日抵夏威夷，將爲夏州商務部長之賓客，並訪問夏大的東西文化中心，與其中的東方學人會見。三月二十七日晚到奧勒岡州波特蘭城。二十九日赴尤金，訪州立大學的中國學人及學生。二十九日晚間飛往舊金山，在這個海灣地區，將接受中國城華僑數次餐敍，他將作祖國近情的報導，一直住到四月三日。三日將訪傅瑞斯樂（Fresno）及白克斯費（Bakersfield），因爲這二個小城，有他所欲會晤的華僑及美國友人。四日起到十日止，在洛杉磯市的範圍內訪問，首先在洛市一個歡迎會上發表演說。十日赴德克薩斯州，先在大達斯市停留，然後轉赴聖安東尼市，此地有二天的歡迎會節目，毛神父將作演說。四月十二日，由德州飛往堪薩斯州瓦起塔市看他的小弟毛振熙（一位研究癌症的醫生）。十月十五日赴聖路易斯，將被招待住在聖路易斯大學，十七日到芝加哥，這裏是他在一九四〇年在美的傳教地區，所以他要多留幾天，許多中美友人都是在此地區相識的，他要與之一一把晤，住到四月二十六日走，赴附近的底特律城，住到二十八日，啓程赴紐約。

在東部，集中於紐約，將有幾次大小不等的聚會，一直到五月四日爲止。這以後，他將赴賓州賓城，華盛頓京城、維吉尼亞州，瑪利蘭州、達拉瓦州，回到紐約小住，再往北，訪問波士頓爲中心的新英格蘭六州一直到六月二十日。

對越戰的八點構想

越戰發生以來二年間，越戰是在越南打的，但是維護自由的軍人一大半是由美國來的，軍火也是美國來的，越戰使整個東南亞以及整個亞洲，整個美國，都為之受到深遠影響。毛振翔神父在他的淡水河之濱，可以眺望到海洋的板橋大教堂鐘樓上常常一個人深自沉思這一個嗡啃中美越人民之心的問題。

毛振翔神父雖然是一位天主教神父，中心業務只是傳佈信仰，但他實在多做了許多與世俗有關的事。

越戰與祖國中華民國機運，大有關係，二年來他常常沉思和構想，到美後要將他的心意，暢快的說出來。

他得到八點意見，摘取重點是：

第一，有些美國人以為越戰既打不贏，又很難打，死傷美國子弟又多，不如不打，撤兵回國——他以為，如這樣做，就是美國的徹底失敗，美國以後有苦果吃。

第二、和談代替越戰——他以為共黨世界絕無和談，無論是俄共、中共、韓共，或是越共，他們以和談為手段，最後還是要吞吃了參與和談的另一半自由國土。

第三、以美國停炸來達成和談——這只是討敵人歡喜，停炸了，越共滲透更快更多，越南美軍受越共突襲將更利害，美軍在越死傷將更多，越戰將更糜爛，和平將更不可期。

第四、請聯合國主持和談，聯合國永遠有製造世界紛爭的俄國在製造分裂，所以絕不會有下文，也是使越戰更為拖延蔓延的根源。

第五、駐守越南要點，放棄鄉村，這會重蹈中國大陸失敗的覆轍。守越南、既要大城，也要平面的鄉村。

第六點、退守越南沿海港口，放棄內地這如同第五點，絕無可能。

第七點、大炸北越全部應炸之目標，壓迫敵人屈服，這祇能給敵人以損害，卻難達到目的。敵人善於用地下堡壘的頑抗結構，來拖延越局。

唯一良策助我反攻

這第八點就是：

不需美國一兵一卒，但要美國軍火糧食，無限援濟，幫助中國大軍踏上中國大陸國土，向內地深入，如此，越戰的禍源地帶——中國大陸被攻入了，越共及北越已失中共的靠山，勢必氣勢衰竭，終於投降。

這就是解決越戰唯一而根本的辦法，以軍火軍需，幫助中華民國大軍，渡過臺灣海峽，踏上中國大陸，這樣做可能還用不到美國在越戰中每年所用二百六十億美元的龐大數目，二次世界大戰中，美國援華抗日八年，也沒有用到三百億元。所以可算出，今後幫助中國復興，瓦解大陸共黨，一定用不到美國在越南的一年戰費。

（右文錄自「新聞天地」五十七年四月出版）

毛振翔神父歐洲行

林梅

本年七月九日，毛振翔神父結束了在美的百日訪問，他總共會見了約二千位中美友人，上自樞機主教，參議員，下至教友，做了十多次演說、廣播，希望美國朝野在以後這十年的黃金年代，幫助在臺灣的中華民國大軍，到中國大陸登陸，改變中國大陸目前的地獄生活，恢復中國原有自由康樂富強生活。

在渡過大西洋時，他有一位在美得到營養化學碩士學位的胞妹毛振蓮小姐作伴，毛小姐是一位極有教學經驗的大學助教，生物化學研究員，她有許多研究成就，記錄在美國營養學報上，由于陪着二哥到歐洲旅行，使得毛神父發現這位在二十年前出國到美時，還只是小女孩的幼妹，竟也成長爲一位英語法語極爲熟練的科學人才了。

七月中旬，他們在葡萄牙參加聖母法蒂瑪城的國際藍軍大會，毛神父被邀對大會五十九國藍軍代表，作了二次「自由中國現況」「蔣總統反共抗俄偉蹟」的演說，各國數千名代表們對于　蔣總統特別有興趣，因爲　蔣總統的律己生活，正如一個嚴格的天主教友生活一樣；而　蔣總統一生反共抗俄的事蹟，正如多災多難古國的一位先知般，各國代表都願意見到這位八十二歲老人能以早日完成復國大業，「以後，我們國際藍軍大會，將在你們中國大陸去開，我們這些全世界的天主教反共人士，可得親聆　蔣總統的言論。」藍軍大會二位主持人如此對毛神父說。

七月二十四日上午，毛振翔神父謁見了他的宗教領袖——教宗保祿六世，地點在意西海濱教宗避暑離宮，這一次的晉見程序是，先有五千多人的一次公開謁見教宗，之後，有五起私見賓客，爲教宗特別單獨接見，五起賓客的第一起，是中國的毛神父和毛振蓮小姐（科學碩士）。第二起是美國的海軍上將地中海艦隊司令馬丁和馬丁夫人，第三起爲巴西駐義大使夫婦，第四起爲印度貴族，第五起爲日本賓客。

毛神父和毛小姐謁見教宗時，爲十一點半，行禮後，教宗已于事先得悉毛神父爲一位傑出的中國神父，三十年在國外傳教，保送中國青年赴美就學有成就者在千人以上，爲中國天主教中，培植高層智識青年有殊勛之特出人物。所以，教宗歡欣的面對着這位穿了中國黑布長袍，來見他的毛神父，雙手握住了毛神父的雙手，愉快的嘉勉了這位屬下的工作，交談了六分鐘之久。

中午，天主教傳信大學，在教宗離宮附近的避暑辦公大別墅裏，宴請毛神父和毛振蓮小姐，校長命人拿來各種歐洲名酒，並且宣佈這是傳大第一次招待一位女賓（指毛小姐）。席中，毛神父作了一次離校卅年來傳教工作簡報，他幽默的說：「我離校三十年，意大利話也有三十年不說了，但是，今天我要用意國語，向諸位學長說話，讓你們判斷我在傳大讀書時，所學的意語是否良好。」他說了四十分鐘，意語愈說愈流暢，令這些意大利教士爲之驚喜不已。二十四日的下午四點，毛神父謁見教廷傳信部長雅靜安樞機主教，交換了許多臺灣地區傳教意見。（按雅樞機爲毛神父在傳大時之老師。）

在公務上，歐洲訪問，到此已告一段落，以後在瑞士遊歷，在土耳其訪問師友，過曼谷小停一直到八月六日下午五時，始返抵臺北，距出國時，已歷時四個月十天。

（右文錄自「中國一周」五十七年十月廿一日出版）

毛振翔與曼斯斐德對話錄

——廿分鐘通向永恆爲眞理正義而辯——

聯合報記者高惠宇

美國民主黨參議員曼斯斐德去年十一月在結束其三十四年政治生涯之前，到過一趟大陸，回來後發表了美國應迅速與中共「建交」而不必顧及與中華民國防禦條約的謬論。他的中國老友毛振翔神父那時正在美國訪問，聞言後立卽趕往曼斯斐德辦公地點，毫不保留的指責了曼氏言論的錯誤。

在二十餘分鐘氣氛嚴肅的談話中，曼斯斐德時而沉吟，時而點頭，雖然他不曾在言語上承認自己主張的謬誤，但他顯然接受了毛神父臨別的邀請，表示願意考慮前來中華民國看看。

本月初，毛振翔神父隨中美文經協會訪美團結束一個多月的行程，回到國內，昨天在板橋他主持的聖若望敎會中，接受了記者的訪問，談到他在國會山莊曼斯斐德辦公室中與曼氏之間的一段詳細的談話。

廿八年老友為是非爭辯

那是去年十一月二十二日，也是曼斯斐德發表其與中共「建交」的談話見報的第二天，與曼氏已有廿八年交情的毛振翔神父，破例未事先電約，即趕至曼氏的辦公室，請其秘書通知曼氏有老友來訪，沒有多久，正要趕赴一個重要會議的曼氏，熱烈邀請毛神父進屋內敍舊。

毛神父知道時間有限，與曼氏略事寒暄後，即表明來意，是想與曼氏討論他兩天前對新聞界談話的偏頗與謬誤。下面便是兩人對話的情形：

『曼斯斐德先生，美國一定要以斷絕與中華民國間的外交關係及廢除中美共同防禦條約，來作爲與中共政權打交道的條件嗎？』

『毛神父，你不知道嗎？你們的　蔣總統說中國只有一個，毛澤東與周恩來也認爲中國只有一個，尼克森總統與周恩來當年簽署的「上海公報」中，雙方也同意只有一個中國的主張，福特總統訪問北平時，又重申這個意思，大家都認爲一個國家只有一個政府，所以美國要和中共建交，只有斷絕和臺灣的外交關係和廢除一切條約，這是唯一的途徑。』曼氏仍然堅持老調。

一段法國史為自由作證

『曼斯斐德先生，我現在立刻想起了一段歷史，供你作個參考。第二次世界大戰期間，法國就一度出現兩個政府，一個是流亡到倫敦，堅守民主陣營，力圖反攻復國的戴高樂政府，一個是擁有法國本土，依附軸心國家的維琪政府，只是當時美國國會中，沒有像現在一樣不顧正義的人士，去主張支持或承認維琪政府，而背棄戴高樂政府於不顧。』

『但是，神父，二次大戰不久結束，法國很快就統一了。』

毛神父認為曼氏有意避重就輕，很快再反駁過去：『我們中國也有可能在不久的將來統一，只要中共能放棄共產主義，在政策上以自由代替奴役，以仁愛代替殘暴。』

『你們雙方可以談判來謀求統一啊！』這是西方世界對解決「中國問題」的另一陳腔濫調。

『曼斯斐德先生，請不要再說「談判」這個字眼，二次大戰結束以後，你們政府就強迫我們與中共談判，那時我們因為美國是我們最親密的盟友，所以接受了你們的意見，結束中共利用「和談」的機會坐大，佔據了中國大陸，痛苦的教訓至今令人痛心，今天中華民國在臺灣的政府，絕不會再重蹈覆轍，我們絕不和中共作任何談判。』

現實豈能放在眞理之上

曼氏正在爲毛神父這番話沉吟時，毛神父又說：『曼斯斐德先生，你去過中國大陸多次，你也曾經向我承認：中共沒有信仰自由，整個北平只剩兩間天主教堂。作爲一個虔誠的天主教徒，你不支持有充份宗教信仰自由的中華民國，豈非是將政治的現實力量放在宗教的永恒眞理之上？』曼斯斐德沉默無言了。

毛神父再問：「聽說你退休後，有意同蒙大拿大學執教，也有人說你有興趣出任美國駐中共「聯絡辦事處主任」一職，是眞的嗎？」

『我目前沒有任何打算，只想先休息一段時間再說。』

『你去了那麼多次大陸，爲什麼對那兒會有那麼大的興趣？』

『我很愛中國的人民和文化，喜歡看到他們不再受西方世界的剝削，我總覺得從前的中國人民太可憐了！』

『那你何不利用這段休息時間，偕同你的夫人到中華民國來看看，增加你對我們國家的瞭解。』

『哦！謝謝你的邀請，我們可能會去的。』毛神父說，曼斯斐德的表情相當愉快顯示眞有意前來我國一遊。

何不邀他到臺灣來看看

二十幾年來，不斷奔走在美國與臺灣之間，從事溝通與國民外交工作的毛神父深深認爲，任何事情必須親眼看見才能被欣賞和相信，中華民國目前的成就，不怕外人來看，更不怕像曼斯斐德這樣的外人來看，我們如果能把像曼斯斐德這樣立場的人士請來看看，得到的一定比損失的多。爲什麼不做？

一九四九年大陸淪陷後，四千餘個由大陸赴美留學的中國學生頓失經濟依靠，美國移民局開始要對這些學生採取強迫離境的行動，負責照顧留學生生活的毛神父，跑去找當時衆議院多數黨領袖麥考邁克請求出面協助，理由是：『你怎能眼睜睜地看着這些受美國教育的年輕人被送回共產黨統治的地區，變成共產黨後，再回過頭來反對美國？』於是，麥考邁克聯合了參院外交委員會的曼斯斐德和其他議員，在國會中籌募了一千多萬美金，協助數以千計的中國青年完成了在美教育，並免去了被送回鐵幕的命運。從那時開始，毛神父便與曼斯斐德成了朋友，並時有信件往來，毛神父每次赴美講道，總要去看看曼氏或在電話中寒暄。

（右文錄自聯合報六十年十一月二日出版）

反共愛國聯盟在美國宣告成立

王廣滇

曾擔任中國天主教教務協進委員會海外留學生服務處處長的毛振翔神父，對「全美中國同學反共愛國聯盟」的在美成立，認爲是留美學生與學人的一種最有意義的結合。

最近曾遍訪美國八十七個城市歸來的毛振翔神父指出，原本我們的學人與留學生，大多都是不知團結的。他們雖然關心國事，但卻認爲不知該如何爲國家的前途奉獻心力。以往有些只知爲國事憂傷，有些則只知批評政府。

他在美國更看到一些受共匪利用的留學生，在毛共的指使下，利用留學生與學人的愛國心理，從事共匪統戰的工作。

這位曾在國內選送過近千名的留學生赴美深造的神父，所以對「全美中國同學反共愛國聯盟」的成立，感到欣慰，是由於他認爲，這個具有學術性、政治性和社會性的全美中國同學組織，將可使愛國但卻徬徨的中國同學，得以透過這個組織，眞正的團結在一起。

他說，反共愛國的力量，非但會因着我旅美中國同學與學人的團結而增強力量，同時他們在關懷國事上，得以奉獻心力，督促並支持中華民國政府，使在美的這股力量透過此一組織而與國內滙合。而且在美國所謂的「臺獨」，以及爲匪做統戰工作的所謂「中國統一運動」、「和平統一中國促進委員會」、「中國統一委員會」等，都因而難以再從事欺騙、煽動的活動。

毛振翔神父說，他所知道的「臺獨」，都是一批最附庸的中國人，他們出版刊物，但從他們的刊物中，便可看出他們思想的幼稚，而且那裏面的文章連中國話都寫不通。

有一位同情「臺獨」的美國記者告訴毛神父說，「臺灣人」不是「中國人」，因而他們鬧獨立是理所當然的。毛神父對這位記者缺乏常識感到啼笑皆非，他告訴這位記者，應當在報導一件事時深入地研究問題。他告訴這位記者說，眞正臺灣的土人是臺灣的十五萬高山族人，而不是在美國那一撮附庸的份子，而衆所週知的是，高山族人對於中華民國政府則是感激而擁護的。

毛振翔神父曾以中國天主敎海外留學生服務處處長的身份在美國從事很長時期的留學生服務工作，今天在美國很多很多已學成的留學生，當初都是受過他的照顧，或是由他保送赴美的，因此毛神父這次的美國之行裏，能很容易地開導很多中國學生的思想。

他在很多與中國學生的聚會裏，很不客氣地批評很多中國學生的不夠理智，易受毛共爪牙統戰工作的利用。這些中國學生都知道毛神父一向是愛護他們的，因而對他的很多責備，都很信服。

這位從一九三九年便與留美學生的服務工作發生關係的天主教神父，曾在共匪竊據大陸，留美學生得不到家中學費援濟時，運用各種方法，使美國政府撥出一千零五十萬美元，作爲當時留美的四千名中國學生的援助之用。

他曾在大陸即將陷匪的時候，及時向美國各大學爭取到一大批獎學金的名額，一批批地將中國的青年接到美國去求學。

在大陸整個陷落後，他並運用關係，使美國的移民局，准許學成的中國學生，可以繼續留在美國。

這位廿六歲時便獲得法國里昂大學哲學博士學位的毛振翔神父，在這次的美國之行裏，發現留學生已受到共匪進入聯合國的刺激，而知道團結了。他說，「全美中國同學反共愛國聯盟」的成立，正說明了留學生的這種覺醒。

他所接觸到的衆多留學生裏，對於政府的各種革新都極關切，毛振翔神父說，這正是留學生愛國心的一種具體的流露。

留學生們對於政府着手從事革新的工作上，都希望中央民意代表能儘速改選，他們希望政府能廣徵人才、革新人事，在經濟上，則應大刀闊斧地改進稅制，充裕民生。

毛振翔神父說，今天留學生能自動自發地成立了「全美中國同學反共愛國聯盟」，正是留學生與學人大團結的開始，這股力量之大是不容忽視的，但更重要的是，今後如何廣籌經費，如何很實際地協助留學生，如何將留學生的建議付諸實施。他說，因爲只有讓留學生知道政府是關心他們、重視他們，才能使這份在海外的力量發揮出來。

（右文錄自聯合報六十一年一月六日出版）

我們支持中華民國政府政策的理由

——毛神父振翔對美國友人說

中西

去年秋，毛神父振翔曾參加中美文化經濟協會訪問團赴美；本年七月至十月間，他又以私人資格，遊歷美國。

一九七七年十月二十四日，他曾致函華盛頓喬治城大學戰略與國際問題中心執行主任克雷恩博士，其內容經毛神父之同意，公開如次：

「我親愛的克萊恩博士：

上年感恩節前數日，我曾偕臺北中美文經協會訪問團拜會閣下，極感欣幸，承蒙接待，並傾述閣下對於支助中華民國理想之各項方略，我們對於閣下眞誠之友誼，時深感幸！

然我不解，何以中美政策，變爲如此棘手之問題？自尼克森與周恩來於一九七二年簽訂所謂上海公報之後，所有美國的奇才異能之士，迄未能尋得一項美國式之解決辦法。

為求解決此一問題，若干非美國的建議均經介紹，例如日本方式或德國模型。但須知合乎日本或德國者，未必能適用於美國，其理由為⑴美國乃自由世界之領袖；⑵美國與近六十個國家訂有共同防禦條約。

如今，美國國務卿范錫已自北平作試探旅行歸來已有數月，中共領袖們對美政府提出關係正常化之議，仍再三重複其狂妄之三要求：美政府正得其時，可大膽放詞，不必模稜的說：『我們雖然有意與中共關係正常化，但我們不能而且不願傷害我們可親可信的友人——在臺灣的中華民國，因為我們的政策，是在求增加而非減少友人。這是我們人民的公意，我們的政府不能不遵，唯有照辦，因為我們是一個民主國家，人民的呼聲是政府應從的義務。』萬一作了上述官方的聲明之後，中共政府的堅持他們的三項誇大條件的話：即（美國）與中華民國斷絕外交關係，取消共同防禦條約及撤退在臺灣的美國軍隊，那末，美國最好對付的辦法，就是讓情勢像目前的一樣。維持政治局勢的現狀（Status quo），即在臺灣海峽的兩岸，祇有一個中國，如此，則美國的利益就能妥為保持，而自由世界的福祉，亦能大為增長。

在臺灣我們中華民國國民之所以主張一個中國的政策，不獨是因為我們知道中華民國政府是中國全體人民唯一的合法政府，同時，由於第一，臺灣及世界各地的中國人民，都負着很嚴重的責任，要解放在共黨奴役下的中國大陸上的同胞；第二，如果我們接受德式的兩個中國政策，使他們陷於失望而不復能受到照顧，則（我們）將變為不負責任而且毫無道德的人們；第三，我們負誠相信，由於在臺灣目前日益增長的道義與精神力量，我們必能拯救受共黨梏桎的大陸同胞，一如以往基督精神瓦解了羅馬帝國，並使之轉變爲信仰基督；第四，我們爲了此項解救問題，假如接受了兩個中國政策，一旦我們眞想實施解放的神聖使命時，將會被譴責爲侵略中國大陸。

此外，如果華盛頓政府不幸而屈服於中共政權三項條件的恐嚇勒索之下，那麼蘇俄將與中共向美國提出更多的要求，直至無法再作允諾而後已。於是，戰爭將無可避免，因爲，那時，共產國家的戰鬪精神，必然高漲；而美國的則十分低落。戰爭勝敗結果，自顯而易見。

因此，親愛的克萊恩博士，請你及時運用強勁的文筆與有力的演詞來保護美國的利益及世界和平，並爲維護人類的安寧，對瀆神的反對信仰宗教及背離人權的敵人，共產主義，共同作戰。

毛振翔敬啓」

在一九七七年十一月一日，克萊恩博士於其致毛神父的一信中覆稱：

「親愛的毛神父：

多謝你那封一九七七年十月十四日充滿情意的信札。我同意你所說的一切，我正設法盡其可能阻止接受北平的三項條件，此或意卽維持現狀，至於長遠。但對美國人言，注意事實，至爲重要，卽中國社會方面，目前有兩個不同的政府之存在。這並非說：中華民國已贊同一項永久兩個中國之理論，而是祇允其國際友人支持一項事實之情勢（a de facto situation）一如目前存在之狀況，以保護在臺灣島上所有人民、國家與政府生存之權利。這是我認爲在常軌中維持對中國的美國政策最好的辦法，同時我想你對此間所傳說的兩個中國的立場，亦不必予以焦慮。

祝你的一切工作，均告順利。

克萊恩敬復」

另一封信，係一九七七年十月十九日麥考默克先生復毛神父的，頗堪重視，一倂公諸國人：

「親愛的神父：

厚承賜書，至爲珍感。來訪經過記憶甚深，至希得機重逢。至友于斌大主教，現在波士頓，昨夜我曾參加晚宴，得親教益，並晤臺灣其他宗教領袖相談至歡。

今晨，我亦參與彌撒，于大主教爲其多年好友，苦難會諾立斯神父祝福安靈。

得知神父曾與衆議院議長奧尼爾會談，極感欣快。奧尼爾在議長任內，成績斐然。自神父函中，得悉他對臺灣之立場，正亦是本人之立場。

本人強烈厭惡中共之傲慢自大，除非我們放棄臺灣，並斷絕我們對臺灣（中華民國）政府與人民之間的友誼，中共不會與美國建立外交關係。

中共之厚顏無恥，對我實感失望！

順祝　旅安

麥考默克敬復」

自上列諸信中，我們可以看出，毛神父之具有遠見與愛國心。他雖並不代表中華民國政府發言，但他個人爲解救中共統治下的大陸中國苦難同胞而所作的努力，眞是值得大加讚許的。

（右文錄自「中美月刊」六十六年十二月出版）

上帝的忠僕，共匪的戰犯，留學生的褓姆，中外人的良友

程菁
唐凱莉　著

終年一襲長袍，滿頭白髮，六十多年來，他像一隻爲理想展翅高飛的海鷗，在「爲天主」、「爲國家」崇高神聖的理念下，永不停歇，萬里奔走。

他，就是國際知名的學者神父——板橋聖若望天主教會司鐸毛振翔。

是一個初夏的午夜，在板橋自由中國第一座純粹宮殿式的教堂內，記者會晤了這位一生獻身宗教、服務社會的毛神父，這位恂恂長者侃侃而談過去爲中國留學生孤軍苦鬪的歷史，談會晤卡特進諫忠言的經過，而他津津樂道的，乃是他七年前獨排衆議遠見的實現。

七年前，當全國上下一致擁戴先總統　蔣公連任第五任總統時，在一次對高級將領的演說中，毛神父大膽的提出：「讓總統　蔣公他老人家好好安享晚年吧！」他認爲由這樣一位年華已高的老人，再來擔當國家重任，未免對他太虐待了，爲什麼不讓具有經世之才的經國先生來出掌

大任呢？

這個願望終於在七年後的今天獲得實現，毛神父有著無限的欣慰，他爲國家得人而稱慶。他指出經國先生的當選總統，是順乎天理，應乎人心的，更爲世界自由反共，確立新的指標，而國家在新總統的領導下，前途必定是越來越光明。毛神父強調，短暫的黑暗並不足懼，沒有黑暗，光明又怎能讓人注意呢？

爲此，毛神父每天必爲國運昌隆而祈禱，他更祈求上蒼，賦予總統健康、長壽與安全。

毛振翔神父現年六十五歲，浙江省江山縣人，目前爲中國文化學院華岡教授兼中華學術院天主教學術研究所所長，曾獲羅馬傳信大學神學博士，法國里昂大學哲學博士，以及芝加哥大學法學博士，並精通拉丁文、義大利文、法文、西班牙文與英文，這些知識的力量，加上由於宗教信仰所內蘊的「信心」與「愛心」，使他在爲眞理、正義孤軍苦鬪的路途上，披荆斬棘，充分表現勇者不懼，大無畏的精神與毅力。

毛振翔神父一生信奉天主，熱愛國家。他爲培植更多的人才，以備國用，雖身無分文，卻憑著神助的說服力與勇氣，不辭辛勞，不畏艱難，在民國卅三年起，不斷跑遍美國二百六十四個天主教大學院校，一校一院的爲中國窮苦留學生先後爭取到二千餘名全費獎學金。大陸淪陷後，他又到國會，爲滯留在美幾將被驅逐返回鐵幕四千名無依無靠的留學生奔走，爭取到永久居留權，與巨額的援助經費，這是連美國人自己都認爲不可能辦到的事，但他——毛振翔神父卻辦到了。

至今，全球各地，都有著毛神父的學生，其中不乏豪傑雋士，都是當年由毛神父手中送到國外求學而卓然有成的。除此，他在歐美向華僑與學傳教，在法國里昂主持「華友社」，在美芝加哥設立八年級華僑小學、聖德蘭天主堂、青年活動中心，在費城創辦「于斌社」、六年小學、三年中學，以及在國內提倡社會經濟合作運動等等，他的姓名和事業，不論在中國與海外，都是家喻戶曉的。

提到「毛振翔」神父三個字，那是正義、眞理、自由與反共的象徵。他認爲共產主義的本身是「恨」，而恨是破壞性的，所以任何不合於共產主義要求的，沒有不遭受破壞的，這正與以「愛」爲出發點的天主教義對立，因爲愛是建設性的。

爲警醒世人，毛神父以眞理爲武裝，以正義作盔甲，不斷地呼籲全球人士，勿聽信共黨的利誘與欺騙，他反共的態度不僅是堅定的，更是絕對的。六十五年中美文經協會組團訪美前，毛神父摔斷了脊骨，但他不願就此失去向美國人士忠告的機會，於是背起療傷鋼架，毅然前往。在十一月十六日，首站檀香山，就遇到了參議員 Spark M. Matsunaga，與他展開一場舌戰，參議員對我國反共立場表示懷疑，毛神父當下解開西裝鈕扣，展露身上所佩鋼架，斬釘截鐵地說：「我現在代表中華民國人民向參議員先生保證，中華民國人民與政府在反共上不特堅定，而且絕對，非到最後勝利，決不終止，你看我背著這個鋼架千里而來，難道還不夠證明嗎？」毛神父慷慨激昂的一席話，說得那位議員立刻答應說：「那就好了！那就好了！」這眞所謂「義之所在，雖千萬吾往矣！」毛神父的浩然正氣，贏得全場一致的讚揚與欽佩。

美國前任民主黨參議會多數黨領袖暨現任駐日大使曼斯斐德與毛神父私交甚篤，毛神父對他這位老友不時發表不利我國的謬論，曾於一九七六年十一月廿三日到其華府辦公室，與他展開一場「眞理、正義」的對抗辯論，毛神父執著天主的眞理、正義理直氣壯地質問曼氏，並向他曉以大義，邀他到臺灣訪問，與中國大陸作比較，以改變他的固執與偏見。現在從報章上我們不時曾經看到曼斯斐德的公開談話對我中華民國已大爲有利，可見毛神父一席辯論，居功厥偉。

去年夏天，當美國試圖與中共關係正常化之際，毛神父又專程赴美，發動美國輿論反對美匪關係正常化，他除分別投書紐約時報及洛杉磯時報，陳述美國不應輕易與中共建立全面外交關係外，並於七月廿九日在白宮午餐，會晤了總統卡特先生，毛神父對卡特總統說：「我是來自中華民國的一個普通天主敎傳敎士，我之所以反對共黨，是因爲共黨是倡行無神論的，藐視天賦與人的不可剝奪的人權，特別是中共，對宗敎信仰的自由，更是壓迫。」

毛神父並語重心長的忠告卡特：「美國與中共搞關係正常化，對美國不特沒有好處，而且還會帶來無窮後患，美國應該終止這項幻想。」基於他的堅強反共立場，共匪將他列爲「戰犯」，視爲「死敵」，因爲中共知道，中國留學生以毛神父馬首是瞻，毛神父的存在，使他們統戰的工作，大受阻撓。

毛神父一生以一個神職司鐸，自告奮勇爲國家解決問題，爲人民策劃未來，秉持的是他對眞理、對正義的執着與熱愛，他認爲人活著，就該以極大的愛心去發掘問題，解決問題，而爲全人類謀幸福。他說，當問題來時，不要恐懼，因爲恐懼本身已是一半的失敗，鎮定思考，才是謀求解決之道。展望一個新領導時代的來臨，毛神父充滿信心的說：「今天我中華民國面對此一反共復國大問題，只要全國朝野團結一致，懷著愛國愛民的赤心，抱持救人救世的精神，到處肯自我犧牲，隨時爲公益奮鬥，其問題不能解決者，未之有也！」（記者：程菁、唐凱莉）

（右文錄自「華夏導報」六十七年五月二十日出版）

反共健將毛振翔神父說服美議員凱歌歸來

反共健將毛振翔神父十七日下午十時許搭中華班機由美凱歌返國，賈彥文總主教、王愈榮主教、吳宗文神父、及板橋聖若望堂教友、自由中學師生數百人集齊中正國際機場熱烈歡迎，場面感人。

毛神父是於今年一月十五日，美國國會開議之前一天啣命前往美國，爲中美斷交後爭取美國議員爲我中華民國地位建立深遠友誼而努力，目前中美關係經參衆兩院熱烈討論，所通過的各項議案塵埃落定，毛神父圓滿達成任務，他很高興的回到臺灣。

他對記者說：「我們中華民國堅定的反共主張以及自強自立的精神，已經開拓了國家的新機運，美國雖然承認了中共，只能算是卡特政府的受愚弄的行徑，對我們中國毫無影響，反而使在臺灣的中華民國在此一段時間中贏得更多的友人，使原來不曉得有臺灣、有中華民國的美國人，對我們有深切了解且愈發同情與支持，所以我們眞是因禍得福」。他說，「雖然兩個月來，走遍東西大城，大聲疾呼，而精神十分愉快，因爲我們理直氣壯，正必勝邪，我們也便格外受人尊敬。」他先到華盛頓，連續住了廿六天，與美國參院議員七十位個別談話，(參議員每州二位，七十位已過半數)衆議員人數太多，只看了三十餘位重要與特具影響的。在與參衆議員談話時都觸到下列四問題：

(甲)：為什麼不可與中共和談？

毛神父的答覆是：

一、中華民國政府已經有過不知多少次的與中共和談的經驗，可是每一次的和談，都是中了共匪的詭計；中國共產黨的統戰策略，是以和談爲手段，而進行詭計多端的顛覆與滲透，所以我們不能和共匪和談。

二、中華民國的反共政策，是爲了爭自由、爭人權、反奴役、反強暴，如果我們與中共妥協，便是喪失了原有的正義原則。

三、如果要和談，必須是有誠意的，是雙方信靠的、公允的、和平的；我假設提出的首要條件，是中共必須先將廣東、廣西、浙江、江蘇、福建等沿海五省撤軍，由中華民國政府治理，和平共存，看自由民主的一方與共產極權一方，誰得民心，但中共會答應嗎？不答應便顯得共黨是沒有誠意，而會進一步併吞臺灣，進攻臺灣，臺灣的安全也就全無保障。

四、美國勸中華民國政府與共匪和談，不是從現在開始，早在二次大戰中羅斯福總統與蘇俄簽訂雅爾達密約，馬歇爾將軍在聯合政府主張，都是要中華民國政府讓步與中共和談，結果是讓共匪坐大，得寸進尺，整個大陸淹沒在赤禍中，中共和談只是一種手段，所以我們現在再不能聽你們美國的擺佈，絕對拒絕與中共和談。

（乙）：為什麼臺灣不可宣佈獨立？

毛神父的答覆是：

一、如果臺灣宣佈獨立，是會使大陸上八、九億人民感到萬分失望的，因為他們在共匪殘暴的統治下，唯一的希望就是臺灣，臺灣在大陸人民的心目中是光明的燈塔，在暗無天日的共匪統治下，解放的希望寄託在臺灣，如果臺灣竟宣佈獨立；無疑是表示拋棄大陸八、九億同胞，他們也就失去希望，還有誰來解救他們的痛苦呢？同時一個中國，存在兩個政府，也可讓世界人士辨識究竟誰是眞的爲老百姓服務的，卅年來，中國大陸與臺灣的人民誰的生活過得好，是有比較的，民心民意在那一方？今天很多海外華僑回大陸後，趕快便逃出來，因爲他們嘗到了苦難的果實，但是臺灣的繁榮成長，那一個到過臺灣的世界人士不讚美的？所以，獨立對我們是沒有好處。

二、臺灣獨立，另一個感覺失望的，是海外二千三百萬僑胞，他們一向是認爲中華民國才能代表中國，雖然他們很多是從大陸移居世界各地，但他們仍舊認爲臺灣才是眞正的祖國，所以我們不能使他們失望。

三、臺灣獨立，也會使整個臺灣一千七百萬同胞失望，尤其是青年們，他們認爲臺灣海島只是中華民國的一省，中華民國的全部領土應該包括全部大陸，大陸地大物博才是開拓前程的地方，如果，我們宣佈獨立，任何人都是不同意的！

四、中國只有一個，中國歷史文化是延續的、完整的、不可分割的，我們要堅持臺灣是中國的一部份，每一個在臺灣的人民有責任維護中華民族的精神，有解救大陸同胞的責任，使大陸同胞都能享受自由民主的生活，我們怎麼可以輕言獨立呢！

（丙）：為什麼中國政府不去聯俄反美？

毛神父的答覆是：

這是絕不可能的，也有四個理由：

一、共產是國際性的，共產作惡是一樣的，都是可惡份子的集團，蘇俄也好，中共也好，他們的本性都是殘暴的，以恨為根基，破壞鬪爭為手段，我們中華民國既反共產黨，也反對共產主義，所以聯俄是違反國策的。

二、今天我們反共黨、反奴役、反暴力，我們的中華民國是民主國家中的領袖。如果我們聯俄，便會變成蘇俄的附屬、蘇俄的傀儡。

三、海外僑胞救國熱忱感動我們，我們聯俄，海外僑胞一定不同意，因為會使他們成為無國、無家可歸的流浪人，使他們在其他國家抬不起頭，不是堂堂正正的中華民國國民，是何等的可憐。

四、中華民族的每一份子都願意做堂堂正正的大國民，都為中國傳統的歷史、文化，我們決不放棄我們祖先的大好河山與民族精神，所以這些立國的精神使中華民族永遠屹立在世界上。

（丁）：為什麼今後中美關係該是官方的？

毛神父的答覆是：

一、美國民間都想在臺灣方面做生意，商業上的來往，是沒有一定的，萬一美國商人有了糾紛，誰幫助解決？如果中美兩國有官方關係。中華民國政府就有給予美國商人充份安全保障的責任。

二、美國一般人說：大陸政權的存在是事實，因爲它有土地、人民，經濟儘管制度不好，美國人不能否認它的存在。那我們要問，臺灣也有土地，也有一千七百餘萬人民，經濟是有歷史的，有實質的，爲什麼不要承認它的政府。而且在臺灣的政府，比大陸上的政權，在質的方面，更好的多，也可能不比華盛頓的政府會差。爲什麼同樣的事實，你們用不同的態度來對付？難道你們有雙重人格的嗎？

三、在臺灣的政府，一切組織合理合法，是完全獨立自主，世界上還有數十個國家承認它，爲什麼要一筆抹殺。難道我們臺灣一千七百多萬人民，是無政府的嗎？譬如我毛振翔神父，明明站在你們的面前，你們要不承認有毛振翔的存在，是可以嗎？豈有此理！

四、卡特政府的想法，是否中了他人愚弄？不承認我國主權，不以官方性質交往，豈非鼓勵臺獨及反政府份子妄動了？臺獨份子的陰謀，完全是受共匪統戰策略的支配，所以，應該提醒美國議員們不可一誤再誤。中美兩國政府與人民需要共同努力，把中美的非官方關係，改變成官方關係！

原載教友生活周刊

六十八年三月二十二日出版

入世思想・出世精神

青年戰士報記者 洪錦福

座落在板橋浮州橋畔的天主教聖若望教堂，以中國宮殿式的建築別樹一格；而創辦及主持這座教堂已十八年的毛振翔神父，更因愛天主、愛國家而在教界享譽盛名。

佔地約一千二百坪的聖若望教堂，落成於民國五十年，當初是以中華民國名義奉獻給羅馬教宗，所以毛振翔神父在設計時就要求不但要有一般教堂的外貌也兼具中國宮殿建築式樣的古典美。這座琉璃瓦、紅磁柱及月形拱門的教堂，不但開堂時引人嘖嘖讚賞，迄今仍十分吸人眼目。

原籍浙江的毛振翔神父，曾在南京教區任秘書長職務，經由他以公費保送到美國的中國留學生至少有三千人。三十八年大陸變色後，毛神父以共赴國難的精神，擱置了美國的事務回到臺灣。四十四年毛神父又奉命赴美工作，這段期間他在異國興辦免費學校，供僑界子弟就讀，也致力發揚中國文化，毛神父熱愛國家的精神，不但在僑界備受敬愛也獲得友邦人士的尊崇，也因此他結交了甚多友邦的莫逆之交。

去年十二月十六日卡特政府宣布與匪「建交」後，毛神父不僅基於愛國家的心情而義憤填膺，也因和美國朋友數十年的交情如今背信忘義而痛心疾首。今年元月中旬毛神父啓程赴美，遍訪昔日過往相從的好友，也拜訪了參衆兩院的議員，向他們直言美匪勾搭之害及中美斷交的貽害無窮。

毛神父這段時間共在美國待了兩個月，他理直氣壯，據理力爭，除以忠言力勸外，還撰文發表於報章雜誌，毛神父的析論有如暮鼓晨鐘，使不少參衆議員爲之動容，也促使很多民衆對我國的尊敬與進一步瞭解。

毛神父一再忠告美國的朋友，中共赤化世界的野心與欺騙、鬪爭的本質永遠不會改變，它與美國的示好純是「利己」的伎倆，而中華民國堅守自由、民主的立場絕不改變，臺灣地區實行三民主義的具體進步與繁榮實況，更與匪區的專制殘暴、落後貧窮有天壤之別，他苦口婆心籲請美國朋友認清共黨眞面目，千萬別墮入共黨的陷阱，更不要傷害了在臺灣地區爲民主、自由而奮鬪的人民。

毛神父告訴美國朋友說，若無臺灣做西太平洋的屛障，日本就岌岌可危，日本若淪入赤燄，整個亞洲就等於淪陷，沒有了亞洲，西歐就會轉向投靠蘇俄，這顯非自由世界所樂意，美國政府的眼光應從深遠處來看，不能膚淺短視。

這位滿頭銀髮，精神矍鑠的神父，雖然在三月中旬即返國，但他不卑不亢、熱愛國家、篤信眞理的神情，卻深映在與他接觸過的美國友人心田中。毛神父對他這兩個月的席不暇暖與口燥唇焦的辛勞卻不居功，他只說：「我愛天主，又愛國家。」

認識毛振翔神父的人，都感受得出毛神父充溢着廣慈博愛的襟懷。主持偌大的這座敎堂，所費不貲，而經濟來源全靠在國外的弟、妹與學生們接濟，毛神父卻謝絕各界的捐獻，如果有敎友執意的樂捐，毛神父也都會轉贈給敎區、養老院或安老院。

在聖若望敎堂工作的熊建中先生，追隨毛神父已有多年，他深深感覺毛神父是位愛人如已、淡泊名利的人。他說，毛神父自律甚嚴，且自奉甚儉，終年一身黑袍，每餐只一葷一素，但每天早上五點鐘起床，做早課、做彌撒、看報、處理敎友事務，辦公的時間卻極爲準時，而且從不間斷。

敎堂裏除了毛神父外，只有二位工作人員，他們三人全月的生活支出，尙不超過一萬元，這還包括繳交水電費、電話費等在內，可見毛神父他們的節儉。但熊建中說，精神上的愉悅卻遠非物質享受所能比擬。

毛神父在對上千的敎友們講道時，不但勸敎友行善去惡，也常爲他們分析國內外情勢，毛神父更曉諭敎友們要愛天主、愛國家。

現今六十六歲的毛神父，渾身充滿活力和幹勁，雖年輕人也難望其項背，宗敎家的慈愛胸懷令人尊敬，而毛神父忠愛國家的精神更令人感動！

毛神父說，國家是全體國民所有，不論性別、籍貫、年齡、職業、信仰爲何，對國家的貢獻應是全民的責任與義務。他指出，重實際不慕虛名，全民團結，服從政府領導，不依賴他國，我們國家的前途才能有所爲。

（右文錄自青年戰士報六十八年四月二十八日出版）

毛振翔神父為雷根助選秘聞

姜雪峯

他是天主的忠僕，共匪的戰犯，留學生的褓母，國民黨的諍友，中外人士的朋友。夏天，他上身穿著白衣，胸前掛有聖牌；春、秋、冬季則全體黑裝，頸上總是圈著神父標誌的硬白領，滿頭白髮如銀，走路快步如飛。從在歐美留學期間，直到今天，半個世紀以來，他像是一隻爲理想展翅高飛的海鷗，在「爲天主」「爲國家」的崇高而神聖的目標上，永不停歇，萬里奔走，孤軍奮鬬。

他，就是國際聞名的宗教家，現爲板橋市聖若望天主堂主任的毛振翔神父。

自于斌樞機主教兩年餘前蒙主恩召後，中國天主教文化協進會即選了他擔任理事長的職務，在就任之初，毛理事長即積極推動會務，增加會員，尤其遴選一些新會員，成立發展委員會，規定每月第三週五，假中國主教團秘書處二樓會議廳，舉行會議，研討許多有關榮主救靈，反共與國的大事。在最近一次會議上，當該會所擬定的議題討論完畢後，記者把握機會與出席諸會員商妥後，一致請毛神父談談他新近訪問美國的經過。

中美聯誼會雙十大宴

毛神父神情奕奕地首先表示：他這次赴美的主要目的是爲繼續于斌樞機在世時，每年去紐約所主持的，由中美聯誼會所舉辦的中華民國雙十節國慶大宴會，這個宴會是從民國四十四年舉辦以來，到去年已有廿五度，去年正好是宴會的銀慶年，從開始那年以來，直到一九七一年我國退出聯合國時，每年來參與的貴賓都在七、八百人之譜，其中有政府高級官員，工商業鉅子、學術界權威，社會名流，宗教和教育界領袖。而且每年在這一天，紐約市長必宣佈此一佳日爲「中國日」；但自中共進入聯合國之後，參加此宴會來賓僅有三百人左右。最慘的一年要算前年——民國六十八年；在這一年，不特來賓人數減至不到兩百人，而且紐約市市長，再也不宣佈此日爲中國日了，因爲卡特總統在民國六十七年十二月十六日宣佈與我國絕交，以便與中共關係正常化，致使我國在美國失掉了合法的地位，但是，這卻使我們更能「多難興邦」呢！

熱烈歡迎雷根代表

這位爲眞理正義的神父接着又說，且看：今年在紐約的雙十節國慶大宴會，就已大有起色，前來參加的貴賓有二百八十三位，其中美國貴賓佔百分之六十，而華僑領袖與中國學人佔百分之四十，他們都來自紐約州和附近數州，如康乃狄格州、紐澤西州、賓西凡尼亞州、馬利蘭州和華盛頓特區的各社團僑領。在全體來賓中，其令人格外注目者，則爲我國駐北美事務協調委員會的主任夏功權大使。

當然，共和黨總統候選人雷根（現已當選爲美國總統）所派來的代表亞爾豐斯、大瑪都（ALFONSE、DAMATO），現則爲紐約州選出的美國參議員，當他光臨時，全場都熱烈鼓掌歡迎，關於在宴會上，雷根代表和其他貴賓的演講，恕我在此不提，因爲不然，你們會挨餓暈倒的，這是我於心不忍的，也不敢承擔的。

正義之聲說服選民

這位曾經於六十六年七月二十九日在白宮午餐會上與卡特總統進忠言的神父，乘這次宴會時機，絕不放棄為祖國努力；尤其在那個時候，正是美國總統競選最激烈的一個階段。毛神父說，我雖不會去干涉美國的內政，但我決不讓曾經一直危害中美兩國利益的卡特總統連任，因為不然的話，他將使美國與自由世界更糟，共黨世界更狂。所以他說，他非設法使雷根當選不可！

毛神父接著說，我在美國的三十七天中——去年九月二十四日，我乘中華航空公司班機直飛舊金山，並於十月卅一日，乘同樣的公司班機由洛杉磯直飛回臺北。在這段時間，每天早起晚睡，到處接觸美國選民，無論是個別的或團體的，我都主動的詢問：「你們選舉總統的日期快到了，你們準備選誰？卡特呢？抑是雷根？」假若答案為雷根，我即報一個「好」！假若答案是卡特，我則回報他們說：我並不願意在此事上有所異議，因為這是你們應有的自由權，不過，我認為你們既已給卡特一個好機會，而在這過去幾年中，他表現的並不好。至於他不好的程度，也許你們不完全清楚；我因為到處旅行，接觸廣泛，所見所聞也不少，可以告訴你們，卡特在這過去四年以來，已經使你們美國的友邦，對你們的政府，都失去了信任，同時也使你們所有的敵國，對你們都存輕視。請看！伊朗就是一個例子，他們處處跟你們挑戰，時時給你們難看。所以你們假若再行選卡特連任，那你們就是給他一個大錯覺，使他認為他所作所為都蒙你們贊同，那可眞要把你們的國家拖下深淵，將來永無自強的希望！聽到此處，他們都面容變色，心有所恐。我於是繼續對他們說：因為我是你們美國的老朋友，所以向你們事先坦誠地說明。他們乃反問我說：神父，你覺得雷根怎麼樣？我答道：雷根究竟是好是壞，我不得而知。不過從他以往兩任加州州長的業績上看，他似乎做得並不太壞。我認爲雷根可好可壞，而卡特一定壞，但是智慧指示我們，在兩害中宜選其輕者。他們說，神父，你說得很對，我們一定投雷根的票。我說：這是不夠的，你們必須勸導你們的親戚、朋友、同事都投雷根的票，還要勸他們向你們看齊，同樣照做，才能保證你們的國家安全。他們謝謝我說：神父！我們一定照你的話去做。走遍了美國東西南北，並聽到這些承諾，我已確知雷根一定會當選，所以我於十月卅一日，在由洛杉磯起飛回國之前，曾經對一位中國記者說，你可以向臺北發一個消息說：「據毛振翔神父的實地測驗，這次美國總統選舉，卡特一定失敗，雷根一定大勝。」這位記者雖然很相信毛神父的話，但卻推辭對毛神父說：臺灣新聞界事先不敢發表此類重大的消息。

斬釘截鐵預言雷根當選

事既如此明朗，這位爲國宣勞僕僕風塵的毛神父，只好待十一月一日飛回臺北後，再向國內的同胞報告此佳音了，當一日晚上八時記者與歡迎他的親友及教友，在中正國際機場入境接待室，即首先聽到毛神父帶回這個消息。於是另在十一月二日清早，在板橋市聖若望天主堂舉行七時彌撒聖祭時，毛神父在向滿堂教友講道時表示：我首先謝謝你們爲我熱心的祈禱，蒙天主保佑我此次往返中美途中，一切順利，平安歸來。同時，我也要求你們，與我一齊感謝天主所賜寵佑宏恩。其次，你們一定也願意知道，本星期三美國選舉總統時，誰會當選？對於這個問題，我可以毫無疑義地告訴諸位教友：「雷根一定當選，卡特一定失敗」。這個消息不久就傳到臺北市，因為他的好友，立法委員梅恕曾先生，曾在電話中歡迎他回來時，證實了這個國人喜歡聽的消息。梅委員說：「他在十一月二日就聽到毛神父所報導『雷根一定當選總統』的大新聞」。

主持中美聯誼會

最後，我要向你們略提有關「紐約中美聯誼會」的內情，它是于斌樞機和他的幾位中國神父與美國朋友所發起的，其目的首先是為便利留美的中國同學，尤其是中國天主教所保送的留美學生。現在的這幢五層大樓，開始是租用的，到一九五五年，當　先總統蔣公邀我赴美勸阻中國學人與留學生，勿受中共的誘惑，前往大陸為共黨利用時，我們才決定把它買下來。買定之後，曾經全面重新裝修，內部既廣大，設備裝飾又精美，有大廳小廳，足資數百人的集會與社交，更有辦公室，小型會議室，廚房飯廳以及整個第五樓都是房間的設備，真可謂是一個中美大家庭的大廈。

因為自共產黨竊據中國大陸以來，我中華民國人民與政府集中一切力量於反共，所以在紐約的中美聯誼會，也就進入了反共救國的國民外交工作。領導這工作的大將，原來是我們的于斌樞機。在他去世後，曾由雷震遠神父暫時代理。去年二月六日，雷神父也隨于斌樞機逝世。於是，那自始至今擔任中美聯誼會總幹事的陳之祿神父向本會理監事建議，一致推選毛振翔神父出來領導。我當然責無旁貸，甘願爲天主，爲國家負起這個重擔，但只要有陳之祿神父在，我們的工作，不特可以完全繼續，而且還可以發揚光大，因爲我們所做的一切，不是單依人力，而更靠神助也。

承先啓後發揚光大

事實證明，于、雷在世時，所主持的一切業務，我們現在照樣進行，諸如爲給美國人士以正確之人生觀，及正確國際新聞供應之「雙圈週刊」，仍然繼續發行，而且其銷售數量已超過十五萬份，再如「亞洲演講團」，爲給美歐人民講述亞洲情況者，其演講員越來越多；至於那爲供應正統天主敎思想，以給予美國天主敎五萬六千神職人員之月刊「神學觀察與牧靈指南」。現在其推銷幅度，已引伸到歐、亞、非各洲的不少神職界；還有那在歐美的一百八十五座電臺，每星期兩次，每次二十分鐘的反共廣播，我們仍在向世界反共專家錄音演講。比如此次查良鑑博士到紐約，以全美中華文化協會理事長身份，出席雙十節大宴會時，我們就請他作了兩次的錄音演講。

除此之外，我們在紐約的中美聯誼會新近又創辦一個月刊，其名稱爲「幸福之鑰」，這本月刊雖才出刊三四個月，但其訂戶已超出三萬五千份，而且每天都有新訂戶進來，其原因是十年來，美國天主教八千五百萬教友，缺少精神食糧的讀物，而這本月刊正合乎他們的需求，尤其是在啓發與鼓勵他們的心靈上，予讀者以無限量的精神振奮，這樣使讀者不致困陷于只顧物質的追求，而更能重視精神的昇華，這也是反共興邦重要之一環。

中國天主教文化協進會開會時間有三個小時，毛神父對記者及諸會員，仍精神飽滿地說到六點多鐘時卽說，夠了，時間不早了，你們有兩小時的開會討論，又聽了我此次在美訪問的經過大略，你們會感到疲勞肚餓吧！讓我們大家到悅賓樓去用晚餐好嗎？謝謝！

判斷正確入木三分

對於美國總統四年大選一次的新聞，世界各國都寄予莫大的關切，而民意測驗及民間打賭輸贏之風尚，亦時有所聞，國外如此，國內也不例外。據記者管見，儘管美國輿論及民意測驗單位，都表示了此次美國總統競選，仍然各得百分之五十左右。換言之是半斤八兩之譜，都有勝算在握的希望。但自毛神父一日返國後，而記者卽追隨不捨地在聆聽他向外界與彌撒聖祭教友及集會場合，他所表示的嚴正看法——那是因爲他利用短短一個多月的時間，走遍十一州的十八個大城市，見了熟悉的朋友，或根本不相識的美國選民，他都以莊嚴的心情及和藹的態度，把握時機與他（她）們交談，而話語自然的談到選舉總統的大前提上去，獲知美國廣大選民的意向，遇有偏差的立予糾正，並告訴他們正確方向。以毛神父銳敏的判斷力及精密入微的觀察力，再加上他肯馬不停蹄的多接近美國各階層選民，獲知其趨向意願，如此他正確的判斷，更是入木三分，亦可謂神機妙算了。

為老友祝壽獲熱烈掌聲

十一月五日是中國文化大學創辦人張其昀先生八秩大慶，毛神父當日早晨由板橋趕往華岡大成館中興堂，親自到壽堂前爲他的老朋友拜壽，由該校名譽校長吳經熊先生主持慶典，接着由該校校長潘維和先生，親請毛神父講話，時間是五日上午十時三十分，毛神父以喜悅的話語，除恭賀張先生壽誕祝詞外，最後也提到美國總統大選，毛神父說，他前四天才由美國返國，他再度表示美國此次大選，卡特將失敗，雷根將獲全勝，獲得在場祝壽的來賓師生三百餘人熱烈的掌聲。事後在當日下午二時，人造衞星由美播來新聞，果然雷根以壓倒性勝利獲得當選美國第四十任總統。

（右文錄自「中華兒女」七十年元月出版）

毛神父謙拒被稱十字軍

毛振翔神父決不願人稱他爲十字軍，因爲他深信，如此稱呼，將會使人的注意力集中在他身上，而轉離他畢生認爲對問題極其重要的立場。

究竟他的立場是什麼呢？而一位從臺灣臺北縣板橋市來到的，年齡已六十八歲的天主教堂區主任神父，可能有什麼話能使在美國的任何人，別提那身負要職的決策者，感到興趣與關切呢？

凡認識毛神父的人，都會類別那些夠簡單的問題具有多方面的解答。但是，他的主要點是既明顯而不含糊的。那就是強有力的，猶如毛神父感人肺腑的語氣，促使人去注意他的國家，關心他的人民。

他所擔憂的是，美國在步上放棄臺灣的途徑，或至少已鬆弛對臺灣的關係。毛神父說：他的這個憂慮，也是他本國人的憂慮，近十年來都在繼續不斷地昇高，因爲自尼克森首次訪問北平以後，所有接位的美國政府，沒有不朝向這個方向進行的。

卡特追隨了他前任的後塵，級級昇高，宣佈了與中共的關係正常化。毛神父認爲：在過去，美國政府每次與中共的談判，都是加深臺灣的憂慮因素。

關於和中共關係正常化，毛神父說：「在一九七七年，他曾給洛杉磯時報寫了一封信，並蒙其「刊登」。他是爲訪問友好而來此逗留的。

「這封信上說：卡特要和中共進行關係正常化，那是美國自己的事。但是，他不可以出賣一個朋友；因爲幾時你把一個朋友當爲仇敵看待，你所有的朋友都會不信任你的。」

關於美國和中共的關係是什麼呢？毛神父說：「我對於雷根總統寄予較大的希望」，但他對於這種脆弱的聯合，最好只能說是一個悲觀而緩和着猶豫的態度。「因爲經過三十年的仇恨，要想一旦化敵爲友，那是不可思議的」，毛神父坦率地說。

毛神父生於中國大陸浙江省，並於一九三八年在羅馬晉陞司鐸。美國與中華民國的友誼是他所心堅石穿的。

當其身任中國留外學生服務處處長時，在一九四九年，適值毛澤東佔領了中國大陸並宣佈正式成立中國人民共和國時，毛神父曾爲最後一次從大陸領出了四十位中國留學生到美國深造。正在此時，美國有意將數千名在美國留學的中國學生，迫遣回中國大陸，因爲他們不能再從家裏接到滙款。毛神父立刻與美國數位有關官員交涉，其中之一是麻州選出的國會議員衆院議長，若望麥克麥克。他聲稱，如果美國政府違反中國留學生的意願而強迫他們同中國，則他們將成爲美國的仇敵。何不等待共產政權失敗後，再遣送他們並不晚。就這樣的，那數千名中國留學生中有百分之九十以上留在美國，毛神父說。

毛神父生於天主敎家庭，他的兩位叔父也是神父。他一生飽經患難，在二次世界大戰前，他曾被派到紐約、費城、波士頓、芝加哥等大城市，向華僑傳敎。他在這些大城市中的中國城內，創辦學校，建立敎堂，不遺餘力。

臺北縣板橋市的聖若望天主堂是他在臺灣建立的第二座敎堂，他現任該堂主任司鐸。目前臺灣一千八百萬人口中有三十萬天主敎敎友。

在一九五一年，毛神父說：臺灣被美國劃出太平洋防衞線之外，他曾向美國政要遊說，必須加強「自由中國」的防衞，以免中美利益，均受危害。這又是一個例子，在過去的三、四十年中，他對促進中美兩國的互惠友誼，是多麼的鍥而不捨！

最近三年來，他因擔任中美聯誼會的會長，對於兩國之間的友誼與合作，其貢獻，尤爲卓著。

毛神父始終不願被稱爲十字軍。他依照原則行事，遠在中華民國政府遷到臺灣之前。他說：「根據我的信仰，從事我的一生，那是爲我最重要的行止。」

「假若我的國家整個赤化，則我就不能宣道說敎拯救人靈，這還要得麼！」，毛神父說：

「所以我必須繼續反共到底」。

在這個政治如風雲變遷的世局，毛神父今天給我們的訊號是「你們必須時刻自我警惕！」

（右文譯自美國拉斯維加斯「太陽報」一九八一年四月出版）

毛振翔神父熱心國民外交

——主持中美聯誼會慶祝雙十國慶

世界日報記者王家政

終生獻身給天主，受教友們崇敬的毛振翔神父，曾經說過一句話：「中美兩國人民的密切友誼，沒有人能毀滅它，即使連卡特也不能毀滅中美人民友誼。」證諸今日，中美兩國文化、經濟各方面關係仍然十分密切，人民之間的友誼非但未因外交關係中止而稍減，反而因彼此增加接觸而有所增進。由此來看，毛振翔神父的眞知灼見，的確令人欽佩。

毛振翔神父日前由臺北飛抵三藩市，他還將訪問波特蘭、西雅圖等城市，而主要的目的則是十月九日晚上在紐約主持一年一度中美聯誼會慶祝雙十國慶的盛會。

自稱愈忙愈有精神的毛神父，頭髮花白，但精神健旺。他接受記者訪問時說，早在民國卅九年（西元一九五〇年）時值中國大陸淪陷不久，在紐約地區難免有些人覺得慌亂，毛振翔神父在那裏主張擧辦雙十國慶慶祝晚會，很多人擔心場面冷清，結果有三百六十多人參加，包括中美人士各有半數，當時的杜威、國會參議員艾蒂生等政要都參加這項宴會。

毛振翔神父回憶說，後來到了民國四十四年，他受先總統 蔣公之邀，在紐約創辦中美聯誼會，在當年雙十節舉辦酒會慶祝。到今年，中美聯誼會已到第廿六屆，每年中美人士聚集在一起，爲中華民國的國慶日擧杯慶祝，廿六年間，也有衰減的時候，譬如我國退出聯合國，以及卡特政府承認中共政權，曾兩度使參加中美聯誼會人數跌到低潮。最近兩年，有了新的轉機，前年參加活動人數不及兩百人，去年增至三百八十九人，預計今年參加人數還會增加一倍以上。由這一點也可以看到中美人士對中華民國的國運重新燃起信心，展望未來，只要海內外人士團結一致，前途是光明的。

在過去開過廿五屆中美聯誼會慶祝雙十節活動中，固然有很多值得紀念的事。但毛振翔神父表示，一九七七年七月廿七日，他到白宮訪問時，毛神父曾經對卡特總統說：「我是來自自由中國的反共神父，因爲中共反對天主教及一切宗教信仰，反對天賦給人類不可侵犯的權利，所以我反共。」這一席話，卡特默默的聽着，雖然由於他的立場當時沒有再說什麼話，但相信以歷史作爲見證，卡特有一天再回味毛神父這一席話，是否會感慨良多呢？

當天，毛振翔神父也曾對白宮的新聞秘書多瑪斯表示，自由世界如果沒有臺灣，就不能保有日本，若失去日本就會失去整個亞洲，屆時中南美就會不安定，直接影響美國。

毛振翔神父曾經幫助兩千多位中國留學生，資助他們來美國留學。他記得在民國卅九年，他率一批留學生來美時，曾經有一位美國朋友拿了一份報紙，指給他看。並說：「美國已經不能接受沒有家長資助來美留學的中國學生了，凡是在經濟上沒有支持的，就要遣返本國，你爲什麼還帶那麼多學生來呢？」毛神父回答說，他會安排他們的費用。果然在毛神父奔走之下，這些學生都能留在美國深造。

毛振翔神父在洛杉磯、芝加哥、波士頓、紐約、費城、休士頓等地，都創辦了不少敎會，讓華裔天主敎徒有一個聚會的場所，這件事甚受美國天主敎人士的重視，曾經聯名向梵帝岡方面要求派毛神父來領導旅美的華裔天主敎徒，後來因爲中國敎區方面也不少了像毛神父那樣熱心的人物，此議後來作罷，但大家對毛振翔神父熱心助人，熱愛天主的精神，非常佩服。

（右文錄自世界日報七十年十月一日出版）

滄海叢刊書目

國學類

中國學術思想史論叢㈠～㈧	錢　穆　著
現代中國學術論衡	錢　穆　著
兩漢經學今古文平議	錢　穆　著
宋代理學三書隨劄	錢　穆　著
先秦諸子繫年	錢　穆　著
朱子學提綱	錢　穆　著
莊子纂箋	錢　穆　著
論語新解	錢　穆　著

哲學類

文化哲學講錄㈠～㈤	鄔昆如　著
哲學十大問題	鄔昆如　著
哲學的智慧與歷史的聰明	何秀煌　著
文化、哲學與方法	何秀煌　著
哲學與思想	王曉波　著
內心悅樂之源泉	吳經熊　著
知識、理性與生命	孫寶琛　著
語言哲學	劉福增　著
哲學演講錄	吳　怡　著
後設倫理學之基本問題	黃慧英　著
日本近代哲學思想史	江日新　譯
比較哲學與文化㈠㈡	吳　森　著
從西方哲學到禪佛教——哲學與宗教一集	傅偉勳　著
批判的繼承與創造的發展——哲學與宗教二集	傅偉勳　著
「文化中國」與中國文化——哲學與宗教三集	傅偉勳　著
從創造的詮釋學到大乘佛學——哲學與宗教四集	傅偉勳　著
中國哲學與懷德海	東海大學哲學研究所主編
人生十論	錢　穆　著
湖上閒思錄	錢　穆　著
晚學盲言(上)(下)	錢　穆　著
愛的哲學	蘇昌美　著
是與非	張身華　譯
邁向未來的哲學思考	項退結　著

現代藝術哲學	孫旗 譯
現代美學及其他	趙天儀 著
中國現代化的哲學省思	成中英 著
不以規矩不能成方圓	劉君燦 著
恕道與大同	張起鈞 著
現代存在思想家	項退結 著
中國思想通俗講話	錢穆 著
中國哲學史話	吳怡、張起鈞 著
中國百位哲學家	黎建球 著
中國人的路	項退結 著
中國哲學之路	項退結 著
中國人性論	臺大哲學系主編
中國管理哲學	曾仕強 著
孔子學說探微	林義正 著
心學的現代詮釋	姜允明 著
中庸誠的哲學	吳怡 著
中庸形上思想	高柏園 著
儒學的常與變	蔡仁厚 著
智慧的老子	張起鈞 著
老子的哲學	王邦雄 著
逍遙的莊子	吳怡 著
莊子新注（內篇）	陳冠學 著
莊子的生命哲學	葉海煙 著
墨家的哲學方法	鐘友聯 著
韓非子析論	謝雲飛 著
韓非子的哲學	王邦雄 著
法家哲學	姚蒸民 著
中國法家哲學	王讚源 著
二程學管見	張永儁 著
王陽明——中國十六世紀的唯心主義哲學家	張君勱原著、江日新中譯
王船山人性史哲學之研究	林安梧 著
西洋百位哲學家	鄔昆如 著
西洋哲學十二講	鄔昆如 著
希臘哲學趣談	鄔昆如 著
近代哲學趣談	鄔昆如 著
現代哲學述評(一)	傅佩榮編譯

當代西方哲學與方法論　臺大哲學系主編
人性尊嚴的存在背景　項退結編著
理解的命運　殷鼎著
馬克斯・謝勒三論　阿弗德・休慈原著、江日新譯
懷海德哲學　楊士毅著
洛克悟性哲學　蔡信安著
伽利略・波柏・科學說明　林正弘著

宗教類

天人之際　李杏邨著
佛學研究　周中一著
佛學思想新論　楊惠南著
現代佛學原理　鄭金德著
絕對與圓融——佛教思想論集　霍韜晦著
佛學研究指南　關世謙譯
當代學人談佛教　楊惠南編著
從傳統到現代——佛教倫理與現代社會　傅偉勳主編
簡明佛學概論　于凌波著
圓滿生命的實現（布施波羅密）　陳柏達著
薝蔔林・外集　陳慧劍著
維摩詰經今譯　陳慧劍譯註
龍樹與中觀哲學　楊惠南著
公案禪語　吳怡著
禪學講話　芝峯法師譯
禪骨詩心集　巴壺天著
中國禪宗史　關世謙著
魏晉南北朝時期的道教　湯一介著

社會科學類

憲法論叢　鄭彥棻著
憲法論衡　荆知仁著
國家論　薩孟武譯
中國歷代政治得失　錢穆著
先秦政治思想史　梁啟超原著、賈馥茗標點
當代中國與民主　周陽山著
釣魚政治學　鄭赤琰著
政治與文化　吳俊才著
中國現代軍事史　劉馥著、梅寅生譯
世界局勢與中國文化　錢穆著

中華文化十二講	錢 穆 著
民族與文化	錢 穆 著
楚文化研究	文崇一 著
中國古文化	文崇一 著
社會、文化和知識分子	葉啟政 著
儒學傳統與文化創新	黃俊傑 著
歷史轉捩點上的反思	韋政通 著
中國人的價值觀	文崇一 著
紅樓夢與中國舊家庭	薩孟武 著
社會學與中國研究	蔡文輝 著
比較社會學	蔡文輝 著
我國社會的變遷與發展	朱岑樓主編
三十年來我國人文社會科學之回顧與展望	賴澤涵 編
社會學的滋味	蕭新煌 著
臺灣的社區權力結構	文崇一 著
臺灣居民的休閒生活	文崇一 著
臺灣的工業化與社會變遷	文崇一 著
臺灣社會的變遷與秩序(政治篇)(社會文化篇)	文崇一 著
臺灣的社會發展	席汝楫 著
透視大陸	政治大學新聞研究所主編
海峽兩岸社會之比較	蔡文輝 著
印度文化十八篇	糜文開 著
美國的公民教育	陳光輝 譯
美國社會與美國華僑	蔡文輝 著
文化與教育	錢 穆 著
開放社會的教育	葉學志 著
經營力的時代	青野豐作著、白龍芽 譯
大眾傳播的挑戰	石永貴 著
傳播研究補白	彭家發 著
「時代」的經驗	汪琪、彭家發 著
書法心理學	高尚仁 著
史地類	
古史地理論叢	錢 穆 著
歷史與文化論叢	錢 穆 著
中國史學發微	錢 穆 著
中國歷史研究法	錢 穆 著
中國歷史精神	錢 穆 著

國史新論	錢穆	著
秦漢史	錢穆	著
秦漢史論稿	邢義田	著
與西方史家論中國史學	杜維運	著
中西古代史學比較	杜維運	著
中國人的故事	夏雨人	著
明朝酒文化	王春瑜	著
共產國際與中國革命	郭恒鈺	著
抗日戰史論集	劉鳳翰	著
盧溝橋事變	李雲漢	著
老臺灣	陳冠學	著
臺灣史與臺灣人	王曉波	著
變調的馬賽曲	蔡百銓	譯
黃帝	錢穆	著
孔子傳	錢穆	著
唐玄奘三藏傳史彙編	釋光中	編
一顆永不殞落的巨星	釋光中	著
當代佛門人物	陳慧劍	編著
弘一大師傳	陳慧劍	著
杜魚庵學佛荒史	陳慧劍	著
蘇曼殊大師新傳	劉心皇	著
近代中國人物漫譚・續集	王覺源	著
魯迅這個人	劉心皇	著
三十年代作家論・續集	姜穆	著
沈從文傳	凌宇	著
當代臺灣作家論	何欣	著
師友風義	鄭彥棻	著
見賢集	鄭彥棻	著
懷聖集	鄭彥棻	著
我是依然苦鬥人	毛振翔	著
八十憶雙親、師友雜憶（合刊）	錢穆	著
新亞遺鐸	錢穆	著
困勉強狷八十年	陶百川	著
我的創造・倡建與服務	陳立夫	著
我生之旅	方治	著
語文類		
中國文字學	潘重規	著

中國聲韻學	潘重規、陳紹棠 著
訓詁通論	吳孟復 著
翻譯新語	黃文範 著
詩經研讀指導	裴普賢 著
陶淵明評論	李辰冬 著
鍾嶸詩歌美學	羅立乾 著
杜甫作品繫年	李辰冬 著
杜詩品評	楊慧傑 著
詩中的李白	楊慧傑 著
司空圖新論	王潤華 著
詩情與幽境——唐代文人的園林生活	侯迺慧 著
唐宋詩詞選——詩選之部	巴壺天 編
唐宋詩詞選——詞選之部	巴壺天 編
四說論叢	羅盤 著
紅樓夢與中華文化	周汝昌 著
中國文學論叢	錢穆 著
品詩吟詩	邱燮友 著
談詩錄	方祖燊 著
情趣詩話	楊光治 著
歌鼓湘靈——楚詩詞藝術欣賞	李元洛 著
中國文學鑑賞舉隅	黃慶萱、許家鶯 著
中國文學縱橫論	黃維樑 著
蘇忍尼辛選集	劉安雲 譯
1984	GEORGE ORWELL原著、劉紹銘 譯
文學原理	趙滋蕃 著
文學欣賞的靈魂	劉述先 著
小說創作論	羅盤 著
借鏡與類比	何冠驥 著
鏡花水月	陳國球 著
文學因緣	鄭樹森 著
中西文學關係研究	王潤華 著
從比較神話到文學	古添洪、陳慧樺主編
神話卽文學	陳炳良等譯
現代散文新風貌	楊昌年 著
現代散文欣賞	鄭明娳 著
世界短篇文學名著欣賞	蕭傳文 著
細讀現代小說	張素貞 著

現代詩學	蕭　　蕭　著
詩美學	李元洛　著
詩學析論	張春榮　著
橫看成嶺側成峯	文曉村　著
大陸文藝論衡	周玉山　著
大陸當代文學掃瞄	葉穉英　著
走出傷痕——大陸新時期小說探論	張子樟　著
兒童文學	葉詠琍　著
兒童成長與文學	葉詠琍　著
增訂江皋集	吳俊升　著
野草詞總集	韋瀚章　著
李韶歌詞集	李　　韶　著
石頭的研究	戴　　天　著
留不住的航渡	葉維廉　著
三十年詩	葉維廉　著
讀書與生活	琦　　君　著
城市筆記	也　　斯　著
歐羅巴的蘆笛	葉維廉　著
一個中國的海	葉維廉　著
尋索：藝術與人生	葉維廉　著
山外有山	李英豪　著
葫蘆・再見	鄭明娳　著
一縷新綠	柴　　扉　著
吳煦斌小說集	吳煦斌　著
日本歷史之旅	李希聖　著
鼓瑟集	幼　　柏　著
耕心散文集	耕　　心　著
女兵自傳	謝冰瑩　著
抗戰日記	謝冰瑩　著
給青年朋友的信(上)(下)	謝冰瑩　著
冰瑩書柬	謝冰瑩　著
我在日本	謝冰瑩　著
人生小語(一)～(四)	何秀煌　著
記憶裏有一個小窗	何秀煌　著
文學之旅	蕭傳文　著
文學邊緣	周玉山　著
種子落地	葉海煙　著

向未來交卷	葉海煙 著
不拿耳朶當眼睛	王讚源 著
古厝懷思	張文貫 著
關心茶——中國哲學的心	吳怡 著
放眼天下	陳新雄 著
生活健康	卜鍾元 著

美術類

樂圃長春	黃友棣 著
樂苑春回	黃友棣 著
樂風泱泱	黃友棣 著
談音論樂	林聲翕 著
戲劇編寫法	方寸 著
戲劇藝術之發展及其原理	趙如琳譯著
與當代藝術家的對話	葉維廉 著
藝術的興味	吳道文 著
根源之美	莊申 著
中國扇史	莊申 著
立體造型基本設計	張長傑 著
工藝材料	李鈞棫 著
裝飾工藝	張長傑 著
人體工學與安全	劉其偉 著
現代工藝概論	張長傑 著
色彩基礎	何耀宗 著
都市計畫概論	王紀鯤 著
建築基本畫	陳榮美、楊麗黛 著
建築鋼屋架結構設計	王萬雄 著
室內環境設計	李琬琬 著
雕塑技法	何恆雄 著
生命的倒影	侯淑姿 著
文物之美——與專業攝影技術	林傑人 著